LES VARIATIONS DU RÉCIT
DANS
LA VIE DE MARIANNE
DE MARIVAUX

Annick JUGAN

LES VARIATIONS
DU RÉCIT
DANS
LA VIE DE MARIANNE
DE MARIVAUX

PARIS
EDITIONS KLINCKSIECK
1978

LES INSTANCES DU RECIT

Dans la même collection :

Déjà parus :

Narratologie, par Mieke Bal, 1977, 199 p.

En préparation :

Le langage de l'ambiguité dans l'œuvre de Crébillon fils, par Bernadette Fort.

Les comédies de Corneille, une psycholecture, par Han Verhoeff.

ISBN 2.252.0.2088-1

ABREVIATIONS

V.M. : *La Vie de Marianne* (Garnier).

P.P. : *Le Paysan Parvenu* (Garnier).

L.H.P. : *Lettres sur les Habitants de Paris* — Journaux et Œuvres diverses (Garnier).

L.Av. : *Lettres contenant une Aventure* — Journaux et Œuvres diverses (Garnier).

Sp. Fr. : *Le Spectateur Français* — Journaux et Œuvres diverses (Garnier).

I. Ph. : *L'Indigent Philosophe* — Journaux et Œuvres diverses (Garnier).

C. Ph. : *Le Cabinet du Philosophe* — Journaux et Œuvres diverses (Garnier).

Les Effets : *Les Aventures de... ou Les Effets Surprenants de la Sympathie* — Œuvres de jeunesse (Pléiade).

V. E. : *La Voiture Embourbée* — *Le Roman impromptu* — Œuvres de jeunesse (Pléiade).

Ph. : *Pharsamon ou les Nouvelles Folies Romanesques* — Œuvres de jeunesse (Pléiade).

Bilb. : *Le Bilboquet* — Œuvres de jeunesse (Pléiade).

T. T. : *Le Télémaque Travesti* — Œuvres de jeunesse (Pléiade).

H. T. : *L'Homère Travesti ou l'Iliade en vers burlesques* — Œuvres de jeunesse (Pléiade).

« Au commencement de la vie de Marianne est l'histoire de sa petite enfance [...] : l'attaque du carrosse sur la route de Bordeaux, le meurtre des parents. [Dès lors tout] le roman sera de conter inlassablement [cette histoire.] Toute l'action exercée par la jeune fille sans nom — toute l'action du roman en même temps — ne consistera qu'en la transmission de ce récit-là, avec ses successives altérations. »[1]

C'est à Jean-Pierre Faye que l'on doit de découvrir aujourd'hui dans les VARIATIONS DU RECIT de *LA VIE DE MARIANNE*, la spécifité du roman de Marivaux. Récit qui joue du récit, récit qui se met en scène, il parachève à ses yeux ce premier statut du roman : être « récit de récit » :

« Ecrire le récit en prose simple et droite semble la besogne la plus aisée ? Point du tout : c'est la dernière chose à laquelle on s'est mis à penser »[2],

écrit-il dans « Les Aventures du Récitatif » qui interrogent cette première impossible spontanéité du roman et engagent une réflexion sur la littérature.

Retrouver celle qui chez Marivaux, alliée à son esthétique, l'une et l'autre solidaires d' « attitudes » qui lui sont singulières, a amené dans *La Vie de Marianne*, roman sans fin, la présence de ces « récits » et leur variation infinie, est tout notre propos, sans oublier jamais de dire ce « surcroît d'attrait » qu'exerce *La Vie de Marianne*, lorsqu'on la découvre « bâtie sur le thème d'un seul et unique récit, soumis à toutes sortes de transpositions »[3], comme l'œuvre théâtrale lorsqu'on la voit avec d'Alembert n'être « qu'une comédie en vingt façons différentes »[4], comme « *L'Embarquement pour Cithère* lorsqu'on vérifie que sous diverses attitudes il ne met en scène

---

1. Jean Pierre Faye, *Le Récit Hunique*, Seuil, p. 255.
2. J.P. Faye, *Le Récit Hunique*, p. 252.
3. J.P. Faye, *Le Récit Hunique*, Seuil, p. 255.
4. *Eloge de Marivaux*, t. II Théâtre complet de Marivaux, Garnier, p. 984.

qu'un seul couple » 5, et comme la chaconne, que le siècle a tant pri-
sée, lorsqu'on l'écoute, dit Rousseau, « passer et repasser [...] du
majeur au mineur sans quitter pourtant le mode principal et du
grave au gai et du tendre au vif [...] et varier tellement les couplets
qu'ils contrastent bien ensemble. » 6

Et c'est un peu à travers une écoute musicale de l'œuvre, appe-
lée par le jeu contrasté des voix qui viennent tour à tour reprendre
et moduler le récit de la vie de Marianne, doublé des réflexions de la
narratrice, qu'il faut apprécier cet art d'édifier tout un ensemble
à partir d'une dérisoire petite anecdote romanesque, explorée dans
toutes ses possibilités de variation et de contraste, et découvrir cette
admirable organisation contrapuntique d'une « Aria à treize variations » que sont les Mémoires de Marianne...

5. André Breton, *Nadja*, Folio-Gallimard, p. 128.
6. Article « Chaconne » dans *Encyclopédie de la Musique*, Fasquelle.

I

" LA VARIATION " SANS FIN
DANS L'ŒUVRE DE MARIVAUX
UNE CERTAINE VISION DU MONDE

SUITE OU FUITE INFINIE

> « Le goût de la variation sévissait alors
> avec une intensité particulière. Les
> symphonistes de tout acabit se je-
> taient à corps perdu sur un thème
> qui leur permette d'épancher leur
> virtuosité... »
>
> La Laurencie [1].

Au commencement était alors la variation. Avant toute expression, avant l'âme de toute expression, la variation apparaît comme la
donnée primordiale qui informe toute création en ce siècle. Il n'est
domaine, des arts « nobles » aux arts « mineurs », qui ne vérifie la
formule de La Laurencie et n'illustre ce goût de la mobilité et de la
variété que Marivaux partage avec son temps. Ce motif est même trop
constant dans l'univers imaginaire de Marivaux pour n'être chez lui
qu'un goût de la « virtuosité » et ne pas nous introduire au cœur de
sa vision singulière de toute chose, la manière dont il l'illustre trop
personnelle pour ne pas éclairer sa mise en œuvre dans les récits de
La Vie de Marianne.

Qu'il s'agisse de définir cela qui plaît, « qui touche dans les deux
sexes, [...] plaît en peinture, [...] plaît en architecture, en ameuble-
ments, en jardins, en tout ce qui peut faire l'objet du goût » [2], c'est,
dit le siècle,

« ce qui a mille formes et pas une de fixe » [2],

qui, pour cela, « se sent si bien et se définit si mal » [3] : c'est le « Je
ne sais quoi », ainsi devenu à ses yeux le lieu d'une variété et d'une
mobilité qui fait tout le mystère de sa fascination. Autre est son
charme pour un autre temps :

---

1. Article de P.P. Lacas sur « le Rococo musical », *Encyclopaedia Universalis*.
2. C. Ph. p. 351.
3. Crébillon, *Les Heureux Orphelins*, t. 7 Œuvres compl., 1777, p. 18.

« Son prix et son avantage consistent à être caché. [...] Rien ne plaît
dans la nature, que ce qui plaît sans qu'on sache bien pourquoi » [4],

disait en 1671 le Père Bouhours, le premier à enregistrer le goût nou
veau dans ses *Entretiens d'Ariste et d'Eugène,*

« il est du Je ne sais quoi comme de ces beautés couvertes d'un voile,
qui sont d'autant plus estimées, qu'elles sont moins exposées à la
vue » [4].

Car tel est l'agrément qu'il « se mêle à toutes les actions, [...]
entre dans le marcher, dans le rire, dans le ton de la voix, et jusque
dans le moindre geste de la personne qui plaît » [5], mais ne se laisse
jamais saisir à même, toujours à fleur de beauté, manifesté et voilé
par chaque incarnation qui mille fois le redit sans le répéter, mais ne
le fait jamais connaître que par là. Or c'est par où le prend la sensibilité du nouveau siècle pour lui trouver le charme... de la variation.
Le Je ne sais quoi n'est plus dès lors telle ou telle manière d'être qui
« anime la beauté » [5], comme y joue « la lumière » [5] sans en déplacer
les lignes, il est l'animation même d'un constant changement de formes, ou plutôt, il n'est que la beauté apparaissant une et multiple en
des manières successives.

« Personnifions la beauté, et supposons qu'elle s'ennuie d'être si sé-
rieusement belle, qu'elle veuille essayer du seul plaisir de plaire,
qu'elle tempère sa beauté sans la perdre, et qu'elle se déguise en
grâce... » [6],

propose justement *La Vie de Marianne* au sujet du portrait de Mme
Dorsin, or voici ce qu'il faut imaginer :

« ... une âme qui passe à tout moment sur cette physionomie, qui va
y peindre tout ce qu'elle sent, qui y répand l'air de tout ce qu'elle
est, qui la rend aussi spirituelle, aussi délicate, aussi vive, aussi fière,
aussi sérieuse, aussi badine qu'elle l'est tour à tour elle-même ; et
jugez par là [...] de l'infinité des expressions rapides qu'on voyait
sur ce visage » [6].

Ce glissement d'une « beauté sérieuse » à la « grâce », lié à une
incessante mobilité des traits qui révèlent une « âme », une et multi-

---

4. *Les Entretiens d'Ariste et d'Eugène,* Ed. Mabre-Cramoisy, 1671, p 230, p.
340, p. 332.
5. *Les Entretiens d'Ariste et d'Eugène,* p. 325, p. 326.
6. *V. M.* p. 214.

ple en ses incarnations successives, est exemplaire. Il s'amorce déjà dans les termes retenus qui procèdent d'une discrète collusion entre mobilité et séduction : la « grâce » dit aussi bien « l'aisance légère » que la « vertu de plaire », et le terme glisse tout seul de la beauté au mouvement dans sa manifestation heureuse ; le « sérieux » dit aussi bien l'immobile impassibilité que l'indifférence au goût de plaire, le hiératisme que la beauté en soi. Il suffit d'ailleurs de « personnifier » un peu plus schématiquement, pour, à travers l'allégorie du *Cabinet du Philosophe*, voir apparaître La Beauté — beauté parfaite mais non sentie comme telle, beauté en soi — sous les traits d'une hiératique personne.

> « Je viens d'admirer la BEAUTE, dit un visiteur qui se retire, je l'ai assez vue ; je sais ses traits par cœur ; ils sont toujours les mêmes : c'est toujours un beau visage qui se répète, qui [...] dit toujours la même chose [...]. Si la Beauté entretenait un peu ceux qui l'admirent, si son âme jouait un peu sur son visage, cela le rendrait moins uniforme, et plus touchant [...] on ne fait que le voir beau, et on ne sent pas qu'il l'est » [7].

Par contre pour la « personnification » de ce Je ne sais quoi désiré qui « passerait à tout moment sous une infinité d'expressions rapides... », point même de « personne », mais ce pur passage qu'il est d'une infinité d'expressions rapides ; à travers cette absence de matérialisation se matérialise l'impossibilité de le rencontrer jamais sous la moindre forme saisissable. Aussi voit-on le visiteur parcourir en vain à la recherche de son hôte les Demeures du Je ne sais quoi, sans y croiser « à tout moment » autre chose qu'

> « une infinité de grâces qui, en parcourant ces lieux, y travaillaient, y retouchaient partout ; je dis : en parcourant, car elles ne faisaient qu'aller et venir, que passer, que se succéder rapidement les unes aux autres, sans nous donner le temps de les bien connaître ; elles étaient là, mais à peine les voyait-on qu'elles n'étaient plus, et qu'on en voyait d'autres à leur place, qui passaient à leur tour, pour faire place à d'autres » [8].

C'est, et ce n'est plus seulement, le goût du temps mis en image, la définition de l'*Encyclopédie* illustrée. C'est toujours l'apologie du changeant, certes :

> « à tout moment nous y voyions ajouter quelque chose de nouveau » [9],

---

7. *C. Ph.* p. 348.
8. *C. Ph.* p. 349-350.
9. *C. Ph.* p. 349.

commence Marivaux, et l'article de l'*Encyclopédie*, rédigé par Montesquieu, dit :

> « Les grâces se trouvent moins dans les traits du visage que dans les manières ; car les manières naissent à chaque instant, et peuvent à tous les moments créer des surprises » [10].

Seulement célébrer, comme le fait Montesquieu, un surgissement inépuisable et saluer le renouvellement constant, espérer le piquant de l'inattendu et fêter la surprise, c'est ramener tout le plaisir de la variation au seul déploiement varié des formes, quand à travers le déploiement c'est tout le jeu de cela même qui varie, disparaît pour reparaître différent, inconnaissable, qui séduit Marivaux. « A tout moment quelque chose de nouveau », c'est à tout moment un nouveau retrait de cela qui varie, et tout surgissement même euphorique se double chez Marivaux d'une fuite symétrique ; le second temps de l'évocation ne dit que cela :

> « (elles ne faisaient [...] que passer, que se succéder rapidement les unes aux autres), mais sans nous donner le temps de les bien connaître ; elles étaient là, mais à peine les voyait-on qu'elles n'y étaient plus, et qu'on en voyait d'autres à leur place, qui passaient à leur tour, pour faire place à d'autres. En un mot, [...] ce n'en était pas une, c'en était toujours mille qu'on voyait » [11].

C'est à se manifester sans fin qu'échappe sans fin le Je ne sais quoi de Marivaux ; c'était pour n'être pas manifesté mais voilé, ou « de la nature de ces choses qu'on ne connaît que par les effets qu'elles produisent » [12], qu'échappait au regard celui du Père Bouhours ; « échapper » en change de sens et de charme : ici celui de « rester totalement inaperçu », là de disparaître aussitôt qu'aperçu, d'être « là » et « déjà plus » :

> « on me perd de vue en me voyant » [13],

conclut le Je ne sais quoi de Marivaux. Chez le Père Bouhours il avait le charme du « caché », chez Montesquieu il se cachait pour paraître ensuite avec le charme de la « surprise » :

> « Du Je ne sois quoi » : « Les grâces se trouvent plus ordinairement dans l'esprit que dans le visage ; car un beau visage paraît d'abord

---

10. Rubrique « Du Je ne sais quoi », cité par F. Deloffre, *Journaux* p. 644.
11. *C. Ph.* p. 350.
12. Le Père Bouhours, *Les Entr. d'Ariste et d'Eugène*, 1671, p. 329-330.
13. *C. Ph.* p. 351.

et ne cache rien : mais l'esprit [...] peut se cacher pour paraître et donner cette espèce de surprise qui fait les grâces » [14].

A cela s'ajoute chez Marivaux qu'il paraît pour se cacher et se double du charme de la fuite.

C'est sur le modèle d'une variation ainsi conçue que se présente l'art de plaire évoqué par Marianne.

> « Je savais être plusieurs femmes en une. Quand je voulais avoir un air fripon, j'avais un maintien et une parure qui faisaient mon affaire ; le lendemain on me retrouvait avec des grâces tendres ; ensuite j'étais une beauté modeste, sérieuse, nonchalante. Je fixais l'homme le plus volage ; je dupais son inconstance, parce que tous les jours je lui renouvelais sa maîtresse,

— charme de la nouveauté, sans doute, mais le texte ajoute : —

> et c'était comme s'il en avait changé » [15].

Séduction d'une échappée constante de la femme, « une » et « plusieurs », sous une multiplicité de grâces changeantes, plus sensible encore dans ces propos de l'héroïne des *Lettres contenant une Aventure* :

> « je jugeais qu'elles nous variaient [aux] yeux [des hommes], et nous exposaient sous différentes formes, dont l'inconstance les obstinait à nous fixer dans la bonne ; mais qu'il ne fallait pas qu'ils pussent s'en assurer ; et qu'ainsi, leur temps se passait à nous chercher, et à ne nous trouver, comme ils souhaitaient, qu'à la traverse » [16].

> « Vous me voyez, et vous me cherchez, et vous ne me trouverez jamais autrement » [17],

c'est la définition du Je ne sais quoi par lui-même, quinze ans plus tard. Même le charme des regards qui « partent en échappade » évoqué par Diderot, est sans parenté avec celui de ces grâces qui ne se livre qu' « à la traverse » ; l'écart est celui de deux « visions ». Là, c'est un mouvement qui part malgré soi, plus vite qu'on le veut, don qui s'échappe à lui-même ; ici, don qui s'échappe en lui-même : se change en lui-même et se dérobe à se livrer toujours plus. Là,

---

14. *Encyclopédie*, Art. cité par F. Deloffre, *Journaux* p. 644.
15. *V. M.* p. 51.
16. *L. Av.* p. 87.
17. *C. Ph.* p. 351.

l'image de cette nature débridée de Diderot, dont les mouvements toujours vous mènent et vous échappent ; ici, le mouvement de ce qui en se multipliant semble sans cesse fuir, celle de la nature selon Marivaux, dont une allégorie donnera cette image :

> « Qu'il vous suffise de savoir que cette personne [...] était dans un mouvement perpétuel, et en même temps si rapide, qu'il me fut impossible de la considérer en face.
>
> Ce qui est de certain, c'est que dans le mouvement qui l'agitait, je la vis sous tant d'aspects que je crus voir successivement passer toutes les physionomies du monde, sans pouvoir saisir la sienne » [18].

Ainsi de toutes choses chez Marivaux. Qu'une « histoire » se prenne de variation, et, sans qu'un seul de ses traits change, elle va si constamment « changer de face » qu'il devient impossible de la connaître, de la connaître « jamais autrement » qu'à travers la succession de ses formes. Comme le Je ne sais quoi sous « mille formes et pas une de fixe », sous mille tournures vraies de l'histoire, sans une de définitive, échappera l'histoire vraie de Marianne. Quel qu'en soit le sens à éclairer plus tard, apparaît pour le moins ici un roman où déjà dans un même écho histoire et personnages se répondent : c'est à l'image de ces incarnations de la grâce que sont Mme Dorsin et Marianne, qu'il se déroule, inachevé, emporté par un récit qui, se transformant contamment en lui-même, semble de variation en variation fuir à l'infini de tous ses possibles.

Redire sans fin sans jamais répéter..., tel est « le bel usage » de la parole selon Marivaux, et à la source du bien dire reparaît la variation dans ce caractère illimité qui commence de la démarquer.

> « Qu'importe [sans doute] qu'on se répète si l'on peut donner un air de nouveauté à ce que l'on a déjà dit » [19],

mais pourquoi se répéter sans fin ? comme le demande Crébillon dans *Tanzaï et Néadarné*, qui parodie durant cinq chapitres le parler de Marianne a :

> « mais à propos de quoi ce monceau d'idées toujours les mêmes, quoique différemment exprimées ? Pourquoi ces choses dites cent fois, et revêtues, pour reparaître encore... ? [20].

---

18. *Le Miroir*, Journaux p. 535.

19. Crébillon, *L'Ecumoire ou Tanzaï et Néadarné*, 1734, éd. Lefevre Bruxelles, p. 145.

20. *Tanzaï et Néadarné*, p. 144.

Et l'on répond à Tanzaï qu'il n'est

> « rien de si charmant que de pouvoir parler deux heures où d'autres
> ne trouveraient pas à nous entretenir une minute, [... que] cette
> façon admirable de s'exprimer que vous traitez de jargon, éblouit,
> [...] donne à rêver... » 19.

Donner à rêver, ravir... c'est bien aussi pour Marivaux le propre
de l'idée cent fois reprise et remaniée, l'idée qu'aucune phrase
n'épuise... : c'est dans l'impression de fuite à nouveau que se trouve
le bonheur de cette variation. L'horreur de la formule définitive, des
« maximes des philosophes » n'a d'égale chez les héros de Marivaux
que leur aversion pour les aveux tout crus, tout nus, tout bruts, on
le verra plus tard 21, mais il suffit d'écouter par exemple Lélio dans
La Surprise de l'Amour : son enthousiasme pour l'aveu qui, passant
par toutes les couleurs de la mobilité intérieure, fuit le mot qui le
saisirait tel qu'en lui-même et se donne paradoxalement à se répéter
le charme de n'avoir jamais été dit.

> « Notre cœur à nous autres est un vrai paralytique : nous restons
> là comme des eaux dormantes, qui attendent qu'on les remue pour
> remuer. Le cœur d'une femme se donne sa secousse à lui-même ; il
> part sur un mot qu'on dit, sur un mot qu'on ne dit pas, sur une con-
> tenance. Elle a beau vous avoir dit qu'elle aime ; le répète-t-elle, vous
> l'apprenez toujours, vous ne le saviez pas encore : ici par une im-
> patience, par une froideur, par une imprudence, par une distraction,
> [...] enfin c'est [...] du babil et du silence de toutes les couleurs. Et
> le moyen de ne pas s'enivrer du plaisir que cela donne ? » 22.

Lié à cette mobilité spontanée du sentir, don naturel de la femme, le bien dire est aux yeux de Marivaux l'art inné de la femme et
son premier caractère est « le naturel », le contraire même de l'artifice et du « jargon » senti par Crébillon. Toute *La Vie de Marianne*
n'est d'ailleurs à travers l'éloge de la femme qu'un éloge du naturel.
Ainsi Léo Spitzer analyse-t-il un roman, dont le sujet n'est « pas tant,
dit-il, le récit de telle vie de jeune fille » que « la glorification du
principe féminin dans la pensée humaine », et où l'auteur apparaît
désireux « d'avoir l'esprit de la femme », « plus rapproché de cette
intuition » 23, de cette pensée spontanée, irréfléchie, naturelle qu'il
privilégie. Seulement, comme l'a dit Marivaux lui-même, « être naturel », c'est rester dans « le tour d'idées pour qui la nature nous a

---

21. 1ʳᵉ partie, p. 33 et 55 — 3ᵉ partie, p. 147-148.
22. Scène 2, acte I, t. I *Théâtre complet*, Garnier, p. 192-193.
23. *Etudes de Style*, « A propos de *La Vie de Marianne*, N.R.F., p. 389.

donné vocation » 24, et là est l'intérêt de le voir sentir « le naturel »
selon sa « nature », et n'en parler qu'à propos d'effets d'infinie variation... Car c'était aussi comme merveille de parler naturel que le
maître à écrire de la génération précédente donnait en modèle le
parler féminin.

> « Mais d'où vient, pensez-vous, dit Eugène, dans *Les Entretiens* du
> Père Bouhours, que les femmes en France parlent si bien ? N'est-ce
> pas parce qu'elles parlent naturellement et sans étude ? Il est vrai,
> reprit Ariste, [...]. Les mots dont elles se servent semblent tout neufs
> et faits exprès pour ce qu'elles disent, quoiqu'ils soient communs :
> et si la nature elle-même voulait parler, je crois qu'elle emprunterait
> leur langue pour parler naïvement » 25.

Seulement une langue « naturelle », c'était selon le Père Bouhours
une langue « simple », « sage », « retenue » presque :

> « Le beau langage ressemble à une eau pure et nette qui n'a point de
> goût, qui coule de source, et va où sa pente naturelle la porte ; et
> non pas à ces eaux artificielles qu'on fait venir avec violence dans
> les jardins des Grands, et qui y font mille différentes figures » 26.

« Mille différentes figures » et pas une de définitive... : ainsi Marivaux rêverait plutôt à l'expression idéale, comme à un jaillisse-
ment intarissable et varié :

> « Quel aimable désordre d'idées dans la tête, disait Lélio dans son
> éloge de la femme, que de vivacité ! quelles expression ! que de naï-
> veté ! » 27.

Jamais la « naïveté », le naturel selon Marivaux n'apparaîtront
autrement qu'associés à ces images de « vivacité », d' « aimable désordre », sous lesquelles se découvre toujours celle d'infinie variation.

« Abandonner son esprit à son geste naturel » 28, ce sera ainsi
le laisser aller « sans ordre », c'est-à-'-dire çà et là et surtout sans
terme prévu : la réflexion chez Marivaux est un vagabondage intel-

---

24. *Sp. Fr.* p. 149.
25. *Les Entretiens d'Ariste et d'Eugène*, éd. Desprez 1768, p. 70.
26. *Les Entretiens d'Ariste et d'Eugène*, éd. Desprez, p. 66.
27. *La Surprise de l'Amour*, sc. 2 Acte I, t. 1 Théâtre complet p. 192.
28. *Sp. Fr.* p. 148.

lectuel mais, précise bien Marivaux, selon le vrai « plaisir du voyage »[29], qui est d'aller, non d'arriver. Ainsi va son esprit dans les
Journaux, « sa plume cour[ant] la prétentaine sur le papier »[30],
dans « un libertinage d'idées qui ne peut s'accomoder d'un sujet
fixe »[31], en vérité, moins sans savoir où il va, que sans dessein d'arriver.

Sous l'apparent bric-à-brac de réflexions, c'est en effet bien souvent de l'une à l'autre la même qui revient, abandonnée sous une
forme pour être suivie sous une autre, dont la nouveauté plus loin
sera reprise, et ce mouvement semble ne jamais devoir l'épuiser. Jamais elle n'affleure pour se laisser voir à nu, générale et abstraite ;
elle se fait, chemin faisant, réflexion sur l'amour, la spiritualité, le
monde, l'esprit : pensée « caméléon »[32] qui disparaît au regard au fil
des domaines qu'elle traverse, mais dont la continuité ne cesse d'être
sourdement sensible. Le mouvement qui condamne à la Beauté
selon Marivaux, gouverne aussi sa réflexion :

« Ne me cherchez point sous une forme, disait-elle, j'en ai mille, et
pas une de fixe : voilà pourquoi on me voit sans me connaître, sans
pouvoir ni me saisir ni me définir : on me perd de vue en me voyant,
on me sent et on ne me démêle pas »[33].

Ainsi va, lorsqu'elle « va son pas », la pensée de Marivaux : elle
ne court pas de disgression en disgression, comme l'aime faire Diderot, elle avance par reprise successive, de cette démarche fuguée,
qu'on ne cesse de voir s'affirmer au fil des Journaux. Elle s'esquissait
à peine dans les *Lettres sur les Habitants de Paris* :

« Varions les matières : laissons là les bourgeois et leurs femmes,
pour les reprendre en chemin faisant, et parlons un peu des dames
de qualité »[34].

Elle s'affirme dans *Le Spectateur Français*, où lorsqu'il « reprend »,
le sujet laissé en suspens semble avoir continué de courir sous
l'autre et reparaît en reprise de ce qui vient d'être dit. Pourquoi
un propos sur l'amour, abandonné dans ces termes :

---

29. *Ph.* p. 457.
30. *Ph.* p. 563.
31. *Sp. fr.* p. 132.
32. *L. H. P.* p. 12.
33. *C. Ph.* p. 351.
34. *L. H. P.* p. 22.

> « J'ai promis un Rêve ; je m'en ressouviens ; mais c'est un rêve qui
> ne roule que sur l'amour. Ami lecteur, en vérité, cela peut se diffé-
> rer »[35].

reprend-il dans ceux-ci :

> « C'est de l'Amour dont il s'agit. Eh bien, de l'amour ! le croyez-vous
> une bagatelle, messieurs ? Je ne suis pas de votre avis, et je ne con-
> nais guère de sujet sur lequel le sage puisse exercer ses réflexions
> avec plus de profit pour les hommes » ?[36].

C'est qu'entre temps deux feuilles sur des faits d'actualité (l'arrivée de l'Infante à Paris, la vente du *Spectateur*) ont illustré l'emprise trompeuse de l'apparence sur les esprits. Mais ce sont les dernières feuilles de Marivaux, *Le Cabinet du Philosophe*, aux allures
plus que jamais affichées de fouillis d'idées en vrac, qui offrent la
mise en œuvre la plus accomplie de cette démarche, qualifiée comme l'était déjà le style par Marivaux de « naturelle ».

> « Il ne s'agit point ici d'ouvrage suivi : ce sont, la plupart, des mor-
> ceaux détachés, des fragments de pensée sur une infinité de sujets,
> et dans toutes sortes de tournures : [...]
> Voilà ce que vous allez voir dans le style d'un homme qui écrivait
> ses pensées comme elles se présentaient, et qui n'y cherchait point
> d'autre façon que de les bien voir, afin de les exprimer nettement ;
> mais sans rien altérer de leur simplicité brusque et naïve »[37].

Seulement, commencer tout anodinement par noter à propos
de la parution de l'ouvrage sous forme de feuilles volantes, qu'un
volume est toujours plus respectable, quoiqu'il puisse ne valoir rien
dans ce qu'il contient »[38], puis reprendre à propos du style une
mise en garde contre le style « brillant », qui plaît mais dont l'effort
pour plaire ne montre plus « l'auteur comme il est », sur l'amour
ensuite écrire : on appellera grossier ce discours à une femme :

> « Madame, je vous désire beaucoup, vous me feriez grand plaisir de
> m'accorder vos faveurs »

mais « galant » le même ainsi traduit :

---

35. *Sp. Fr.* p. 132.
36. *Sp. Fr.* p. 139.
37. *C. Ph.* p. 335.
38. *C. Ph.* p. 336.

« Je vous aime, Madame, vous avez mille charmes à mes yeux »[39],

c'est chaque fois montrer l'emprise de l'apparence sur l'esprit et comment toujours l'on passe le fond en faveur de la forme : la médiocrité en faveur de l'allure sérieuse dans un ouvrage, la banalité en faveur de l'ornement dans le style comme dans la galanterie le sens en faveur des paroles. Que suive ici, en guise d'intermède, le rêve d'une jeune mère à qui des fées proposent les dons d'esprit qu'elle souhaite à son fils, et voici passées en revue les différentes sortes d'esprit et leur valeur intrinsèque comparée à l'estime où elles sont tenues. Un propos inattendu sur le monde et la religion est un ultime exemple de l'emprise de l'opinion, à qui l'homme va jusqu'à sacrifier son salut par « la seule crainte du ridicule qu'il y a dans le monde à vouloir se sauver. »[40]

Mais en même temps ce dernier exemple a irrité l'opposition entre vertus positives et biens estimés jusqu'à ne les plus concevoir qu'à l'exclusion l'un de l'autre, ce qui introduit une nouvelle approche du sujet sous l'angle de leur compatibilité, dont toute la seconde feuille est le développement. Tout s'y passe en effet comme si ses trois rubriques sur la constance en amour, la finesse d'esprit, la Beauté et le Je ne sais quoi, montraient qu'il ne suffit jamais d'être la perfection en soi et qu'elle gagne toujours à emprunter à ce qu'à tort on lui préfère.

« C'est une qualité [...] que d'être d'un caractère exactement constant ; mais ce n'est pas une grâce, dit la première rubrique, c'est même le contraire [...]
On loue de pareils amants ; mais on finit par perdre le goût qu'on a pour eux.
[...] soyez constant avec art. »[41]

« Il y a un certain degré d'esprit [...] au-delà duquel vous n'êtes plus senti, commence la seconde ; [...] c'est même un désavantage qu'une si grande finesse de vue.
[...] ce qu'on entend bien dans vos pensées dégoûte de ce qu'on y entend mal : [...] on vous accuse de vouloir briller, quand vous n'avez point d'autre tort que celui d'exprimer tout ce qui vous vient.
Peignez la nature à un certain point »[42]

Quitte à jouer comme ici d'ironie, la pensée, fidèle à sa dynamique de reprise, en suit jusqu'au bout le moule ! Le divertissement

---

39. *C. Ph.* p. 337.
40. *C. Ph.* p. 341.
41. *C. Ph.* p. 344.
42. *C. Ph.* p. 345.

qui termine la feuille par une promenade allégorique dans les jardins
de la Beauté, retrouve la ligne de la pensée :

> « toute belle que je la trouvais toujours, toute belle qu'elle était en
> effet »... « je [l'] avais regardée avec admiration la première fois que
> je l'avais vue, [...] j'avais été moins touché à la seconde, [...] enfin
> j'étais parvenu à la voir avec indifférence [... elle] m'était devenue
> insipide » [43].

Que la beauté accepte que l'animation du je ne sais quoi « dérange »
un peu ses traits, et elle y gagnera « la grâce » :

> « si son âme jouait un peu sur son visage, cela le rendrait [...] plus
> touchant : il plairait au cœur autant qu'aux yeux ; mais on ne fait
> que le voir beau, et on ne sent pas qu'il l'est » [44].

En somme, explique-t-on maintenant, cette vertu que doit s'as-
similer la perfection, n'est en fait que d'être sentie comme telle par
le cœur. A nouveau vient d'être introduite en mineur l'idée qui va
se déployer tout au long de la prochaine feuille : le secret est de
toucher.

Et voici repris le problème de l'auteur qui veut plaire, « écrire
les plus belles choses du monde » :

> « Elles seront belles en effet, mais de quelle beauté ? [...] l'âme [...]
> les admire [...] : elle dit : cela est beau, mais beau à voir, et voilà
> tout [...] ce sont d'industrieuses façons de l'Art, qu'elle loue comme
> intelligente [...] elle ne s'y attache point comme sensible » [45].

Et la question religieuse revient :

> « En fait de religion, ne cherchez point à convaincre les hommes ;
> ne raisonnez que pour leur cœur » [46].

Que suivent sans ambage une méditation quasi métaphysique,
une remarque sur les petits devoirs de civilité dus aux femmes, une
scènette comico-allégorique qui achève la feuille par une représentation de l'homme sur *Les Chemins de la Fortune*, et le thème loin
d'éclater s'élargit. Il ne s'agit plus seulement de rendre sensible au

---

43. *C. Ph.* p. 346.
44. *C. Ph.* p. 348.
45. *C. Ph.* p. 352.
46. *C. Ph.* p. 352.

cœur une profondeur négligée pour l'apparence, mais d'en rappeler même simplement l'existence à qui y est parfaitement désensibilisé : l'homme à sa condition d'homme dans la création par la recherche du divertissement, la femme à sa condition de femme dans la société par les satisfactions d'amour-propre, chacun à ce qu'il se doit sur les chemins du parvenir, tous également sourds à cette voix qui y rappelle et qui se nomme selon, esprit de philosophie, « cœur » b, ou Scrupule :

> « On a beau nous crier : regadez-vous ! L'habitude de nous voir est faite ; nous sommes nous-mêmes le prodige dont il est question, nous vivons avec lui. Le moyen que nous le remarquions ? nous sommes plus pressés d'aller, de jouir de nous, que de nous voir » [47].

> « Si les femmes y pensaient bien, elles rougiraient des égards et du respect que nous avons pour elles ; mais leur amour-propre en jouit, sans en approfondir les causes » [48].

> « Le Scrupule — Halte-là, Messieurs, n'allez pas si vite ; prenez garde à ce fossé qui vous ferme le passage.
>
> La Verdure — Par la sambleu ! je ne l'avais pas vu ; et si vous ne m'aviez pas fait peur, je l'aurais peut-être sauté sans réflexion » [49].

Et le propos progresse encore avec la quatrième feuille, reprenant la première et la troisième : les hommes sacrifient tout à l'opinion, qu'elle reconnaisse les vraies valeurs, et « elle fera des vertueux ou des hypocrites », qui sont « des méchants qui n'oseront l'être autant qu'ils le voudraient » [50].

Au simulacre de vertu répond dans la feuille suivante le simulacre de l'amour : la coquetterie, nouvelle reprise du thème fondamental puisqu'elle n'est que la soumission de la femme aux valeurs reconnues par l'opinion masculine :

> « Nous n'avons point d'autre fortune que de trouver grâce devant vos yeux [...] nous n'échappons à votre oubli, à vos mépris que par ce moyen, nous ne sortons du néant, nous ne saurions [...] être quelque chose, qu'en nous faisant l'affront de substituer une industrie humiliante à la place des qualités, des vertus que nous avons, dont vous ne faites rien » [51].

---

47. *C. Ph.* p. 354.
48. *C. Ph.* p. 355.
49. *C. Ph.* p. 356.
50. *C. Ph.* p. 364.
51. *C. Ph.* p. 378.

A la sixième feuille, au cœur de l'ouvrage : « Du Style », mais une manière d'en parler qui l'inscrit au cœur de la démarche : le style est l'exception, l'unique domaine où de la forme au fond il y ait correspondance nécessaire et parfaite. Encore faut-il pour l'établir échapper une fois de plus à l'emprise de l'apparence :

> « Vous voyez souvent des gens d'esprit vous dire : le style de cet auteur est noble, le style de celui-ci est affecté, ou bien obscur, ou plat, ou singulier.
>
> Enfin c'est toujours du style dont on parle, et jamais de celui qui a ce style. Il semble que dans ce monde il ne soit question que de mots, point de pensées. [...]
>
> Si les pensées d'un auteur me font plaisir, je ne songe point à le louer de ce qu'ils a été choisir les mots qui pouvaient les exprimer [...] ces mots ont été institués pour être [...] les signes des idées qu'il a eu [...] ce n'est pas là ce qui fait son mérite, et c'est d'avoir bien pensé que je le loue.
>
> [De celui qui écrit mal] dirai-je qu'il a un mauvais style ? m'en prendrai-je à ses mots ? Non, [...] le vice de ce style n'est qu'une conséquence bien exacte du vice de ses pensées [...] s'il y a un reproche à lui faire, il ne peut tomber que là-dessus, et non pas sur le style, qui n'est qu'une figure exacte de ses pensées » [52].

De ce point central la pensée pour la première fois ne fera pas un point d'appui, un palier d'élan d'où se reprendre et se projeter vers de nouveaux domaines ; il est son point d'arrêt sur une route restée ouverte. Aussi, pour la satisfaction esthétique ou intellectuelle du lecteur, elle va à nouveau se reprendre, mais toute entière dans le grand geste d'un retour sur soi, sur le chemin parcouru, et les six dernières feuilles de l'ouvrage ne formeront en vérité, sous la forme d'un conte philosophique, que la « re-présentation » divertissante de ce « monde » des simulacres et des apparences trompeuses. C'est aussi reprendre pour l'ensemble de l'ouvrage le principe de chaque feuille, dont la réflexion toujours se poursuit et s'interrompt sur un divertissement : il nous a successivement entraînés au pays des rêves et des fées, dans les Jardins de la Beauté ou les Chemins de la Fortune, il nous entraîne ici dans un voyage sous les masques au « Pays des hommes vrais ».

De cet ouvrage entraîné dans un mouvement de reprises infini, qui se redouble dans une vaste reprise de lui-même et concilie l'inachevé et le parfait, peut-être faudra-t-il se souvenir, lorsque l'on verra *La Vie de Marianne* suspendre ses récits, et recommencer la

---

52. *C. Ph.* p. 381, 385, 386.

même fondamentale narration avec l'histoire de la religieuse, double aussi inachevé que l'est ici le conte, qui reste ouvert à toutes les reprises imaginables :

> « [...] Ici finit totalement l'histoire du Monde vrai.
>
> Apparemment que le philosophe, à qui l'idée de ce Monde était venue, n'a pas cru qu'il fût nécessaire de la pousser plus loin ; attendu sans doute que cette idée une fois donnée, tout le monde peut l'étendre, et s'en imaginer toutes les suites » [53].

L'invite sera de toutes les œuvres : au lecteur de « poursuivre » ; et non d' « achever », à bien noter les termes de Marivaux. En son esprit d'ailleurs, la collusion ne serait-elle pas immédiate qui ferait entendre « fin » comme « sabotage » : comment « achever » une réflexion, ne serait-ce pas aussi la « perdre de valeur » dans la langue de Marivaux, « figure exacte d'une pensée » qui ne saurait concevoir de matière épuisable ?

Car tel est sur les choses le regard de Marivaux, que toute matière, même la plus singulière, comme le « je ne sais quoi » — combien dès lors la plus générale — s'offre à lui dans un déploiement de variantes inépuisables. Et Marivaux n'aime rien tant que cela.

La banalité parfois de ce que retient ainsi le regard du « spectateur français » n'en est que plus caractéristique :

> « Mon esprit pensif s'exerçait à son ordinaire. Je regardais passer le monde ; je ne voyais pas un visage qui ne fût accomodé d'un nez, de deux yeux et d'une bouche ; et je n'en remarquais pas un sur qui la nature n'eût ajusté tout cela dans un goût différent » [54].

Et voici l'équivalent moral :

> « de ce que les hommes ont toujours les mêmes passions, les mêmes vices et les mêmes vertus, il ne faut pas conclure qu'ils ne font plus que se répéter.
>
> [Chacun les a] avec des différences et des singularités qui l'empêchent de ressembler exactement à tout autre... » [55].

En art, tout son plaisir est de sentir l'œuvre comme l'immense variante d'une essentielle « situation » (au sens le plus étendu, car,

53. *C. Ph.* p. 437.
54. *Sp. Fr.* p. 124.
55. *Le Miroir*, Journaux, p. 548.

dit-il, elle tient moins peut-être aux « faits qu'à la manière de les traiter »), dont il retrouve les modulations aussi « loin » dans l'œuvre qu'il « porte sa vue et son sentiment » [56]

> « Dans les tragédies ordinaires, écrit-il dans l'éloge d'*Inès* de La Motte, paraît-il une situation intéressante, elle frappe son coup, et voilà qui est fini jusqu'au moment qu'il en revienne une autre.
>
> Ici chaque situation principale est toujours tenue présente à vos yeux, elle ne finit point, elle vous frappe partout, sous des images passagères qui la rappellent sans la répéter ; vous la revoyez dans mille autres petites situations momentanées qui naissent [...] si naturellement que vous ne les soupçonnez point d'être la cause de l'effet qu'elles produisent ; de façon que dans tout ce qui se passe actuellement d'intéressant réside encore, comme à votre insu, tout ce qui s'est passé [...]
>
> Et certainement, c'est ce qu'on peut regarder comme le trait du plus grand maître » [57].

> « J'aimerais presqu'autant avoir loué ainsi *Inès* que de l'avoir faite » [58],

répondra à celui qui n'est qu'à l'aube encore de sa carrière, « le grand maître » subjugué ,ayant tout à coup senti passer dans ces phrases le souffle du génie. C'est l'essence même de l'œuvre d'art telle qu'on la mettra à jour deux siècles plus tard sous le terme de « monotonie » qui est appréhendée ici en termes proprement marivaudiens. C'est l'intuition même de Proust et de Camus [59], pour qui, non plus que pour Marivaux, ce « rare intérêt » ne s'invente : on ne le « met » pas dans une œuvre, il « s'y rencontre », fruit nécessaire d'une âme « pénétrée » :

> « On aurait beau chercher l'art d'en faire autant, il n'y a point d'autre secret pour cela que d'avoir une âme capable de se pénétrer jusqu'à un certain point des sujets qu'elle envisage. C'est cette profonde capacité de sentiment qui [la] met sur la voie » [60].

> « Et c'était justement quand il cherchait puissamment à être nouveau, qu'on reconnaissait, sous les différences apparentes, les similitudes profondes et les ressemblances voulues qu'il y avait au sein

56. *Pensées sur Différents Sujets*, Journaux, p. 67.
57. *Sp. Fr.*, 20ᵉ feuille (1723), p. 226.
58. Journaux, Notes, p. 618.
59. Camus, *L'Intelligence et L'Echafaud*, Pléiade, p. 1898.
    Proust, *A la Recherche du temps perdu*, t. III Pléiade p. 257, 375.
60. *Sp. Fr.* p. 226.

d'une œuvre ; quand [il] reprenait à diverses reprises une même phrase, la diversifiait, s'amusait à changer son rythme, à la faire reparaître sous sa forme première, ces ressemblances-là, voulues [...] n'arrivaient jamais à être aussi frappantes que ces ressemblances [...] involontaires qui éclataient sous des couleurs différentes » 61,

ainsi parle Proust, qu'on voit ailleurs chercher « de roman à roman », « au sein d'un même roman », « la même scène ». « Se répéter et savoir se répéter », écrit Camus, mais ce pourrait être Marivaux, là est la grande littérature, celle où

> « l'intrigue et les personnages se limitent en général à [une] idée et [où] tout est disposé pour la faire retentir indéfiniment » 62.

Reste qu'aimer une œuvre comme un lieu d'échos infinis, ne dit rien du plaisir que chacun y trouve selon sa singularité : plaisir chez Camus au triomphe du « style » sur la vie à travers une stylisation intransigeante, plaisir à la variation sans fin, principe de tout plaisir, chez Marivaux. C'est pourquoi sa langue critique, celle du plaisir littéraire ,retrouve tout naturellement pour parler de cette essentielle « situation » les termes qui disaient les charmes du « je ne sais quoi », c'est-à-dire de ce qui a don de plaire :

> « elle ne finit point, elle vous frappe partout sous des images passagères qui la rappellent sans la répéter ; vous la revoyez dans mille autres petites situations momentanées... »

> « elles étaient partout, sans se tenir nulle part ; ce n'en était pas une, c'en était toujours mille qu'on voyait », « un nombre infini de grâces » « qui [...] ne faisaient [...] que se succéder rapidement les unes aux autres » 63.

Même l'élément qu'on imagine dans l'œuvre plus foncièrement singulier, tout comme l'événement singulier dans la vie, ne sont jamais si bien goûtés chez Marivaux que lorsque « tout ce qu'il[s] [ont] d'intéressant » est « encore » traversé par tous ces jeux, qu'au-delà d'eux-mêmes ils sont aussi rappel et préfiguration. Qu'est-ce qui enivre si fort la jeune dame des *Lettres contenant une Aventure*, à l'instant où lui vient un nouvel amour, sinon ces mille bonheurs aussitôt convoqués autour du bonheur présent et les perspectives

---

61. Proust, *La Prisonnière, A la Rrecherche du Temps Perdu*, Pléiade t. III, p. 256.

62. Camus, *L'Intelligence et l'Echafaud*, Pléiade, p. 1898.

63. *C. Ph.* p. 350.

vertigineusement ouvertes à partir de l'instant actuel des conquêtes
passées et futures ?

> « Quand un nouvel amant m'acquiert ce droit [de m'estimer], quand
> je me vois les délices de ses yeux, je ne puis t'exprimer ce que je
> deviens aux miens. Mes conquêtes présentes et passées s'offrent à
> moi ; je vois que j'ai su plaire indistinctement, et je conclus, en tres-
> saillant d'orgueil et de joie, que j'aurais autant d'amants qu'il y a
> d'hommes, s'il était possible d'exercer mes yeux sur eux tous » [64].

« Le trait » comique, la réflexion, même s'ils se suffisent à eux-
mêmes, doivent être souvenir de réflexions ou d'effets passés, annonce d'une réflexion future, anticipation d'un comique à venir.
Telles étaient, on l'a vu, les réflexions des Journaux, telle est l'expression comique des parodies :

> « Cette sorte de comique, [qui n'est point celle du maître du genre,
> Scarron,] explique la Préface de *L'Homère Travesti*, est bien plus
> sensible à l'esprit, qu'un mot bouffon, qui ne fait rire qu'une fois ;
> car en riant de la pensée présente qu'on lit, on rit encore par ré-
> flexion à la phrase passée qui donne occasion à la phrase suivante ;
> de sorte que le comique est toujours présent à l'esprit [...] : c'est
> comme un dénouement d'intrigue, qu'on attend, et dont la suite, que
> l'on ne sait pourtant pas, divertit par avance, par les rapports plai-
> sants que l'on sent qu'elle aura avec le commencement » [65].

Si elle ne s'exerce de façon linéaire, c'est en profondeur que
l' « extension » s'accomplit. « Le trait sublime », (objet de tout un
article de Marivaux [66]), voué à séduire par son intensité frappante
plus que par ses échos environnants, c'est en lui-même qu'il faut
le « faire retentir indéfiniment », car « remarquez », écrit Marivaux,

> « qu'il y a dans ce trait une infinité d'autres petites images sous-
> entendues » [67].

Et cela s'appelle, dit-il, « délicatesse » : être « amoureux d'impressions » rejoint ici être amoureux de certaines impressions pour
demander à toujours « sentir au-delà » et rencontrer ainsi sous le
nom de délicatesse l'idéal de toute une époque :

---

64. *L. Av.* p. 97.
65. *H. T.* p. 961-962.
66. *Sur La Pensée Sublime*, Journaux, p. 56 à 72.
67. *Sur La Pensée Sublime*, p. 71.

> « Comparez [...] le sentiment de l'homme épais avec celui de l'homme délicat ; vous ne trouverez dans ce dernier qu'un développement de principes, à raison d'une impression plus complète qu'il a reçue du trait ; vous verrez que l'homme épais en a saisi le fonds superficiel, la vérité grossière ; mais vérité sans extension » [67].

Cette vérité « en extension » fait aussi de Marivaux analyste le contraire d'un « anatomiste » : pour la décomposer, il faudrait d'abord la poser, l'arrêter, mais l' « infinité de petites images sous-entendues » vient sans fin la varier. Quand Marivaux, l'homme délicat, analyse, apparaît une moire d'images, non une réalité disséquée.

Il se révèle aussi que cette activité d'analyse, à quoi on a si souvent réduit, en bonne ou mauvaise part, l'attitude fondamentale de Marivaux, n'est en fait qu'une manifestation entre plusieurs de la même attitude globale qu'on a vu différemment exprimée. On a fait de Marivaux l'homme des « exquises nuances » ou des « débauches métaphysiques »,

> « Une métaphysique où le jargon domine
> Souvent imperceptible à force d'être fine » [68].

comme s'il semblait, disait le Président Hénault, « avoir pris à tâche de prouver la divisibilité de l'âme à l'infini » [69]. Or le domaine mouvant de la vie intérieure n'intéresse tant Marivaux que pour se prêter si bien à cette approche qui lui est propre, mais n'est pas séparable, par exemple, de sa vision du monde extérieur. Témoins ces propos, où sous le même phantasme de suite ou de fuite infinie, ne se dissocient pas dans sa pensée domaines métaphysique et matériel :

> « Et de même qu'on a pas encore trouvé toutes les formes dont la matière est susceptible, l'âme humaine n'a pas encore montré tout ce qu'elle peut être ; toutes les façons possibles de penser et de sentir ne sont pas épuisées » [70].

Ainsi imagine-t-il dans *Le Miroir* la Nature sous les traits d'une femme à l'aspect insaisissable, « dans un mouvement perpétuel », dont le visage est un défilé vertigineux de « toutes les physionomies » possibles et dont les attributs sont des miroirs : l'un repré-

---

68. Palissot, *Nécrologie des Hommes Célèbres*, 1764, t. II Théâtre complet, p. 967.

69. Cité par M. Arland, Introduction au Théâtre Complet, éd. Pléiade.

70. *Le Miroir*, Journaux, p. 548.

sente la matière en général et « sa divisibilité à l'infini », l'autre « toutes les façons possibles de penser et de sentir des hommes »[71].

Il reste que, même replacé dans cette perspective, le goût marivaudien pour les « différences du cœur », les « degrés du sentiment », les « modifications qui n'ont point de nom »[72], constitue bien une originalité. Par contre sa vision du monde extérieur se retrouve en effet d'un bout à l'autre du siècle.

> « C'est une variation infinie, mille et mille portions de différentes matières qui paraissent sous toutes sortes de formes, s'anéantissent et se remontrent, sous d'autres, pour se perdre et se remontrer encore »[73],

écrit Sade. C'est Diderot aussi, et l'imagination du flux perpétuel, où c'est l'essence même des choses qui est conçue comme mouvement, pure mouvance : « Tout change, tout passe, il n'y a que le tout qui reste »[74], « que le temps qui dure ». Mais c'est Marivaux qui illustre sur le plan du vécu ces idées relativement récentes de « création perpétuelle », d' « infini », apparues avec Bruno, Galilée[d], et vulgarisées au temps de la génération qui précède Marivaux. Fontenelle se perd dans « la pluralité infinie des mondes », et Marivaux au niveau du vécu dans la multiplicité infinie des « possibles »[75]. Cette découverte que l'homme du début du siècle fait pour le monde environnant, le cadre de son existence, Marivaux la renouvelle pour l'existence même, pour le monde intérieur, et son sujet favori sera l' « âme qui se tourne en bien plus de façons que nous n'avons de moyens pour les dire »[76], et plus encore le cœur qui « va comme ses mouvements le mènent et ne saurait aller autrement »[77] et plus encore quand il joue avec le hasard... Cette singularité d'orientation tient à une singularité de tempérament. Ainsi Diderot eût plutôt tendu par nature, à conjurer dans le vécu cette expérience qu'il fait d'un changement infini : sa sensibilité, dans un mouvement compensateur, développe « un phantasme de totalité », là où celle de Marivaux se laisse voluptueusement emporter par des

---

71. *Le Miroir*, p. 535.

72. *Sur la Pensée Sublime*, p. 59 ; *Le Miroir*, p. 535 ; *Sur la Clarté du Discours*, p. 52.

73. *Histoire de Juliette ou Les Prospérités du Vice*, cité dans *Introduction à la Vie Littéraire au XVIIIe s.*, Bordas, p. 127.

74. *Le rêve de d'Alembert*, Garnier, p. 299-300.

75. Citations (a) et (b) p. 29.

76. *P. P.* p. 262.

77. *L'Heureux Stratagème*, sc. 4 acte I, t. II Théâtre Complet, p. 58.

variations infinies ; ce qui peut n'être aussi qu'une manière de retourner l'impossibilité d'atteindre jamais le définitif, l'essentiel, la totalité des formes ? e.

Quoiqu'il en soit, loin de rechercher jamais en ces études-là
une quelconque généralité, Marivaux va constamment exalter le
particulier, le partiel, le provisoire. Ce qui l'intéresse ce n'est pas
l'Homme en général, c'est « l'homme dans un Français d'aujour-
d'hui », comme il le dit dans *Le Paysan Parvenu*,

> « voir ce que c'est que l'homme dans un cocher, et ce que c'est que
> la femme dans une petite marchande » [78],

comme il le dit dans *La Vie de Marianne*. A l'inverse de ce qu'écrit
Marcel Arland :

> « Avant tout c'est l'homme qu'il cherche, et qu'il étudie, les éléments
> stables, les ressorts éternels de l'homme sous les multiples visages
> de l'individu » [79],

ce sont les « milles visages » qu'il recherche, c'est dans cette frange,
cette marge de singularité qu'il y a de l'un à l'autre qu'il œuvre. Dès
les premières pages, évoquant l'épreuve qu'elle a fait de la douleur,
Marianne se démarque des « philosophes », pour affirmer sa volonté
de n'en rien dire en général, de s'en tenir à son expérience intime
de la douleur, ce qui sous-entend que si diverse et « répétée » soit-
elle, elle ne l'a pas « épuisée ». Toujours quelque chose de la douleur
dans ce qu'elle est lui échappe. Il n'est pas de point final à l'expérience de quoi que ce soit ; on ne peut jamais aller au fond des
choses, en dire le dernier mot.

Il ne reste plus dès lors qu'à reprendre inlassablement les thèmes, sans espoir qu'un invariant jamais se dégage. La variation tend
dès lors à capter l'intérêt au détriment du thème, et si tout a commencé par des riens qui variaient on passe ainsi vite à des variations
autour d'un rien. Est-ce dans cet esprit que « les variations du récit » de *La Vie de Marianne* s'élaborent autour d'une banale histoire
romanesque d'enfant trouvée ? En fait, même s'il tend à disparaître
sous la variation, le thème n'en existe pas moins fortement chez Marivaux, on l'a vu, son paradoxe est seulement d'être insaisissable.
Hors de cette continuité essentielle autour de laquelle joue la variation, il n'est qu'une variété débridée, la forme manquée de la variation.

---

78. *V. M.* p. 56.
79. Introduction au Théâtre complet, Pléiade, p. XXIX.

Ainsi à la « vivacité » de la femme-folle, « folâtre », Marivaux oppose et préfère celle de Marianne qui « sait être plusieurs femmes en une », à son humeur volage l'inconstance de Valville, qui revit le même amour en des amours divers [81].

> « Elle fait la passion de bien des gens [...] et son mari en est très jaloux [...] mais il n'y a rien à craindre ; elle est trop folle.
> [...] une femme de ce caractère-là n'achève jamais, ni de vous bien voir, ni de vous entendre, et vous n'avez pas le temps de lui plaire autant qu'il le faudrait pour lui faire impression [...]. Pourquoi ? dit-il, c'est qu'une mouche vole et vous croise ; de la mouche, elle passe à un miroir qui se présente ; de là, à sa cornette ; puis à un ruban, puis à autre chose. Mais vous la rattraperez peut-être, dis-je alors. Oui-da ! me répondit-il, elle pourra revenir à vous par distraction, et vous recommencez ! mais elle n'y est déjà plus » [80].

L'être-papillon n'est pas la créature selon le cœur de Marivaux, qui est plutôt un être-« caméléon » [82]. Précisément tous les personnages inintéressants de *La Vie de Marianne* appartiennent à la première famille. Telle est Mme de Fare :

> « petite femme brune [...], très laide, [...] avec de petits yeux noirs, qui d'abord paraissaient vifs, mais qui n'étaient que curieux et inquiets ; de ces yeux toujours remuants, toujours occupés à regarder [...]
> D'abord ses yeux se jetèrent sur moi, et me parcoururent [...] Tantôt c'était mon visage, tantôt ma cornette, et puis mes habits, ma taille, qu'elle examinait.
> Je toussai par hasard ; elle en redoubla d'attention pour observer comment je toussais. Je tirai mon mouchoir ; comment m'y prendrai-je ? ce fut encore un spectacle intéressant pour elle, un nouvel objet de curiosité.
> [...] A la fin elle se lassa de moi, et me quitta pour examiner le magistrat, qu'ellle connaissait pourtant, mais dont le silence et la tristesse lui parurent alors dignes d'être considérés » [83].
> « Car il y a de certaines gens dont l'esprit n'est en mouvement que par pure disette d'idées ; c'est ce qui les rend si affamés d'objets étrangers, d'autant plus [...] que tout passe en eux, que tout en sort » [84].

---

80. *Sp. Fr.* p. 160-161.
81. Cf. 3ᵉ partie p. 155.
82. *L. H. P.* p. 12.
83. *V. M.* p. 253, 254, 255.
84. *V. M.* p. 254.

Tout passe et revient chez Marivaux. En matière d'expression, la
faute, pour un parler qui se meut dans l'infinie variété, est d'échapper à ce mouvement pour n'être qu'une enfilade à perte de vue de
propos sans rapport entre eux ; le modèle en est donné dans *La Vie
de Marianne* :

> « [Elle] parlait, dit-on d'une amie de Mme de Miran, gravement et
> avec dignité d'un équipage qu'elle faisait faire, d'un repas qu'elle
> avait donné, d'une visite qu'elle avait rendue, d'une histoire que lui
> avait contée la marquise une telle ; et puis c'était Mme la duchesse
> de... qui se portait mieux, mais qui avait pris l'air de trop bonne
> heure [...], et puis c'était une répartie haute et convenable qu'elle
> avait faite la veille à cette Mme une telle, qui s'oubliait de temps en
> temps, à cause qu'elle était riche, qui ne distinguait pas d'avec elle
> les femmes d'une certaine façon ; et mille autres choses... » [85].

C'est dans le même esprit que Marivaux critique la composition
dans les romans de Crébillon :

> « On dirait que vous ne vous êtes pas donné la peine de chercher
> des idées, mais que vous avez pris seulement toutes les imaginations
> qui vous sont venues » [86].

La critique serait étrange de celui qui présentait ainsi ses Journaux :

> « je ne sais point créer, je sais seulement surprendre en moi les
> pensées que le hasard me fait » [87],

mais on sait de quelle démarche fuguée il va à la rencontre du hasard, de la variété, moins sans savoir où il va que sans dessein d'arriver..., et la critique de Crébillon s'achève de fait sur ces mots :

> « je n'ai point vu le dessein de votre livre, je ne sais à quoi il tend,
> ni quel en est le but » [88].

  « La variation sans fin » qui emporte *La Vie de Marianne* est
donc porteuse d'un « dessein », d'un « but », qui ne se confond pas
avec la révélation de la dernière page, d'un sens où l'invariant, fondamental et insaissable, joue un rôle, plus tard à interroger. *La Vie*

---

85. *V. M.* p. 346.
86. *P. P.* p. 200.
87. *Sp. Fr.* p. 114.
88. *P. P.* p. 200.

de Marianne ne se déploie pas comme un rêve de *Variation sur une Note* [89], indifférente à sa donnée romanesque banale et inaccomplie, autour d'un rien qu'elle tendrait à résorber, mais bien plutôt tendue vers une disparition du thème telle qu'on ne l'apercevrait plus qu' « à la traverse ». Elle ne se déploie pas davantage comme une *Suite sans esprit de suite* [90], quelle que puisse être l'allure de « la variation » chez Marivaux ; à la fuite infinie du thème se joint en effet un second trait caractéristique qui précisera la mise en œuvre singulière du motif dans *La Vie de Marianne*, et peut-être, à travers « le vision » de Marivaux, le « dessein » même du roman.

---

89. *Wozzeck*, Alban Berg.
90. Fl. Schmitt.

UNE DES FIGURES PRIVILEGIEES
DE LA VARIATION : LE RENVERSEMENT

C'est en effet selon une succession inattendue, non d'insensibles dégradés, que la variation déploie avec prédilection ses formes chez Marivaux.

> « Mon esprit se moque de l'ordre », écrit Marivaux, « c'est le hasard qui [lui] donne le ton »[1],

seulement cette pensée qui va comme le hasard la mène, est bien souvent menée à se retourner sur elle-même, et son goût de la reprise variée a une prédilection singulière pour le renversement radical.

Ce sont des scènes d'amour « à l'envers », où les femmes, en des civilisations imaginaires, ont l'initiative de la galanterie[2]. C'est *La Vie de Marianne*, reprise en contraste par *Le Paysan Parvenu*, repris en partie mais à l'envers de *L'Idigent Philosophe*, ruiné par les femmes quand l'autre parviendra par elles. C'est l'homme, qui lui apparaît comme « un esprit de contradiction »[3], le destin comme un chemin toujours contrarié ou rebroussé, « faire et défaire » le geste de toute vie improvisée. Et ce sont les mouvements qu'en musique on nomme « rétrograde » et « inversé », qui seront les figures privilégiées de « la variation du récit » dans *La Vie de Marianne*.

Ce n'est pas là Marivaux tel qu'on l'imagine d'abord.

> « Marivaux [...] passe pour peindre au pastel, dans un style léger et un coloris d'une fraîcheur un peu fardée, des figures... »[4]

un peu mièvres ; on parle de « séduisante » mais « languissante » *Vie de Marianne*[5], d' « artiste en miniature », expert en « petits riens »[6], les dégradés savants, le ton sur ton, le camaïeu étant le comble de son art. C'est au contraire l'image même de ce qu'il ignore : à des éléments, il demande moins de fondre leur singularité pour un accord à composer, que d'exalter mutuellement leur originalité. C'est toujours la différence singulière, la variante, qui intéresse Marivaux et avant d'être lieu de concordance, un ensemble est d'abord à ses yeux lieu de différences, où son regard cherche comment chaque élément se dénote, par où même il détonne. Le style de composition de Marivaux reçoit plus volontiers pour emblème la « bigarrure » que le dégradé.

---

1. *I. Ph.* p. 283 et *Sp. Fr.*, p. 117.
2. *L'Ile de la Raison*, t. I Théâtre Complet.
3. *I. Ph.* p. 321.
4. Th. Gautier, *Histoire de l'Art Dramatique*, 1858, cité p. 117 Cl. Bordas : *Le Jeu de l'Amour et du Hasard*.
5. Cl. Roy, *Lire Marivaux*, Collection des Cahiers du Rhône, p. 90.
6. D'Alembert, La Harpe, Voltaire.

« Des fragments de pensée sur une infinité de sujets, et dans toutes sortes de tournures » 7 !

c'est *Le Cabinet du Philosophe*, et c'est l'ouvrage selon son cœur. Tous ses ouvrages relèveront de cette technique qui préfigure avec plus ou moins d'outrance celle de *La Vie de Marianne* et rappelle celle des mobiles : un assemblage de pièces indépendantes et un mouvement personnel animant l'ensemble de l'édifice. C'est *La Voiture Embourbée*, que la Préface annonce comme « un mélange bizarre de différents goûts » 8, et qui se révèle en effet comme un récit de voyage, qui vire avec le coche à l'épisode campagnard, puis au roman comique, jusqu'au moment où il met en scène un *Roman Impromptu*, qui devient selon les voyageurs qui le composent tour à tour : donquichotterie, conte des Mille et une Nuits, ou épisode réaliste. C'est *L'Homère Travesti*, qui se présente ainsi :

> « Je vais chanter, mais sur un ton
> Qui doit approcher du bouffon,
> Un ton gaillard, un ton comique,
> Moitié plaisant, et pathétique,
> Gai, sérieux, de tous les goûts ;
> Un ton qui les rassemble tous » 9.

> « Mon cher lecteur, à vous dire le vrai », « un peu de bigarrure me divertit [...] je ne sais pas bien où je vais ; mais c'est le plaisir du voyage » 10,

lit-on dans *Pharsamon ou Les Nouvelles Folies Romanesques*, après un passage subit du comique au sérieux, et dans *L'Indigent Philosophe* :

> « [Voilà qui] fera une plaisante bigarrure [...].
>
> D'abord on voit un homme gaillard qui se plaît aux discours d'un camarade ivrogne, et puis tout d'un coup ce gaillard, sans dire gare, tombe dans les réflexions les plus sérieuses ; [...]. Cela fait un ouvrage bien extraordinaire, bien bizarre : eh ! tant mieux, cela le fait naturel, cela nous ressemble.
>
> Regardez la nature, elle a des plaines, et puis des vallons, des montagnes, des arbres ici, des rochers là, point de symétrie, point d'ordre » 11.

---

7. *C. Ph.* p. 335.
8. *V. E.* p. 313.
9. *H. T.* p. 981.
10. *Ph.* p. 457.
11. *I. Ph.* 310.

Le mot est lâché : à son tour l'effet d'opposition et de contraste très tranché, après celui d'infini dans la variété [12], est dit par Marivaux « naturel », c'est-à-dire avoué « à sa ressemblance », selon sa nature. La critique du temps en faisait aussi la manière propre de Marivaux, qui fait

> « ... voir l'Auteur de *Marianne*
> Et d'*Annibal,* au lieu d'un sentiment,
> D'un terme heureux, d'un bon raisonnement,
> Ou d'un trait fin, lâcher un coq-à-l'âne ! » [13].

Ce goût pour le « beau désordre » de la nature reprend aussi « l'aimable désordre » d'idées exalté par Lélio chez la femme, incarnation du naturel, et précise maintenant qu'il ne signifie pas seulement intarissable variété mais aussi « inégalité » d'humeur, « caprice ». De ces deux tendances de la mode féminine du temps : l'une, extravagante jusqu'à la folie parfois, qui se laisse aller à toutes les fantaisies, l'autre, qui « recherche surtout les demi-teintes, les accords les plus ténus : les gris et or, bleu et argent, les blancs, où le brillant et le mat et tous les grains possibles de tissu font jouer la lumière » [14], c'est de la première bien sûr que parle Marivaux ; c'est toujours Lélio qui dans *La Surprise de l'Amour* exalte « toutes les modes les plus extravagantes, [portées d'une manière] enchanteresse » [15]. Ceci dément un peu le monochromatisme têtu des mises en scène du théâtre de Marivaux, où l'on prend soin de créer de suaves harmonies entre décors et costumes et de dégrader les costumes des couples destinés à s'unir au tomber du rideau [16].

Selon le même esprit, ces réflexions sur la mode des femmes de qualité sont suivies, dans les *Lettres sur les Habitants de Paris,* d'un portrait des mégères du bas peuple parisien. Voisinage choquant au goût des critiques du temps, quand en eux-mêmes déjà de tels sujets sont bannis :

> « Il y a des gens, écrira plus tard Marivaux dans *La Vie de Marianne,* dont la vanité se mêle de tout ce qu'ils font, même de leurs lectures. Donnez-leur l'histoire du cœur humain dans les grandes conditions, ce devient là pour eux un objet important ; mais ne leur parlez pas des états médiocres, ils ne veulent voir agir que des seigneurs, des princes, des rois, ou du moins des personnes qui aient

---

12. P. 16 et 17.
13. Piron, cité par H. Coulet et M. Gilot, *Marivaux,* Larousse, p. 251.
14. H. Houillon, « La Femme en France aux XVIIᵉ et XVIIIᵉ siècles, *Histoire Mondiale de la Femme,* Nouvelle Librairie de France, p. 65.
15. Acte I scène 2, t. 1 Théâtre Complet, p. 192
16. *Le Prince Travesti,* Comédie Française. m. en sc. J. Charon 1971 TV.

fait une grande figure. Il n'y a que cela qui existe pour la noblesse de leur goût. Laissez là le reste des hommes : qu'ils vivent, mais qu'il n'en soit pas question. Ils vous diraient volontiers que la nature aurait bien pu se passer de les faire naître, et que les bourgeois la déshonorent.

Oh ! jugez, madame, du dédain que de pareil lecteurs auraient eu pour moi » [17].

En fait, Marivaux renouvellera l'indécence, sous la forme édulcorée d'abord des couples maître-valet du théâtre, puis sous celle plus franche de la Seconde Partie de *La Vie de Marianne*, qui sur sa fin déchoit, en s'encanaillant subitement — « La bassesse de ces objets dégoûtent » (Desfontaines) — avec la scène de la querelle d'un cocher et d'une lingère !

« Qui pourrait souffrir [...] les mauvais quolibets d'un homme ou d'une femme de la lie du peuple, et leurs injures grossières ? Cela est indigne d'un homme bien élevé, et dégoûtant dans un ouvrage » [18].

Et inattendu, dans une partie qui d'abord avait commencé par quelques analyses si bien dans la manière de ce « distillateur de pensées » ! Il s'agit de cette scène de l'église où Marianne, qui se taille un petit triomphe près du public masculin, se découvre un merveilleux « instinct » pour « entendre les hommes » et « deviner » les femmes :

« Je compris fort bien, lit-on par exemple à propos d'un regard que lui lancent ces femmes, tout ce qu'il y avait dans ce coup d'œil-là : on avait voulu le rendre distrait, mais c'était d'une distraction faite exprès ; car il y était resté, malgré qu'on en eût, un air d'inquiétude et de dédain, qui était un aveu bien franc de ce que je valais.
Cela me parut comme une vérité qui échappe, et qu'on veut corriger par un mensonge » [19].

Ensuite, la partie s'était poursuivie par une scène d'amour, si « métaphysique » que Crébillon la choisira pour caricaturer la manière de Marivaux :

« Je jetai sur lui un regard qui me fatigua étrangement ; il mourait d'envie d'être tendre, je n'étais pas fâchée qu'il le fût ; cependant il ne devait pas le paraître : je fis en sorte qu'il ne fût qu'interdit, qu'il n'exprimât que la colère où j'aurais dû être, mais je n'y réussis

17. *V. M.* p. 57.
18. Desfontaines, cité par Fr. Deloffre, *V. M.*, p. LXIX.
19. *V. M.* p. 61.

pas, et l'amour qui le guidait, le fit comme pour lui-même, avant que
j'eusse songé seulement à en corriger l'expression. Si j'avais eu affaire à quelqu'un de moins pénétrant, j'aurais pu m'en sauver, mais
il le prit pour bon, pour ce qu'il était, pour ce que je ne le croyais
pas. Pour m'en remercier, il baisa encore ma main, que je n'avais
pas songé à retirer d'entre les siennes » [20],

écrivait Crébillon. Or, il suffit de vouloir ici reproduire en parallèle
le texte de *La Vie de Marianne* pour prendre d'un coup la mesure
de son pastiche et de sa manière « métaphysique » : c'est un texte
de trois pages qu'il faudrait citer [21] ! Crébillon a beau faire prendre
à sa phrase les allures du style à retouches (« il mourait d'envie
d'être tendre, je n'étais pas fâchée qu'il le fût ; cependant il ne devait
pas le paraître »), elle ne peut se défendre d'avancer chaque fois
une idée nouvelle, et elle progresse ! En une phrase de Crébillon a
dit la fascination et la tentative de réaction, en un mot il a saisi son
espèce particulière (« me fatigua »), « et voilà qui est fini » ! L'écriture de Marivaux ne saurait « saisir » « en un » mot un état, elle
veille à le laisser échapper un peu à travers les mailles de toute une
locution, qu'une autre essaiera de reprendre pour la laisser échapper à son tour sous une autre forme. A « me fatigua étrangement »,
Marivaux préfère : « je ne sais quel attrait qui me donnait une
inaction tendre et timide » ou « la vapeur de ces mouvements qui
me tenait comme enchantée », puis il approche ainsi : « troublée,
mais à un degré qui étonna ma raison, et qui ne me l'ôta pas », et
s'en tient enfin à : « un de ces étonnement de raison où l'on n'est
point en sûreté ». La scène est en effet chez Marivaux, rappelée, com-
mentée, répétée même. Marivaux tourne ainsi constamment, et d'autant plus facilement que s'y prête la réalité qu'il met en place.
Troublée, l'héroïne de Crébillon ne parvenait pas à feindre la surprise
et la colère et un simple « mais je n'y réussis pas » enregistrait
l'échec ; chez Marianne, qui n'a d'esprit que pour sentir la nécessité
de répondre, c'est l'image même d'une réponse qui échappe, ce qui
se dit :

> « A la fin pourtant, je prononçai quelques mots qui ne mettaient
> ordre à rien, de ces mots qui ne mettaient ordre à rien, de ces mots
> qui diminuent la confusion qu'on a de se taire, qui tiennent la place
> de quelque chose qu'on ne dit pas et qu'on devrait dire » [22].

De même le retour final du baiser mettait en place chez Marivaux
le cercle vicieux « d'un baiser qui demande pardon d'avoir baisé » :

20. *L'Ecumoire*, p. 138-139, éd. Lefèvre 1884.
21. *V. M.* p. 73-74-75-76, de « Je l'étais tant... » à « au profit du cœur ».
22. *V. M.* p. 73.

« Et remarquez qu ['... il] avançait sa main pour ravoir la mienne, que je lui laissais prendre, et qu'il baisait encore en me demandant pardon, de l'avoir baisée ; et ce qui est de plaisant, c'est que je trouvais la réparation fort bonne, et que je la recevais de la meilleure foi du monde, sans m'apercevoir qu'elle n'était qu'une répétition de la faute » 23.

D'autres critiques, plutôt que de reprendre comme Crébillon sa préciosité ou Desfontaines sa vulgarité, se sont étonnés du « langage hétéroclite » de Marivaux : de ce « mélange bizarre de métaphysique subtile et de locutions triviales, de sentiments alambiqués et de dictons populaires » 24, de ces « détails ignobles qui détonnent avec la finesse de ses autres dessins » 25. Ils ont excusé l'un par l'autre : mais cette finesse demande grâce pour ses bambochades » 25, sans voir qu'en ces rencontres imprévues du « précieux » et du « trivial » 26, du délicat et du vulgaire était toute la manière de Marivaux.

Cela est si vrai que Marivaux n'imagine jamais de « renversement » que subit, dépouillé de tout ce qui peut le laisser présager, accusé ainsi par toute la vivacité possible. Il est d'ailleurs naturel que la variation aille d'un contraire à l'autre par ces passages rapides qui changeaient en un instant la face des choses dans les portraits du Je ne sais quoi, de la Nature ou de la Femme. Un portrait du bas peuple parisien offre maintenant cette image complète de la variation chez Marivaux :

« Prenez la fureur et l'emportement, la folie, l'ingratitude, l'insolence, la trahison et la lâcheté ; ajustez tout cela, si vous le pouvez, avec la compassion tendre, la fidélité, la bonté, l'empressement obligeant, la reconnaissance et la bonne foi, la prudence même ; en un mot, formez votre monstre de toutes ces contrariétés ; voilà le peuple, voilà son génie.

Pour en achever le portrait, il faut lui supposer encore une nécessité machinale de passer en un instant du bon mouvement au mauvais. [...]

[...] Le peuple a des fougues de soumission et de respect pour le grand seigneur, et des saillies de mépris et d'insolence contre lui [...] » 27.

23. *V. M.* p. 75.
24. La Harpe, *Marivaux et sa fortune littéraire*, H. Lagrave, p. 172.
25. D'Alembert, *Marivaux et sa fortune littéraire*, H. Lagrave p. 170.
26. *V. M.* p. 57.
27. *L. H. P.* p. 10.

Et tout va ce pas chez Marivaux : on n'y fait que « prendre sa
secousse »[28] ; « sur un mot qu'on dit ,sur un mot qu'on ne dit
pas »[29], le cœur part, entre dans l'univers des « Surprises de
l'Amour », « passion qui promène toujours nos idées d'une extrémité
à l'autre, ce qui est aussi les mener bien »[30], dit Marivaux.
Ainsi va *La Vie de Marianne*, « qui v[a] comme il plaît à l'instabilité
des choses humaines, et non [comme les] aventures d'imagination
qui vont comme on veut »[31]. « La fortune est une vraie chatte, elle
égratigne quand elle a caressé »[32], dit Marivaux dans *Pharsamon*,
elle en a aussi les imprévisibles bondissements. Comme une chatte,
un « rien » traverse le cours d'une existence, qui va ainsi de bonheurs inattendus en revers imprévus. Chez Diderot aussi, rien n'est
jamais définitif, tout est en perpétuel devenir, les choses sont en
cours, d'où vient l'impossibilité de les interrompre, et le roman sans
fin. Seulement chez Marivaux la plus grande gratuité préside à ces
changements, et l'idée de variation passe par la célébration du Rien
qui en un instant fait passer d'un extrême à l'autre. Vision nouvelle
du Destin qui fait succéder au Fatum classique, répétition têtue,
inévitable du même, quelle que soit la variance des formes et des
chemins, une folie de variations, une instabilité absolue, inépuisable,
qui ne s'arrête qu'avec la vie. Aussi la mort n'est-elle jamais chez
Marivaux ce qui parachève le dessin d'une vie, mais la vie inachevée,
la vie suspendue en plein cours[33]. Pourtant il ne faudrait pas assortir
ce règne du hasard d'une conscience inquiète :

> « J'aimais la vie dérangée, dit un émule de l'Indigent Philosophe,
> tantôt bonne, tantôt mauvaise, se chauffer aujourd'hui, avoir froid
> demain, [...] travailler, ne rien faire, aller par les villes, et par les
> champs, se fatiguer, avoir du bon temps, du plaisir et de la peine,
> voilà ce qu'il me fallait »[34].

« Stylée à tout », — « une vraie aventurière » —, telle est la vraie
vie selon l'Indigent Philosophe. C'est aussi la jeune dame des *Lettres contenant une Aventure* qui écrit :

> « Ce soir-là, je fis et défis plusieurs fois la même chose, tombant,
> tout à tour, d'un acte de pur amour dans un acte de vanité ; je ne
> crois pas qu'il y ait rien de si divertissant »[35].

28. *La Surprise de l'Amour*, p. 192 ; *Arlequin poli par l'amour*, p. 105 ; *P. P.* p.
94 ; *Ph.* p. 459.
29. *La Surprise de l'Amour*, scène 2 Acte I, t. I Théâtre Complet.
30. *Sp. Fr.* p. 228.
31. *V. M.* p. 376.
32. *Ph.* p. 598.
33. Relevé de toutes ces morts subites par Fr. Deloffre, *V. M.* p. XXXV.
34. *I. Ph.* p. 286.
35. *L. Av.* p. 89.

C'est Marianne qui peint ainsi son état :

> « je sentis mes mouvements, je fus charmée de me trouver là, je respirai un air qui réjouit mes esprits... » 36,

à l'instant où la traverse l'intuition « de toutes les aventures qui devaient lui arriver », selon cette « instabilité des choses humaines », cette oscillation constante entre des fortunes contraires qui fait la marche du destin chez Marivaux.

Un rien suffit en effet, et Marianne passera en quelques jours, en quelques heures parfois, de la détresse au bonheur et du bonheur à la détresse, constamment. Toute l'intrigue sentimentale est construite sur ce mouvement : au comble du bonheur, elle est subitement séparée de Valville, puis ne le retrouve que pour le perdre plus cruellement ,et quatre fois le mouvement se reproduit. Un même jour lui fait connaître Valville et rompre avec cet amant qui l'a surprise en malencontreuse posture. Après trois semaines qui ont transformé sa colère en dépit (« Quand Valville aurait trouvé le moyen de me donner de ses nouvelles, il n'y aurait rien gagné : j'avaisi renoncé à lui ; mais je n'entendais pas qu'il renonçât à moi. Quelle bizarrerie de sentiment ! » 37), elle vient à peine de le retrouver que l'arrivée inopinée de sa bienfaitrice met fin à l'entrevue, et à l'espoir renaissant la révélation accidentelle qu'il en est le fils : par reconnaissance, elle renonce à lui. Mais du même coup le mérite. Nouveau coup de théâtre qui rend Marianne à toute sa détresse : elle est reconnue, son histoire divulguée. Toutefois l'aveu sincère qu'elle en fait à Mme de Miran ne fait que l'attacher davantage. « Qu'avais-je désormais à craindre ? Par où mon bonheur pouvait-il m'échapper ? Y avait-il de revers plus terrible pour moi que celui que je venais d'essuyer, et dont je sortais victorieuse ? Non, sans doute... » 38, si ce n'est un enlèvement, la sommation de choisir entre le cloître ou le mariage venue d'une famille hostile à une mésalliance, bientôt conquise par le charme et la grandeur d'âme de Marianne. Inattendue, l'infidélité de Valville va l'atteindre en plein bonheur... Si ce dernier mouvement du récit nous laisse sur la douleur de Marianne, l'idée d'un renversement est pourtant discrètement imposée :

> « ce Valville ne m'a pas laissée pour toujours ; ce n'est pas là son dernier mot » 39.

---

36. *V. M.* p. 17.
37. *V. M.* p. 160.
38. *V. M.* p. 287.
39. *V. M.* p. 377.

Aussi reste-t-il difficile de fixer une couleur au roman, ce qui doit être significatif : vouloir « fixer » dans l'univers de Marivaux sonne presqu'aussitôt comme un contre sens. S'il est vrai que la couleur « s'assombrit progressivement »[40], comme le montre Jean Fabre, au point que Marcel Ruff verra dans l'histoire de la Religieuse une des sources du roman noir[41], il reste aussi qu'englobant ces récits, il y a les « mémoires » de « Madame la Comtesse de... », qui disent le triomphe de Marianne. Mais à nouveau la fiction des mémoires s'assombrit : pas de mémoires sans retraite, et ce goût de la retraite, Marianne dit le devoir à l'effroi que lui a causé l'infini de la douleur humaine[42]... ? Mais c'est peut-être trop que de dire, comme Jean Fabre :

> « C'est donc au plus bas de son pessimisme que Marivaux prend congé du roman [...] il ne suffit pas de dire que l'histoire de Melle de Tervire se ramène à une variation purement littéraire sur le thème de l'innocence persécutée ou des malheurs de la vertu, dont les romans de Richardson allaient consacrer la vogue et ceux de Mme Riccoboni exploiter le succès. On sent dans son insistance un véritable acharnement à prévenir contre sa bonne conscience une société... »[43].

L'absence au contraire de toute « insistance » dans le mal distinguait Marivaux aux yeux de Ruff : « Chez lui aucune ostentation du mal, aucune exagération » :

> « Marivaux a mis en circulation le thème inépuisable de la jeune fille malheureuse et persécutée avec une discrétion de forme qui n'a d'égale que l'intempérance de Prévost »[44].

Et il usait précisément de ces « oscillations constantes de fortune » pour tempérer son idée de romanesque noir chez Marivaux. Mais pourquoi arrêter cette couleur fuyante ? Le récit est devenu « âpre » comme il était « badin », il n'est pas sûr qu'il veuille être l'un plus que l'autre. Songeons à la façon dont Marivaux parlait du peuple :

> « C'est un vrai caméléon qui reçoit toutes les impressions des objets qui l'environnent.
> Là-dessus, vous imaginez que le peuple est méchant ; vous avez raison ; mais [...] il devient méchant, comme il devient bon, sans le plus souvent être ni l'un ni l'autre »[45].

40. *Dict. des Lettres Françaises* : Le XVIIIᵉ, Art. « Marivaux », p. 184.
41. *L'Esprit du Mal dans l'Esthétique Baudelairienne*, Colin, p. 23 24.
42. *V. M.* p. 5 et 22.
43. *Dict. des Lettres Françaises* : p. 184.
44. *L'Esprit du Mal dans l'Esthétique Baudelairienne*, p. 24.
45. *L. H. P.* p. 12.

Générateur de toute couleur sans en avoir lui-même aucune, réalité
« caméléon », tel est aussi le récit, d'abord couleur de récit, et cela
aussi est spécifique de l'esprit du roman, nous le verrons plus tard.

Mais, plus que telle dominante de couleur, il reste que ce qui fait
l'originalité de Marivaux dans cette tradition romanesque fondée
sur le thème « de l'instabilité des choses humaines », est cette conscience aigue du « rien » autour duquel tourne le sort et se retourne
une situation. *La Capricieuse, La Fausse Inconstance, Les Caprices
de l'Amour et de la Fortune, On ne doit jamais désespérer de la
Fortune* 46, témoignent de ce goût du temps pour le « caprice » du
sort, mais recherché par Marivaux pour son « jeu » même, quand
son époque, dit-il dans *La Vie de Marianne,*

> « ne veut dans des aventures que les aventures mêmes » 47.

Du premier au dernier, ses romans le montrent fascinés par ce
phénomène. C'est la longue tirade des *Nouvelles Folies Romanesques* :

> « Ne savez-vous pas, raisonneur, que le Rien est le motif de toutes les
> plus grandes catastrophes qui arrivent parmi les hommes ? Ne savez-
> vous pas que le Rien détermine ici l'esprit de tous les mortels ; que
> c'est lui qui détruit les amitiés les plus fortes ; qui finit les amours
> les plus tendres, qui les fait naître tour à tour ? Que c'est le Rien
> qui élève celui-ci, pendant qu'il ruine la fortune de celui-là ? Ne sa-
> vez-vous pas, dis-je, qu'un Rien termine la vie la plus illustre ; qu'un
> Rien décrédite ; qu'un Rien change la face des plus importantes af-
> faires ? qu'un Rien peut inonder les villes, les embraser ; que c'est
> toujours le Rien qui commence les plus grands Riens qui le suivent,
> et qui finissent par le Rien ? » 48.

C'est toute une œuvre, *Le Bilboquet,* consacrée à cette étonnante
contingence des états humains : il a suffi de l'entrée dans la ville
d'un bilboquet, et « les affaires les plus sérieuses » ont été suspen-
dues, et « Amour » a disparu, et la dignité des magistrats a chu,
et... rien n'échappe à ce vent de folie, à ce « renversement de raison
et d'esprit » 49, l'œuvre pas davantage, soumise elle-même à l'incon-
séquence qu'elle dénonce puisqu'elle s'interrompt par le motif
même qui l'avait fait entreprendre.

---

46. Autreau (1657-1745), Beauchamps (1689-1761), d'Argens (1704-1771), Anonyme
1711 La Haye.
47. *V. M.* p. 5.
48. *Ph.* p. 562.
49. *Bilb.* p. 710.

« Un jour, écrit le narrateur délaissé pour ce jeu par sa maîtresse, je soulageai par la petite histoire que vous allez voir, et que j'adresse à la postérité, toute la douleur qu'il me donnait » [50],

et vingt-cinq pages plus loin, c'est cette même douleur qui « ôte à [sa] main la force de continuer » [51]. C'est cette réflexion de *L'Indigent Philosophe* :

« il y avait bien de la différence entre moi qui sortais [de la ville], et moi qui y étais venu ; j'en sortais en héros, et j'y étais entré en moucheur de chandelles. Et voilà le monde : aujourd'hui petit, demain grand. Il y aurait de belles choses à dire là-dessus, mon ami : parmi les héros on trouverait bien des gens qui à leur manière n'étaient que des moucheurs de chandelles aussi bien que moi ; et puis un hasard est venu qui les a faits acteurs ; et puis, qui est-ce ? ce sont des hommes admirables. Ce que je vous dis là est presque sublime, c'est du beau » [52].

C'est de cette même conscience qu'émane la technique de ses romans burlesques d'une part : *Le Télémaque Travesti*, *L'Homère Travesti*, de sa dérison du romanesque de l'autre : *Pharsamon ou Les Nouvelles Folies Romanesques*. Il opère son « renversement épouvantable des caractères admirés » [53] à partir de ces « riens », pure combinaison de hasards, que nomment après coup actes de gloire des prétentieux sans valeur « qui courent à la vertu, non par l'envie de la suivre, mais pour attraper l'admiration qui l'accompagne » [54]. Déjà *Le Bilboquet* racontait la revanche de la Folie, lasse de voir mettre sur le compte des plus nobles sentiments les gestes qu'elle inspire. De même, Marivaux retourne le procédé contre la grandeur réelle mais extravagante des « romanesques » ; et ce sont des vétilles des « riens » stupides de la vie réelle qui la mettent en échec, la tournent en dérision. La mise en ordre intérieure peut être parfaite, Pharsamon peut enfourcher fièrement son cheval, si la sangle est cassée... ! se battre noblement, si c'est avec un tourne-broche... !

« il ne lui arrivait point [une aventure] dont il eût lieu d'être content, qui ne fût incontinent suivie de mille menus accidents, qui ne convenaient point à la noblesse du métier qu'il faisait [...] il ne se souvenait point d'avoir rien lu dans la vie de ses maîtres, qui composât un si monstrueux mélange » [55].

50. *Bilb.* p. 685.
51. *Bilb.* p. 711.
52. *I. Ph.* p. 291.
53. *T. T.* p. 718.
54. *T.T.* p. 718.
55. *Ph.* p. 520 et 521.

Mais c'est dans *Le Paysan Parvenu* et dans *La Vie de Marianne*
que le procédé est le plus explicite. On y voit notamment les inter-
ventions du hasard relever non d'une recherche d'effets dramatiques
comme dans la tradition romanesque ,mais d'une réflexion sur les
retombées inouïes d'un rien : bizarrerie des chaînes causales, inci-
dence sur les conduites de choses infimes bien plus qu'on ne veut le
croire... Il a suffi à Jacob d'un loup surgi dans une histoire par hasard entendue, et sa fortune a été faite. Ce jeune paysan qui n'a
jamais touché d'épée, qui n'en porte que depuis quelques jours et
par coquetterie — « il n'y a rien qui relève tant la taille » [56] —,
aurait-il eu ce réflexe de gentilhomme : tirer l'épée pour rétablir
un combat trop inégal, sauvant qui fera sa fortune, s'il n'avait la
veille été frappé par le récit d'une trop aimable dame — à qui il
pense en chemin — contant comment elle avait pris pour époux
un gentilhomme pauvre mais qui avait, au péril de sa vie, tiré l'épée
contre le loup qui la menaçait ? Malicieusement, si l'on admet que
Marivaux fera faire à ce loup toute la fortune de Jacob — mais l'im-
pact du romanesque sur ses héros, leur tendance instinctive à réfléchir les conduites chevaleresques dans leur existence le fait croire
—, il fait quelqu'un répondre à cette dame :

> « il n'y a rien de si beau que ces sentiments-là, quand ce serait pour
> un roman ; [...] mais tenez j'aimerais encore mieux que ce loup ne
> fût pas venu : vous vous en seriez bien passée, car il vous fait grand
> tort » [57].

C'est au contraire un « petit » sentiment, indigne de figurer
dans un roman qui fera grand bien à Marianne. Cendrillon devait
sa fortune à la pantoufle de vair qu'elle avait perdue, Marianne à de
« jolies hardes » qu'elle ne veut pas perdre. Une cascade de catas-
trophes s'est abattue sur Marianne en cette première moitié de la
troisième partie ; pour cela il a suffi à Marivaux de prendre la réplique inverse du moment de bonheur précédent : c'était au cœur
de la seconde partie son tête-à-tête avec Valville à ses genoux, surpris par l'arrivée de son protecteur qui l'aime. Il le place donc à
son tour aux pieds de Marianne et il fait entrer Valville : déconvenue du jeune homme qui quitte Marianne et la méprise, colère de
Marianne contre M. de Climal qui refuse de la justifier et l'abandonne, froideur de sa logeuse qui ne veut plus la garded sans pension et
la met à la rue. Or la seconde moitié du passage, dans un beau mouvement de retour, lui rend un gîte, une protectrice et son amant.

56. *P.P.* p. 165.
57. *P.P.* p. 215.

Entre les deux que s'est-il passé ? Le petit soliloque indiqué de Marianne qui s'occupe au renvoi des présents de M. de Climal :

> « Cependant le paquet s'avançait ; et ce qui va vous réjouir, c'est qu'au milieu de ces idées si hautes et si courageuses, je ne laissais pas, chemin faisant, que de considérer ce linge en le pliant, et de dire en moi-même (mais si bas, qu'à peine m'entendais-je) : Il est pourtant bien choisi ; ce qui signifiait : c'est dommage de le quitter. Petit regret qui déshonorait un peu la fierté de mon dépit » [58].

Or ce petit regret déshonorant lui inspire l'idée, à son insu, (« notre âme sait bien ce qu'elle fait, ou du moins son instinct le sait pour elle » [59]), de sortir à l'instant trouver le religieux qui une fois déjà l'avait secourue, ce qui recule l'instant d'ôter la jolie robe.

> « C'était bien la peine d'aller fouiller dans ma cassette pour en tirer une autre, puisque j'avais celle-ci toute prête !
>
> Et d'ailleurs, comme elle valait beaucoup plus que la mienne, il était même à propos que je m'en servisse, afin de la montrer à ce religieux, qui jugerait, en la voyant, que celui qui me l'avait donnée y avait entendu finesse [...]
>
> Je la gardai donc, et sans scrupule, j'y étais autorisée par la raison même : l'art imperceptible de mes petits raisonnements m'avait conduit jusque-là, et je repris courage jusqu'à nouvel ordre » [60].

En chemin, elle entre dans une église où elle attire sur elle l'intérêt d'une noble dame par son air affligé et... sa jolie mise.

> « Il est bon en pareille occasion de plaire un peu aux yeux, ils vous recommandent au cœur. Etes-vous malheureux et mal vêtu ? ou vous échappez aux meilleurs cœurs du monde, ou ils ne prennent pour vous qu'un intérêt fort tiède ; vous n'avez pas l'attrait qui gagne leur vanité, et rien ne nous aide tant à être généreux envers les gens, rien ne nous fait tant goûter l'honneur et le plaisir de l'être, que de leur voir un air distingué » [61].

Mme de Miran s'offre en effet à la protéger, l'installe au couvent, lui offre l'éducation d'une fille de qualité (ainsi que les atours). Aujourd'hui fille de Mme de Miran, demain fiancée de Valville, bientôt « l'entrée dans le monde », c'est ce que promet le retour de Valville au couvent qui clôt la partie.

---

58. *V.M.* p. 131.
59. *V.M.* p. 80.
60. *V.M.* p. 133.
61. *V.M.* p. 146.

Mais plus que ce retournement dramatique autour d'un rien, est remarquable le retournement qui dans la narration l'a mis à jour, c'est-à-dire ce travail de Marianne âgée, qui « est exactement le travail inverse de celui qu'[avait] accompli » chez Marianne jeune l'intelligence, le génie de l'instinct, l'amour-propre [62].

> « Car quelquefois on est glorieux avec soi-même, on fait des lâchetés qu'on ne veut pas savoir, et qu'on se déguise sous d'autres noms » [63].

Aussi « les apparences ont[-elles] besoin d'être traduites et souvent lues à rebours » [64], « marche en sens contraire » qui mène au sens contraire. Elle mène à entendre : « il est pourtant bien choisi », comme « c'est dommage de le quitter », à expliquer lorsque Marianne soupire en décorchant la vieille robe : « Que je suis malheureuse ! Eh ! mon Dieu ! pourquoi m'avez-vous ôté mon père et ma mère ? »

> « Peut-être n'était-ce pas là ce que je voulais dire, et ne parlais-je de mes parents que pour rendre le sujet de mon affliction plus honnête » [65],

ou à interpréter plus tard l'effervescence de galanterie chez Valville comme une déperdition d'amour :

> « Valville, qui avait été charmant ce jour-là, qui à mon gré ne m'avait jamais tant aimée, qui ne me l'avait jamais dit avec tant de grâces, ni si galamment, ni si spirituellement. (Et tant pis, tant de galanterie et tant d'esprit n'étaient pas bon signe : il fallait apparemment que son amour ne fût plus ni si sérieux, ni si fort ; et il ne me disait de si jolies choses qu'à cause qu'il commençait à n'en plus sentir de si tendres) [66].

« Moraliser » chez Marianne, c'est encore retourner l'insignifiance : reconnaître comme essentielles

> « toutes ces petites particularités [qu'elle nous] di[t] parce qu'elles ne sont pas si bagatelles qu'elles le paraissent » [67].

Une main nue, belle, qui à un moment se découvre à la faveur d'un bras qui se lève pour arranger une coiffe...

---

62. Proust, *Le Temps Retrouvé*, t. III Pléiade, p. 896.
63. *V.M.* p. 132.
64. Proust, *Le Temps Retrouvé*, t. III Pléiade, p. 896.
65. *V.M.* p. 132.
66. *V.M.* p. 348.
67. *V.M.* p. 31.

« petites choses que je vous dis là, interrompt Marianne ; au reste,
[elles] ne sont petites que dans le récit ; car, à les rapporter, ce n'est
rien : mais demandez-en la valeur aux hommes. [...]

Combien ai-je vu de cœurs hésitants de se rendre à de beaux yeux,
et qui seraient restés à moitié chemin sans le secours dont je parle !
[...] il y a une infinité d'hommes plus touchés de cette beauté-là que
d'un visage aimable ; et la raison de cela, vous la dirai-je ? Je crois
l'avoir sentie.

C'est que ce n'est point une nudité qu'un visage, quelque aimable
qu'il soit ; nos yeux ne l'entendent pas ainsi : mais une belle main
commence à en devenir une » 68.

De là à penser que le geste de Marianne n'était insignifiant que
parce qu'il était de conséquence..., que l' « instinct », « qui sait bien
ce qu'il fait », l'a fait tel, pour que Marianne n'y prenne garde... ?

Qu'elle se développe ainsi sur les riens du récit ou qu'elle le
contredise, la réflexion se manifeste comme une « marche en sens
contraire », tout le travail constitutif du roman selon Proust, et il
ressort à nouveau que l'harmonie, l'accord de consonance, n'aura
pas davantage été le style d'écriture choisi par Marivaux pour déployer simultanément réflexion et récit.

De plus, cette réflexion qui se donne comme la remontée pas à
pas d'une chaîne causale, contredit encore l'apparence de gratuité,
de « surprise » sous laquelle se donne d'abord l'événement. Par hasard survenu, le rien qui en est le premier maillon, n'a pas été re-
tenu par hasard. C'est un romanesque toujours latent qui fait relever à Jacob l'histoire du loup, c'est le sentiment de coquetterie,
« toujours présent » chez la femme — « affaire à part, dit Marianne,
dont rien ne nous distrait » 69 — qui la fait soupirer, malgré tous
ses sujets d'affliction f. Si donc les romans de Marivaux évoluent
dans un univers de la « surprise », du moins est-elle toujours après
coup réductible, et il ne la recherche que pour la réduire. Destiné à
renforcer les effets de renversement, elle est prise à son tour dans
ce mouvement, et Marivaux se plaît à ramener la chose la plus dé-
concertante à la plus naturelle des réalités. C'était déjà tout le projet de son premier roman : Les Effets Surprenants de la Sympathie
mettaient le monde à l'envers pour le plaisir de le dire à l'endroit.
On y voit l'amante malheureuse, à l'instar des chevaliers à la triste
figure, partir sur les chemins à l'aventure en équipage d'homme et
sauver toujours à temps l'amant volage... Mais « renverser l'ordre
de la nature » est le propre de l'amour, comme le redira Arlequin

---

68. *V.M.* p. 62-63.
69. *V.M.* p. 313 et Journaux, *L.H.P.*, p. 28.

poli par l'Amour. On voit encore cette femme rechercher la compagnie, l'amitié de sa rivale heureuse, éprouver même de la pitié un jour qu'elle la voit pleurer l'absence de son amant :

> « Ce sentiment de pitié, madame, vous paraîtra sans doute suspect. [... Il] est, pour ainsi dire, une noblesse d'âme hyperbolique, un héroïsme d'invention qui n'a rien de ressemblant à la nature » [70].

Et Marivaux s'emploie à montrer au lecteur que cette pitié est aussi « naturelle que noble », inspirée par les plus simples motifs de l'amour :

> « les pleurs qu'elle lui voyait répandre lui parurent comme un aveu sensible de la tendresse que méritait Clorante » [71].
> « j'aurai la satisfaction de lui marquer que mon cœur ne peut avoir de mouvement que pour lui plaire » [72].
> « [mais surtout,] elle aimait à voir l'inconnue, pour se représenter Clorante en elle » [73].

De l'analyse minutieuse d'un fait Marivaux n'attend pas qu'elle corrige et atténue l'effet premier de surprise, mais au contraire qu'elle fasse contraste. C'est par cette alliance sans doute de vitalité bondissante et de lenteur minutieuse, qui étonnait Sade :

> « plus original dans sa manière de peindre, plus nerveux que [Crébillon...], comment avec une telle énergie pouvait-on avoir un style aussi précieux, aussi maniéré ? » [74].

Mais c'est surtout par ces jours opposés qui s'ouvrent sur le même fait, l'un et l'autre possibles, sans atténuation, ni pondération. C'est le jeu même que l'on verra s'établir entre les variations contrastées d'un même récit dans *La Vie de Marianne*.

De l'histoire de Marianne, il en ira — pour le moins — comme de toute réalité aux yeux de Marivaux, source en effet d'impressions contradictoires, qui coexistent en pleine indifférence, sans échange ni influence. Elle est symbolique, cette femme qui traverse son tout premier article de journaliste, dix ans avant *La Vie de Marianne* :

---

70. *Ph.* p. 112-113.
71. *Ph.* p. 113.
72. *Ph.* p. 109.
73. *Ph.* p. 112.
74. Sade, *Idée sur les romans*, t. X Œuvres complètes, Cercle du livre précieux, 1964, p. 10-11.

« je vis une femme qui, la larme à l'œil, courait tout autant qu'elle pouvait, pour ne rien perdre d'une exécution dont la pensée lui mouillait les yeux de pleurs. [...]
Je gagerais que le peuple pourrait, en même temps, plaindre un homme destinée à la mort, avoir du plaisir en le voyant mourir, et lui, donner mille malédictions » [75].

Toutes les voies qui font d'une même réalité le lieu de ces effets contradictoires qu'il affectionne, constamment, Marivaux va les exploiter.

C'est parfois, comme dans l'article évoqué, la nature même de l'événement, multiple et complexe, qui est suggestive de mouvements contraires. Marivaux avait cette formule décisive :

« En fait de mouvements, la nature a le pour et le contre, il ne s'agit, que de bien ajuster » [76].

De cette ambivalence profite l'instinct pour élaborer par exemple une interprétation à sa convenance, retourner une vérité qui le gêne. Consciente, cette pratique s'appelle badinage : feindre d'entendre le contraire de ce qui est dit, est l'essentielle tactique des amants de Marivaux dans le dialogue amoureux, et Marianne ne le cède en rien à ses sœurs du théâtre :

« J'ai peur de vous aimer trop, Marianne, [lui dit M. de Climal] ; et si cela était que feriez-vous ? Je ne pourrais en être que plus reconnaissante, s'il était possible, lui répondais-je. Cependant, Marianne, je me défie de votre cœur, quand il connaîtra toute la tendresse du mien, ajouta-t-il, car vous ne la savez pas. Comment, lui-je, vous croyez que je ne vois pas votre amitié ? Eh ! ne changez point mes termes, reprit-il, je ne dis pas mon amitié, je parle de ma tendresse. Quoi ! dis-je, n'est-ce pas la même chose ? » [77].

Changer la valeur des mots, pour faire entendre le contraire de ce qu'on dit, et c'est l'ironie et son renversement implicite, « attrape qui peut » [78]. Explicite, c'est la parodie, qui déploie parallèlement les formes contrariées.

De l'une et l'autre attitude procède ce petit épisode de *La Vie de Marianne*, qui met en place un décor si romanesque pour une scène qui tourne en dérision les promesses du lieu. La scène se

---

75. *L.H.P.* p. 12-13.
76. *Sp. Fr.* p. 227.
77. *V.M.* p. 41.
78. *L.H.P.* p. 27.

passe chez le ministre qui a fait enlever Marianne et à qui elle doit
être présentée :

> « Nous arrivâmes [...] dans un vaste jardin, que nous traversâmes,
> et dans une allée duquel ma conductrice me laissa assise sur un
> banc [...].
> A peine y avait-il un demi-quart d'heure que j'étais seul que je vis
> venir...

D'une idéale rencontre amoureuse ce lieu semble le cadre pré-
destiné : comment ne pas songer là à *L'Amante Inquiète*, aux décors
wattesques, au « vaste jardin » des premiers romans romanesques
de Marivaux, séjour obligé de pareils amants :

> « Si je parlais d'amants suivant nos mœurs, je dirais une terrasse,
> ou je les mettrais dans une chambre ; mais en fait de tendresse ro-
> manesque, les jardins, les bois, les forêts sont les seules promena-
> des convenables » [79].

Or elle va faire place à sa grotesque caricature, et l'apparition au
bout de l'allée se révèle le négatif même de ce rêve de grâce, d'élégance physiques et morales, qui hante de tels lieux :

> ... par une allée qui rentrait dans celle où nous étions, vint un jeune
> homme de vingt-huit à trente ans, d'une figure assez passable, vêtu
> fort uniment, mais avec propreté » [80],

qui, après avoir gauchement mimé le bonheur d'une rencontre fortuite, la salua « en s'approchant d'un air plus révérencieux que
galant ». C'est un petit commis que la famille prémédite de faire
épouser à Marianne. Ainsi commence une singerie galante où l'arti-
ficiel le dispute à la grossièreté pour harceler Marianne dans sa
délicatesse d'amour-propre, de goût et de cœur, et la mettre au
bord des larmes. En tout lieu Marianne pouvait faire l'épreuve de
l'agaçante platitude du personnage ; pourtant, cette couleur médiocre à pleurer, l'aventure la doit à sa toile de fond qui agit par transparence et que Marianne ressent comme une mise en scène : comme artifice, illusion : parodie donc de toute naturelle distinction,
mais surtout comme allusion à cette naturelle distinction.

Jamais chez Marivaux une impression ne se livre simple et directe, jamais une image ne se donne qu'elle n'ait croisé son contraire. Ainsi Marianne rencontre-t-elle la froideur de cœur sous une
affabilité de surface, douloureuse par cette tendresse même qu'elle

---

79. *Ph.* p. 542.
80. *V.M.* p. 306-307.

suggère pour s'en démarquer. C'est ce qu'éprouve Marianne lors
de son contact avec les religieuses, près de qui elle est allée chercher
secours :

> « l'accueil de la prieure, tout avenant qu'il était, m'avait découragée.
> Je n'espérais plus rien d'elle, sans que je pusse dire pourquoi : c'était
> ainsi que son abord m'avait frappée, et cela revient à ces superfi-
> cies dont je parlais, et que je ne démêlais pas alors ».
> « A voir ces bonnes filles, au reste, vous leur trouvez un extérieur
> affable, et pourtant un intérieur indifférent. Ce n'est que leur mine,
> et non pas leur âme qui s'attendrit pour vous : ce sont de belles
> images qui paraissent sensibles, et qui n'ont que des superficies de
> sentiment et de bonté » [81].

Ce va-et-vient de l'âme entre des suggestions opposées qui s'irri-
tent d'être côte à côte, relève moins de cette malice, de cette tendre
cruauté que l'on s'est souvent plu à voir en Marivaux [82], que de cette
réversibilité constante qu'il ressent comme le mouvement même
de la vie, du monde et des choses, et qui est toute l'âme du marivaudage. Badinage superficiel ou sentiment profond, l'âme ne sait que
reconnaître dans cet échange spirituel qui mêle artistement la sincérité et le jeu, ou plutôt, se fait équivoque de l'un et l'autre. A
cette nutation délicieuse mais agaçante, le cœur échappe, non sur
une apparition subite de la vérité à visage découvert, mais à l'instant
où, dépassé par un retournement — et pouvait-il en être autrement
— il reconnait le jeu comme jeu, la comédie de cette comédie, ou,
comme il est dit dans *Les Acteurs de Bonne foi* : que l'on

> « fait semblant de faire semblant » [83].

On a souvent remarqué qu'on ne disait jamais « je t'aime »
chez Marivaux [84]. On ne l'entend en effet qu'à travers les négations
redoublées, qui vont du simple déni d'un « dis-le moi cent fois que
tu ne m'aimeras point » [85] jusqu'à cette pointe extrême du procédé :
l'aveu sur le ton du jeu mais dénoncé comme tel. Ainsi, pour ces
aveux enchantés dont il est le lieu, le roman romanesque rêve dans
Pharsamon des divertissements de société où « à la faveur d'un
jeu qu'ils représentent » des amants avouent une tendresse qui « jamais peut-être ne fut [...] ni plus vive, ni plus naturelle » [86], com-

---

81. *V.M.* p. 149.
82. Cl. Roy, *Lire Marivaux*, p. 117 ; M. Arland ; X. de Courville...
83. *Les Acteurs de Bonne Foi*, sc. 12 Acte I, t. 2 Théâtre Compl. p. 787.
84. Cl. Roy, *Lire Marivaux*, p. 55 et 56.
85. *Le Jeu de l'Amour et du Hasard*, sc. 9, Acte II, t. 1 Th. Compl., p. 824.
86. *Ph.* p. 474.

me le disent ces premiers « Acteurs de Bonne Foi », quarante-cinq
ans avant la pièce. Entre-temps, son théâtre aura bien des fois
modulé cette situation. Toujours incapables de dire simplement
qu'ils aiment, ici des amants travaillent toute une pièce à faire sentir la mauvaise foi du personnage d'indifférent que leur font jouer
Les Serments Indiscrets de ne pas s'aimer. Ailleurs, l'un d'eux se
fait un personnage d'amoureux fou, qu'il est, grâce aux fausses
indiscrétions un peu outrées de son valet, puis tremble de ne savoir ss'il sera renvoyé avec sa comédie des *Fausses Confidences* ou
accepté comme un « acteur de bonne foi ». Les snobs sont dans ce
monde les défenseurs d'une directe simplicité : *Les Sincères*, tandis
que pour les autres un aveu en termes expresses est *L'Epreuve* par
excellence. Epreuve dès lors de la « sincérité ». Amener l'amante à
dépouiller successivement cette simplicité première de cœur qui
fait l'aveu transparent et facile, peut-être trop facile,

> « il n'a pas encore été question du mot d'amour entre elle et moi ;
> je ne lui ai jamais dit que je l'aime ; mais toutes mes façons n'ont
> signifié que cela ; toutes les siennes n'ont été que des expressions
> du penchant le plus tendre et le plus ingénu [...] elle m'aime [...],
> sans m'en parler, et sans vouloir cependant m'en faire un secret ;
> son cœur simple et vrai, n'en sait pas davantage » [87],

puis les voiles auxquels un temps elle recourt de la petite comédie
du « s'il vous ressemblait, le mari que vous me promettez, comme
je l'aimerais... »,

> « — C'est un homme tout aussi uni, tout aussi sans façon que je le
> suis.
> — Je n'en veux point d'autre.
> — Qui n'a ni ambition, ni gloire, et qui n'exigera de celle qu'il
> épousera que son cœur.
> — Il l'aura, Monsieur Lucidor, il l'aura, il l'a déjà ; je l'aime autant
> que vous, ni plus ni moins » [88],

feindre de ne rien entendre, ou qui pis est de ne pas vouloir entendre
une comédie à laquelle en passant on n'a pas négligé de jouer, et
toutefois espérer de l'aimée un aveu accepté et ressenti dans toute
sa nudité, c'est le prix qu'il faut payer, qui ne va pas sans être sa-
vouré, pour la certitude d'un amour authentique.

Mais tous ces détours eux-mêmes, sont-ils jamais autre chose
que l'envers d'une hâte ? Car Marivaux s'est plu à la manifestation

---

87. *L'Epreuve* sc. 1, Acte 1, t. 1 Th. Compl., p. 515.
88. *L'Epreuve*, sc. 8 Acte 1, t. 2 Théâtre Complet. p. 527.

paradoxale de sentiment, comme à son dépassement paradoxal, pour
y retrouver sans doute cette représentation contradictoire de même réalité qui lui est naturelle. Les feuilles littéraires du *Spectateur
Français* sont à cet égard précieuses, tant il est vrai qu'on ne lit
que soi-même. Il loue ainsi la Motte d'avoir su dans *Inès* négliger
à propos « le parti qui avait d'abord la mine la plus raisonnable »,
pour des manifestations paradoxales de sentiment ; tels ces rapports
du père et du fils :

> « Cet endroit-là me fera encore remarquer une chose, c'est cette
> connaissance intime et réciproque qu'au milieu de leurs divisions
> le père et le fils, dans toute la pièce, ont de l'amour qu'ils ont l'un
> pour l'autre ; jamais ils ne s'aiment plus, ils ne se le font jamais
> plus entendre que dans leurs actions qui le démontrent le
> moins [...]
>
> Voilà de grandes sources d'intérêt » [89].

> « Tous les poèmes dramatiques qui sont médiocres, sont pleins de
> ces régularités glacées », or « le biais est dans la nature » [90].

Et de nature. Sans intervention de raison extérieure, par évolution spontanée s'engendrent les contraires, et saisir une qualité à ce
degré précis d'intensité où elle vire, est l'instant heureux de l'analyse marivaudienne. A tout instant *La Vie de Marianne* illustre ces
passages à la limite, mis en œuvre d'instinct dès son premier article
de journalisme pour ses portraits de femmes, mis en théorème
trente-quatre ans plus tard par un autre article, d'où transpire une
sorte d'exultation intellectuelle :

> « Où le trop d'une qualité commence, la qualité finit et prend un
> autre nom ».

> « Dire d'un homme qu'il a trop de prudence, trop de sagesse, trop
> de bonté, trop de courage, trop d'esprit, ce n'est point dire qu'il a
> une prudence, un esprit, un courage infini ; de toutes les qualités
> dont je parle là, on n'en a jamais trop quand on n'en a qu'infiniment,
> et jamais on n'en a infiniment quand on en a trop » [91].

Il n'est ici jusqu'au tour de la phrase qui n'ait pris ce pli de
réversibilité. Déjà est-elle l'essentielle matière offerte à la sagacité
de Marianne. Pour son plaisir d'abord : douée d' « un goût de hardiesse si heureux qu'elle jouit du bénéfice de l'effronterie, sans être

---

89. *Sp. Fr.* p. 231.
90. *Sp. Fr.* p. 227.
91. *Réflexions*, Journaux, p. 502 et 501.

effrontée » [92], elle ne sait rien de plus amusant que de pousser
l' « étourderie » si loin qu'elle passe le titre de « folie » pour s'at-
tirer celui d'aimable « vivacité » et voir ainsi « jusqu'où va la du-
perie des hommes » [93], ou bien de déjouer celle des femmes : elle
sait remonter de l'indifférence qu'on lui marque à l'intérêt jaloux
qo'un éprouve [94], ou reconnaître dans un négligé « une abjuration
simulée de la coquetterie » et « le chef-d'œuvre de l'envie de plaire » [95]. Mais c'est surtout son sentiment intime de réussite, dans la
controverse sur ses origines, qui se mesure à ces degrés dans la politesse qu'on lui témoigne : « infinie » ou « trop » affable. L'infinie
politesse, celle que Balzac appelle « la fleur de la charité », commence par bien penser de sa noblesse et lui croit le mérite qui attire
ses égards ; l'autre fait comme si ; la première croit rendre justice,
l'autre veut faire « une petite galanterie » [96] qui est la fleur de l'humiliation. Qu'est-ce en effet qu'une politesse qui n'accorde d'égards
que pour en dénier le droit objectif, sinon « l'air de mépris le mieux
entendu » [97]. C'est à nouveau de la distance d'un trop à un infiniment
que Tervire s'éloigne de Marianne :

> « Je fus d'abord un peu étourdie [...], mais cela se passa bien vite.
> Dans un extrême découragement on ne craint plus rien [...]. On me
> persécutait, j'aimais Valville, on me l'ôtait, il me semblait n'avoir
> plus rien à craindre, et l'autorité la plus formidable perd à la fin le
> droit d'épouvanter l'innocence qu'elle opprime » [98].

Tandis qu'à ce degré d'accablement, Marianne retrouve une force imprévue dans l'épuisement de toute épreuve possible, Tervire
porte sa souffrance à l'infini et y épuise son âme :

> « l'excès de ma douleur la rendit bientôt solitaire et muette [...] ce
> sont de ces tristesses retirées dans le fond de l'âme, qui la flétris-
> sent et qui la laissent comme morte » [99].

A travers cette distinction se pourrait retrouver le contraste
même de leur récit : quand celui de Marianne chante sur différents
tons son histoire, le récit de la religieuse se fait entendre comme
une note infiniment tenue : du même ton de voix seront contés et
les bonheurs et les malheurs. Comment cela ? La première page

---

92. *L.H.P.* p. 26.
93. *V. M.* p. 9.
94. *V. M.* p. 346 et *L.H.P.* p. 36.
95. *V. M.* p. 400 et *L.H.P.* p. 28.
96. *V. M.* p. 327.
97. *L.H.P.* p. 26.
98. *V. M.* p. 317.
99. *V. M.* p. 445, et 446-447.

du récit de la religieuse pourrait presque s'intituler : « Considérations sur le bonheur et le malheur, ou comment l'art d'être heureux se réduit à une langue bien faite » [100], effet et cause d'une vision « bien faite », experte à découper autour des choses contexte et circonstances. On y lit par exemple :

> « J'ignore à qui je dois le jour, dites-vous ; je n'ai point de parents, et les autres en ont. J'en conviens ; mais comme vous n'avez jamais goûté la douceur qu'il y a à en avoir, tâchez de vous dire : Les autres ont un avantage qui me manque, et ne vous dites point : J'ai une affliction de plus qu'eux » [101].

Aux différents point de vue qui retournent successivement la vie de Marianne, succède ainsi avec le récit de la religieuse celui qui l'aperçoit comme réversible. C'est la grande entrée en scène, explicite du moins, de cette notion de relativité qui sous-tend tout le roman. Notion indifférente, si elle n'était que cette vérité première — mais qui est aussi la grande expérience intellectuelle du siècle — sur la dépendance à l'égard du contexte, mais qui impose à nouveau l'image d'une réalité-caméléon, variant au gré des rapports qui se tissent autour d'elle et fuyant sous la diversité de ses visages...

Dès lors rien n'est plus facile pour Marivaux que de faire d'une même réalité le lieu de ces effets contradictoires qu'il affectionne. L'attaque du récit de la religieuse est en fait de toutes les parties, et le préambule qui les ouvre toutes de façon anodine par quelques mots sur la production littéraire, a toujours été prétexte à jouer d'interprétations contradictoires et à réaffirmer que rien n'a de valeur intrinsèque. Tout se passe comme si Marivaux avait chaque fois voulu engager un roman que le public a lu par parties et sur dix années, sur une de ces idées fondamentales que d'une partie à l'autre « les variations du récit » mettent en œuvre : l'impossibilité de formuler une représentation univoque et objective.

> « Il peut [toujours] y entrer une infinité de circonstances qui changent considérablement les choses » [102],

dit Valville de l'histoire de Marianne.

Au fil des ouvertures, Marianne va donc ainsi répéter que de sa diligence ou de sa paresse à faire suivre les parties, il est impossible

---

100. Titre d'un chapitre de Condillac dans *Logique* : « Considérations sur les Idées générales et abstraites ou Comment l'Art de Raisonner se réduit à une langue bien faite ».
101. *V. M.* p. 429.
102. *V. M.* p. 277.

de décider. Diligente, aux yeux des autres, parce qu'ils l'attendent paresseuse :

> « Vous me savez bon gré de ma diligence, et vous ne la remarqueriez pas si j'avais couture d'en avoir [...].
> Vous souvenez-vous de M. de... ? C'était un grondeur éternel, [...] Avait-il, un quart d'heure de bonne humeur, [...] de mémoire d'homme on n'avait vu tant de grâces à personne » [103] ;

paresseuse qu'elle se sait d'avoir été attendue diligente :

> « C'est que ma promesse gâtait tout. Cette diligence alors était d'obligation [...]. A présent que je ne vous la dois plus, [...] je me fais un plaisir de vous la donner... » [104] ;

diligente aussi sans motif, mais qu'est-ce alors, dit-elle, « un caprice qui me prend » ou « une vertu que j'acquiers » [105] ?

> « Sur tout cela, comment me définirez-vous ? demande-t-elle ailleurs. Suis-je paresseuse ? ma diligence vous montre le contraire. Suis-je diligente ? ma paresse passée m'a promis que non.
> Que suis-je donc à cet égard ? Eh ! mais, je suis ce que vous voyez, ce que vous êtes peut-être, ce qu'en général nous sommes ; [...] tantôt digne de louange, et tantôt de blâme sur la même chose ; n'est-ce pas là tout le monde ? » [106].

Sur d'autres thèmes, dont on découvrira plus loin la portée [107], les autres parties font de même : tantôt Marivaux s'étonne que le public ait refusé des « réflexions » qu'il « lira[it] volontiers »

> « si on [lui] donnait un livre intitulé *Réflexions sur l'Homme* » [108],

tantôt qu'il ait mal accueilli l'infidélité de Valville, par cela seul

> « qu'au lieu d'une histoire véritable, [il a] cru lire un roman » [109].

D'une façon générale, Marivaux ne perçoit rien qu' « en rapport » : la couleur spécifique d'une chose tient pour lui dans la « dépendance qu'elle [a] avec d'autres » [110], dans « sa relation qui

---

103. *V. M.* Quatrième partie, p. 165.
104. *V. M.* Sixième partie, p. 271.
105. *V. M.* Dixième partie, p. 493.
106. *V. M.* Septième partie, p. 321.
107. IIIe partie, p. 178-179.
108. *V. M.* Seconde partie, p. 55.
109. *V. M.* Huitième partie, p. 375.
110. *Sur la Pensée Sublime*, Journaux, p. 72.

décide de ce qu'elle est » [111], comme dit Camus. Sa vérité est en elle
comme dans un « miroir », insaisissable, à tout instant occultée, dé-
formée, reformée par le défilé d'images qui vient y passer, comme
semble le suggérer l'allégorie du « diadème » « partagé en deux miroirs » sur lequel était écrit « NATURE ».

« Il est clair que ce sont les circonstances qui font tout. »,

écrivait Marivaux dès la Préface de *L'Homère Travesti*. Transposez,
disait-il, parmi le petit peuple de la Comedia del l'arte la déconvenue
d'Hector qui, croyant combattre Achille, découvre n'avoir tué que
Patrocle : l'ennemi d'Arlequin rosse Scaramouche qu'il prend pour
Arlequin,

> « Dans votre Scène Italienne, la surprise de l'ennemi d'Arlequin ré-
> jouit. Hector, détrompé, m'inspire un noble intérêt pour lui ; je par-
> tage son chagrin : ce sont cependant deux hommes désabusés [...].
> Supposez, par exemple [...] que celui qui est attaqué se défende sans
> savoir qu'il est pris pour un autre ; supposons à présent qu'un coup
> de hasard désabuse l'agresseur, [...] si la victoire est sanglante, le
> spectateur se sentira ému de compassion pour le vaincu, et peut-être
> d'indignation contre celui qui s'est mépris ; il ne sera cependant
> pas moins désabusé que l'ennemi d'Arlequin ».
> « Voilà des circonstances qui, changées changeront aussi la face de
> la surprise » [112].

C'est trente-sept ans avant l'article Beau » de *l'Encyclopédie*, l'anticipation des propos de Diderot :

> « Changez les circonstances et les rapports, et faites passer le « qu'il
> mourût » du théâtre français sur la scène italienne, et de la bouche
> du vieil Horace dans celle de Scapin, le « qu'il mourût » deviendra
> burlesque » [113].

Ces jeux, que le XVIIIᵉ siècle aime tant :

> « la projection d'éclairages successifs et variables sur un même évé-
> nement ou sur un même personnage s'observe fréquemment chez
> Richardson, chez Rousseau et bien entendu chez Laclos » [114].

---

111. Camus, *De l'Insignifiance*, Pléiade, p. 1905.
112. *H.T.* p. 973-974, puis 975.
113. Recherches philosophiques sur l'origine et la nature du beau : Œuvres
Esthétiques, Classiques Garnier, p. 422 et 423.
114. J. Rousset, *Forme et Signification*, Corti, p. 86.

écrit Jean Rousset, et Todorov :

> « Toute l'histoire des *Liaisons* est racontée en fait deux et souvent
> même trois fois. Les romans par Lettres du XVIIIᵉ utilisaient cou-
> ramment cette technique chère à Faulkner, qui consisté à raconter
> la même histoire plusieurs fois mais vue par des personnages diffé-
> rents » 115,

cette tournure d'esprit, si constante en son siècle, Marivaux l'a pos-
sédée jusqu'à la manie, au dire des contemporains eux-mêmes.
Marmontel raconte :

> « Il convenait que telle chose était vraie jusqu'à un certain point ou
> sous un certain rapport, mais il avait toujours quelque restriction,
> quelque distinction à faire dont lui seul s'était aperçu » 116.

Or il est bien rare que « la face des choses n'en soit pas changée » radicalement : traité par Marivaux, le phénomène est saisi
à son point extrême et tend naturellement aux reprises contradictoires. Il suffit des deux premières pages de la plume de Marianne
et d'en suivre les articulations, pour voir à l'œuvre cette pensée
tourmentée par la conscience du relatif et qui se retourne contamment sur elle-même : « Il est vrai que..., mais... Il est vrai que... ;
mais..., et cependant... Mais enfin... » 117. Ces jeux sont une des sources où le roman puise le plus naturellement ses effets de renversement. En cette période de déconfiture où Marianne perd tout :
amour, considération, gîte, ressources, après la rencontre éblouis-
sante de Valville, avant la nouvelle montée des bonheurs, elle voit
d'abord se défaire l'aura romanesque sous laquelle se transfigurait
son état de fille de boutique, menacé de ressortir dans toute sa re-
butante bassesse sous « le moindre trait railleur » d'un commis de
Valville.

> « Car ces gens-là sont plus moqueurs que d'autres ; c'est le régal de
> leur bassesse, que de mépriser ce qu'ils ont respecté par méprise,
> et je craignais que cet homme-ci, dans son rapport à Valville, ne
> glissât sur mon compte quelque tournure insultante [...] et n'ache-
> vât de rebuter la délicatesse de son maître [...] ; car on ne saurait
> croire la force de certaines bagatelles sur nous, quand elles sont
> placées » 118.

Que Marianne soit ensuite prise dans une querelle de croche-
teurs, et les dernières dignités empruntées d' « histoire faite comme

---

115. T. Todorov, *Littérature et Signification*, Larousse, p. 81.
116. *Mémoires* de Marmontel, t. 1, Paris 1891, p. 233.
117. *V. M.* p. 8-9.
118. *V. M.* p. 92.

un roman » s'en retournent. Pour ses propres yeux du moins, devait
être hors d'atteinte ce qu'elle venait de vivre : le merveilleux romanesque de sa chute devant la maison de celui qu'elle vient de
distinguer, son transport chez lui, ce pied qu'il faut lui montrer
« sans qu'il y eût de sa faute »... Or c'est cette histoire même, son
histoire, sa merveilleuse histoire, qu'elle aperçoit tout à coup dans
la vie de Mme Dutour pour y figurer au titre d'excuse et de retard
à déjeuner ! un incident en somme, le contraire même du romanesque.

> « Eh ! mon Dieu, monsieur, je vous fais bien excuse ; vraiment, je me
> serais bien plus pressée, si j'avais cru que c'était vous, dit la mar-
> chande qui a fait attendre M. de Climal. Tenez, Marianne et moi
> nous étions encore à table, il n'y a que nous deux ici. Jeannot [...]
> est avec sa tante, qui doit le mener tantôt à la foire [...]. Madelon
> [...] est à la noce [...]. D'un autre côté, Toinon est allée voir sa mère
> [...] par-dessus le marché, [Marianne] s'est avisée de tomber en ve-
> nant de l'église, et [...] s'est fait mal à un pied ; ce qui est cause qu'el-
> le n'a pu marcher, et qu'il a fallu la porter près de la dans une mai-
> son pour accommoder son pied, pour avoir un chirurgien qui ne se
> trouve pas là à point nommé ; il faut qu'il vienne, qu'il voie ce que
> c'est, qu'on déchausse une fille, qu'on la rechausse, qu'elle se re-
> pose... » [119].

Voir, la tête encore éblouie par le merveilleux de ce qui vient
de lui arriver, voir cela même frayer avec le va-et-vient le plus quo-
tidien et s'y trouver à sa place entre la foire de Jeannot, les noces
de Madelon et la petite trotte de Toinon, voir ainsi retourner son
rêve, d'un côté toute une féérie d'émotions, de l'autre une série de
réalités toutes matérielles : on chausse, on déchausse, un médecin
qui n'est pas là..., est un coup d'autant plus dur pour Marianne qu'il
ne touche en rien à la vérité des faites ; il ne s'est agi que de les
déplacer, de changer autour d'eux le contexte.

C'est parfois dans le même temps que Marivaux veut suggérer
des lectures différentes d'un même fait. La scène de l'évanouissement
de Varthon est ainsi travaillée à travers un double point de vue :
les réactions de Valville peuvent être lues indifféremment comme
conduites de sollicitude ou de séduction amoureuse. Et il n'est pas
si simple de décider de la juste interprétation, et de voir en l'une le
masque de l'autre, comme si l'instinct avait coulé le penchant coupable sous une forme innocente. En fait, où commence ici l'amour,
où finit la sollicitude, quand on sait que pour Valville là où est l'in-

---

119. *V. M.* p. 105-106.

fortune, là est déjà pour lui l'amour, et que son amour est peut-être tout entier dans son attendrissement ?

Mais que faire du trait dont tout un jeu de relations décide ? Peut-on faire un portrait ? et avancer des vérités de caractère qui n'en sont plus, dès lors qu'on les tire de ce tissu inextricable et infini de rapports qu'est une personne. Lorsqu'on aura dit de Mme de Miran qu'elle était belle — ce qu'elle était — on n'aura rien représenté, sans cette autre vérité qui change tout : qu'elle était bonne :

> « Quoiqu'elle eût été belle femme, elle avait quelque chose de si bon et de si raisonnable dans la physionomie, que cela avait pu nuire à ses charmes, et les empêcher d'être aussi piquants qu'ils auraient dû l'être. Quand on a l'air si bon, on en paraît moins belle » 120.

De même, dit Marianne, qui tente le portrait de Mme Dorsin :

> « Supposons la plus généreuse et la meilleure personne du monde, et avec cela la plus spirituelle, et de l'esprit le plus délié. Je soutiens que cette bonne personne ne paraîtra jamais si bonne, [...] que le paraîtra une autre personne qui, avec ce même degré de bonté, n'aura qu'un esprit médiocre [...].
> C'est que la plupart des hommes, quand on les oblige, voudraient qu'on ne sentît presque pas, et le prix du service qu'on leur rend, et l'étendue de l'obligation qu'ils en ont ; ils voudraient qu'on fût bon sans être éclairé » 121.

Et lorsqu'à l'instant d'entreprendre ses mémoires, Marianne s'interroge sur son talent, elle écrit :

> « Il est vrai que dans le monde on m'a trouvé de l'esprit ; mais, ma chère, je crois que cet esprit-là n'est bon qu'à être dit, et qu'il ne vaudra rien à être lu [...].
> J'ai vu une jolie femme dont la conversation passait pour un enchantement, personne au monde ne s'exprimait comme elle. [...]. La petite vérole lui vint, elle en resta extrêmement marquée : quand la pauvre femme reparut, ce n'était plus qu'une babillarde incommode. Voyez combien auparavant elle avait empunté d'esprit à son visage ! Il se pourrait bien faire que le mien m'en eût prêté aussi... » 122.

Et Marianne concluait :

> « On ne saurait rendre en entier ce que sont les personnes » 123.

---

120. *V. M.* p. 167.
121. *V. M.* p. 220.
122. *V. M.* p. 8.
123. *V. M.* p. 166.

C'est, par le biais de la relativité, toujours le même constat qu'on ne saurait aller au fond des choses.

D'autant plus qu'en la connaissance des êtres, les jeux sont faits bien avant cela : les circonstances décident de notre regard sur eux.

> « On s'imaginait remarquer dans mes traits quelque chose qui sentait mon aventure » [124],

raconte Marianne, que les circonstances ambigues de sa naissance feront selon petite aventurière ou peut-être princesse. C'est aussi M. de Climal, subitement métamorphosé aux yeux de Marianne par le hasard d'une rencontre avec le jeune, l'aimable, le galant...

> « En un mot, ce n'était plus le même homme à mes yeux : les tendresses du neveu, jeune, aimable et galant, m'avaient appris à voir l'oncle tel qu'il était, et tel qu'il méritait d'être vu ; elles l'avaient flétri, et m'éclairaient sur son âge, sur ses rides, et sur toute la laideur de son caractère » [125].

« Si le hasard de la naissance l'a mal exposé, c'en est fait », écrivait Marivaux dix années avant *La Vie de Marianne* dans une feuille du *Spectateur Français*, et il poursuivait :

> « J'ai cru démêler que l'admiration du peuple pour une belle chose ne vient pas précisément de ce qu'elle est belle, mais bien des événements ou moins importants qui font qu'elle est exposée là [...].
> Je voyais de pauvres enseignes de cabaret à qui, peut-être, il ne manque pour être converties en chef-d'œuvre, que d'être exposées dans une aventure de conséquence.
> Tableaux de Raphaël ! [...] si vous étiez à la place de ces mêmes enseignes, j'aurais grande peur que vos curieux ne vous prissent pour ce que vous paraîtriez [...].
> En vérité, [...] nous sommes tous des tableaux, les uns pour les autres » [126].

Tous les héros de Marivaux sont ainsi des êtres-« caméléon », qui prennent leur couleur du milieu où ils se trouvent, aux yeux des autres du moins : Marianne, on le verra, selon les dispositions de son histoire, Jacob selon les milieux qu'il traverse. C'est par là notamment que Jacob se distingue essentiellement du Neveu de Rameau, autre héros de la métamorphose : le génie de l'un est de tout tirer de lui-même, de faire surgir même tout un contexte autour de lui,

---

124. *V. M.* p. 13.
125. *V. M.* p. 108.
126. *Sp. Fr.* p. 134.

quand celui de l'autre est de savoir tout simplement jouer des rapports que le hasard tisse autour de lui. Il n'est de victime chez Marivaux que celui qui n'a pas su ou pas voulu tirer avantage de ce caméléonisme naturel, celui qui a consenti une fois pour toutes à se lire tel que les autres l'avaient lu : c'est toute l'histoire du comédien-bouffon de *L'Indigent Philosophe* :

> « c'est ma bouffonne de face qui me fait tort dans le monde [...].
> C'est que quand je vis qu'on disait de moi : c'est un étourdi qui
> n'aime que la joie, et qu'on me croyait une tête de linotte : Oui-da,
> repris-je en moi-même, vous le prenez par là, messieurs les hommes,
> je suis donc une linotte : eh bien ! les linottes chantent, et la linotte
> chantera ; et depuis ce temps-là j'ai mis tout mon esprit en chansons, en chansons à boire, au moins » 127.

L'air fait la chose, toute la chose : il en est un exemple-limite dans *Le Paysan Parvenu*, où sa réalité n'est plus même dans le rapport qu'elle entretient avec d'autres, mais s'est volatilisée. Il s'agit de cette dame, dont le caractère « n'est pas si rare qu'on le pense », à qui

> « si on [...] avait dit : Votre ami, ou bien votre parent est mort, et
> qu'on le lui eût dit d'un air indifférent, [...] eût répondu du même
> air : Est-il possible ? Lui eussiez-vous reparti avec tristesse qu'il
> n'était que trop vrai, elle eût repris d'un air afligé : Cela est bien
> fâcheux » 128.

Les mots aussi sont « caméléon », qui reçoivent leur couleur, non seulement d'un ton, mais des mots « qui les environnent » ; ainsi, écrit Marivaux, telle expression n'est pas précieuse en soi :

> « il paraît que [ses] mots [...] sont recherchés.
> Ils ne le sont pourtant pas ; ce sont seulement des mots qu'on ne
> voit pas aller ordinairement ensemble » 129 ;

tel autre mot

> « n' [est] ni bas, ni plat, ni forcé en [lui]-même, et [...] entre les
> mains d'un homme qui aura plus d'esprit, pourra servir une autre
> fois à exprimer de très fines ou de très fortes pensées » 130.

127. *I. Ph.* p. 294.
128. *P. P.* p. 181.
129. *C. Ph.* p. 385.
130. *C. Ph.* p. 381.

« Un signe au sens variables », tel est le mot selon Marivaux, comme est le trait selon Watteau lorsqu'en des jeux qui rappellent la manière de Marivaux, il inscrit plusieurs dessins en un : une tête de femme dans un premier profil de femme..., « n'importe quel trait pouvant être amené par le contexte à suggérer au spectateur n'importe quelle signification »[131], comme l'écrit J. Saint-Paulien dans son étude sur « Les écritures secrètes » de Watteau. Et l'idéale exergue aux « variations du récit de *La Vie de Marianne* » serait un fragment de ces écritures où Watteau superpose des textes lisibles en tout sens, symbole de cette lecture plurielle et contraire rêvée par Marivaux, mais littérairement impossible dans un même temps. Par contre, on conçoit tout ce qu'a pu être le plaisir, et de plaisir fécond, le maniement des mots ainsi conçus, pour qui s'enchante aux variations infinies. Rencontre privilégiée d'une nature et d'une matière.

Il est étrange de voir à quelle profonde réflexion sur la matière artistique, la « Variation » peut renvoyer, qui semble dans un premier temps un pur jeu formel — exercice de « virtuosité », disait La Laurentie —, de voir une de ses manifestations privilégiées : la reprise inversée, constituer l'assise même de la vision du monde de Marivaux, et la voir rencontrer l'expérience du siècle chez son philosophe, qui, du même motif, concrétise ce paradoxe de la chose même et différente à la fois, inconnaissable en soi :

> « Que peut-il y avoir de plus semblable, dit Kant, de plus égal de tout point à ma main [...] que son image dans le miroir ? Pourtant, je ne puis substituer à l'image primitive cette main vue dans le miroir ; car si c'était une main droite, il y a dans le miroir une main gauche [...]. Quelle sera donc la solution ? Ces objets ne sont nullement des représentations des choses comme elles sont en soi [...] mais [...] des phénomènes dont la possibilité se fonde sur les rapports de certaines choses inconnues en soi à une autre chose, à savoir notre sensibilité [...]. C'est pourquoi nous ne pouvons faire comprendre la différence de choses semblables et égales et cependant non coïncidentes (par exemple des volutes inversement enroulées) par aucun concept... »[132].

L'étude détaillée des « Variations du récit de *La Vie de Marianne* » va plus encore imposer ce rapprochement avec l'art de la contrecourbe, rappeler les reprises en symétrie inversée des lambris, ces figures dont le balancement se contrarie au long d'un pied de bougeoir... et rattacher par les voies les plus authentiques l'art de

131. *Revue des deux mondes* : Avril et Mai 1972, « Sur les dessins de Watteau : Les écritures secrètes » — p. 69.
132. Kant, *Prolégomènes à toute métaphysique future*, Trad. Gibelin, Paris Vrin, 1941, p. 48-49.

Marivaux à l'esthétique de la rocaille. Comment ne pas songer à l'esthétique de Marivaux devant cette évocation de l'Hôtel de Mazarin par un homme de la génération de Marivaux :

> « Ses dedans, écrit Blondel, sont les plus agréables [...] les plus variés que j'ai jamais vus [...]. Tout dans les appartements présente un contraste admirable. On ne remarque pas une ligne droite, ni dans les plans, ni dans les élévations. La sysmétrie en est bannie. La composition et l'élégance des ornements n'ont jamais rien offert de plus satisfaisant ; idées riantes que la magie des glaces répète encore et semble multiplier à l'infini » [133].

De même, par quelle exigence nouvelle, *La Vie de Marianne* paraît-elle six années après que Bach eût institué « le tempérament égal » [134] pour varier davantage les tons, et s'achève au moment où il compose l'*Aria avec 30 Variations*, six années avant l'*Art de la Fugue* ? Or si *La Vie de Marianne* peut apparaître comme l'œuvre rocaille de la littérature, elle réalise plus encore l'équivalent littéraire d'un *Art de la Fugue*.

De la fugue, *La Vie de Marianne* a la variété et la réversibilité infinie du thème, qui, « passant successivement dans toutes les voix et dans diverses tonalités, semble sans cesse fuir » [135] ; sa structure d'œuvre ouverte et son invite à être indéfiniment poursuivie ; elle en a le motif souvent simple et insignifiant mais soigneusement choisi en vue des variations futures, accompagné d'un contre-sujet, comme le sont les récits de Marianne jeune des réflexions de Marianne âgée, avec d'une variation à l'autre, ces « épisodes », qui sont à la fois nœuds dramatiques et « divertissements » et font réentendre souvent sous une couleur inédite des éléments des deux thèmes, jusqu'à ce moment final où une autre voix est devenue le nouveau ton fondamental du sujet ,et où ce n'est plus Marianne mais la Religieuse qui a en dernière variation repris le récit, constamment selon cette technique dont Marivaux lui-même a dit le prix :

> « Ici chaque situation principale est toujours tenue présente à vos yeux, elle ne finit point, elle vous frappe partout, sous des images passagères qui la rappellent sans la répéter ; vous la revoyez dans mille autres petites situations momentanées [...] de façon que dans tout ce qui se passe actuellement d'intéressant réside encore, comme à votre insu, tout ce qui s'est passé... » [136].

---

133. *Le Style Louis XV*, Fiske Kimball, Picard 1949 : extrait de « *Les Amours rivaux, ou l'homme du monde éclairé par les arts, par un homme de lettres et par feu M. Blondel* » — Hôtel de Mazarin : intérieurs vers 1735, de même pour l'Hôtel de Rouillé : intérieurs vers 1732 ; bougeoir par Meissonnier 1728.

134. En 1722 ; La 1re partie de *La V. M.* est approuvée en Av. 1728 — *Aria avec 30 variations* : 1742 — l'*Art de la Fugue* : 1747-1750 — *V. M.* 1731-1741.

135. Marcel Dupré, article « Fugue », Encyclopaedia Universalis.

136. *Sp. Fr.* p. 226.

II

LES "VARIATIONS DU RÉCIT" DANS LA VIE DE MARIANNE
UNE FUGUE

TABLE DES RECITS

---

1. *V. M.* p. 392.

---

1. Il ne s'agit plus à proprement parler d'un « récit », ce sont des allusions répétées à des récits déjà faits ; mais elles représentent un amenuisement voulu du récit. La première commence à « je n'ai rien, j'ignore à qui je dois le jour... p. 422 ; la seconde est : « ...vous épousez une personne qui n'est rien... » p. 423 ; la dernière est l'allusion à la « naissance inconnue » et au « peu de fortune » p. 424.

LA VARIATION DU « THEME » :
SES « RENVERSEMENTS »

> « A propos, commença-t-il lui-même (et vous allez voir si c'était par
> un à propos qu'il devait m'entretenir de ce dont il s'agissait), vous
> souvenez-vous de cette charge que je veux avoir ?
> Si je m'en ressouviens, monsieur ? Sans doute, repartis-je ; c'est
> cette affaire-là qui a différé notre mariage ; est-elle terminée,
> monsieur, ou va-t-elle bientôt l'être ?
> Hélas ! non ; il n'y a encore rien de fini, reprit-il ; nous sommes un
> peu moins avancés que le premier jour » [1].

Dès lors, si parfaits soient les discours désespérés qui se dé-
ploient ici, le premier mot, auquel on n'a pris garde, défait tout :
il est le mot de la digression, il ne peut introduire le primordial —
ce qui marche le premier dans l'esprit —, il est le mot de la pensée
fortuite, non de la préoccupation obsédante : il est comme un signe
négatif que d'emblée inverse tout ce qui suit et retourne les discours d'amant perfide de Valville.

Mot d'attaque, terme de vérité selon Marivaux, parce qu'il
émerge de ce qu'il y avait avant ou autour du propos pour lui faire
prendre position : il est un premier pas qui est aussi un point de
vue, qui tranche pour engager la spécifité du texte. Il est le mot
de « la relation » avec le contexte « qui décide » des choses selon
Marivaux : ainsi, l' « à propos » de Valville a-t-il situé avant qu'il
ait parlé la place et l'importance du propos à venir dans le cercle
ordinaire de ses pensées. Ce mot qui signale, avant même qu'il ait
rien dit, son point de vue sur ce qu'il va dire, sa façon de prendre
ce qui va suivre, Valville ne l'eût pas laissé passer, s'il n'était un recours spontané, s'il n'était avant le récit même le moment premier
du récit. Ainsi « ce commencement biaisé qui va tout amorcer » [2],
subsiste-t-il dans le roman des premiers temps, « de *Lancelot* à la
Marianne de Marivaux », sous la forme toute manifeste du récitant.
On ne saurait en venir sans lui à l'histoire, et le récit commence
par mettre en scène un récit tout aussi spontanément qu'il semble
aller de soi pour Marianne qu'on en vienne « par » quelque mot à
l'entretenir de ce dont il s'agit : « **A propos, commença-t-il...** et vous

---

1. *V. M.* p. 401-402.
2. J.-P. Faye, *Le Récit Hunique*, p. 26. Seuil.

allez voir si c'était par un à propos qu'il devait m'entretenir de ce dont il s'agissait », dit-elle. Le récitant est pour le roman, selon Jean-Pierre Faye, ce point de vue par lequel les choses sont coupées et une façon de conter selon laquelle les propos n'ont plus qu'à se dérouler :

> « est-ce qu'il n'apparaît pas que le récit cherchait d'emblée, demande-t-il, dans... le récit de récit ses conditions ? ce qui lui fournit à mesure ses possibilités ? » [3].

On découvrira plus loin ce que cherchait Marivaux en faisant de sa *Marianne* « un récit », mais il suffit ici de rechercher, à son à son invite peut-être, les premiers mots des treize récits, pour les présenter et en rendre aussitôt le son vrai.

« Il y a quinze ans... » [4], commence le premier récit, qui ne veut être que ceci : la stricte « vérité comme je l'ai apprise, dit Marianne, de ceux qui m'ont élevée... », mais à ce premier mot, c'est déjà le récit du « conteur » : « il y a », c'est pour les mémoires le « il était une fois » des contes. Dès ce « il y a », le récit s'engage, est récit engagé, le contraire de ce récit neutre qu'il voudrait être. Et c'est assez pour faire sentir que ce premier récit de l'œuvre ne doit pas être regardé comme le récit premier à partir duquel les autres vont varier, mais qu'il n'est déjà lui-même qu'une image du « vrai » récit de la vie de Marianne qui va se dérober de forme en forme. Récit premier, il ne l'est pas davantage dans l'intrigue, où cette « vérité » d'après laquelle parle Marianne est celle déjà d'un récit, lui-même repris d'un récit, récit de ceux qui portèrent Marianne à ceux qui l'ont élevée ; chaîne où les choses ont dû plus d'une fois varier, comme elles ne cesseront de le faire dans le roman, sans dire pourtant jamais « rien que de vrai » [5] !

Que l'attaque change, et s'annonce un récit en forme de réflexion, ayant pour antécédent une première fausse image de l'histoire... : tel est, introduit par « Et dans le fond » [6], le second récit, qui est, reconsidéré par les yeux de Marianne âgée, le récit dont autrefois son inexpérience lui déconseillait l'aveu à Valville.

« Je n'avais que deux ans... » [7], et déjà s'entend le ton touchant d'un récit qui, sans « autre art que [la] douleur » [8], par la seule

3. J.-P. Faye, *Le Récit Hunique*, p. 250.
4. *V. M.* p. 9.
5. *V. M.* p. 356.
6. *V. M.* p. 80.
7. *V. M.* p. 151.
8. *V. M.* p. 153.

invasion des « ne... que » et autres tournures négatives, se fait l'histoire d'un dénuement affectif acharné : il s'agit du récit du couvent à la prieure et à Mme de Miran. Aussi la réponse de Mme de Miran sera-t-elle d'abord une réaction à ces « ne... que », puisque par un « encore » jaillit l'offre de sa protection :

> « Reprenez courage, mademoiselle ; vous pouvez encore prétendre à une amie dans le monde... »[9].

Quatrième récit : « Le Billet à Valville où L'on ne commence pas pour rien par autre chose ». Car on est fâchée, pour avoir été injustement méprisée, et l'on n'écrit à Valville que dans l'impossibilité de restituer autrement les habits de M. de Climal, c'est du moins ce dont il faut avoir l'air. « Monsieur, il n'y a que cinq ou six jours... »[10], commence-t-on, seulement on compte bien être amenée par là à livrer de son histoire juste assez pour se trouver justifiée en ayant l'air de négliger de le faire, et se donner ainsi le piquant d'une froideur en même temps que l'attrait d'un mystère.

« Il n'y a qu'à considérer qui je suis... »[11] : tout le ton d'un récit qui vise à court-circuiter tous intérêts affectifs, pour s'imposer comme raison aisément évidente de séparation, est dans ce « il n'y a qu'à », qui ouvre le grand récit du renoncement généreux de Marianne à une union trop inégale avec Valville.

Puis viennent les récits de la marchande lingère et de l'amant, qui sont le plus parfaitement inversés du roman : l'un relève autant Marianne que l'autre l'a dégradée, or ils commencent l'un et l'autre par ces mots : « n'est-il pas vrai que »[12], « il est vrai »[13] !

La même cruciale et non moins exacte protestation de vérité revient, ici « naïve » et « hardie ». « J'y ai tout mis, madame »[14], « assure » Marianne, qui reprend une nouvelle fois son histoire devant la mère abbesse du couvent où elle est sequestrée, depuis que l'indiscrétion de la marchande lingère a révélé à la famille de Valville le mystère de ses origines.

C'est encore comme un appel à la bonne foi devant « la vérité », vérité qui semble même ici se croire l'objectivité de la preuve judiciaire — « Car enfin, madame, puisque vous êtes instruite »[15] —,

---

9. *V. M.* p. 154.
10. *V. M.* p. 157.
11. *V. M.* p. 194.
12. *V. M.* p. 264.
13. *V. M.* p. 266.
14. *V. M.* p. 298.
15. *V. M.* p. 328.

que sonnent les premiers mots du plaidoyer de Mme de Miran, qui
soutient Marianne devant le conseil de famille.

« Je lui fis l'histoire de... » 16 : ce n'est plus directement l'histoire, la suite des aventures de Marianne que l'on aperçoit, comme
à travers la transparence d'un « je lui racontai... », mais des aventures composées, le récit d'une histoire : ou plutôt l'hiistoire ayant
retrouvé son épaisseur de récit 17. « Je lui fis l'histoire de » : Marianne prend la posture de narratrice, et son récit à Varthon ne dé-
mentira pas la manière des nobles récitants, digne d'une « héroïne
de roman, qui ne disait pourtant rien que de vrai » 16.

Mais c'est assez pour amener l'impatient rétablissement du
récit suivant, si sûr à son tour de dire vrai qu'il en appelle à la bonne
foi de Marianne elle-même : « Ah çà ! voyons ! » 18, commence Varthon. Et elle revient par ce mot d'une manière si contraire sur le
récit de Marianne que celle-ci l'appellera « le récit de mes misères » 19.

« Monsieur, lui dis-je, connaissez-vous mon histoire ? » 20 : comment ne pas imaginer qu'ainsi introduit, on ne touche, avec ce dernier récit à l'officier, à la formulation la plus simple, la plus naturelle, la plus proche de la réalité... au thème pur en somme ? Et telle
serait ici l'histoire, qui n'est plus à proprement parler « un récit »
mais des allusions répétées à un récit déjà connu, si elle n'était ainsi
trois fois reprise et variée, sous des formes tout aussi simples, tout
aussi naturelles, tout aussi vraies... !

Quant à l'expression qui engage le récit de la religieuse, il semble
qu'elle appartienne en propre au lexique de Tervire. « Je suis d'avis
(avant que de vous répondre, de vous faire un petit récit des accidents de ma vie) » 21 : il est bien dans le caractère de Tervire, altruiste, sérieux, serein et réfléchi, de prescrire ainsi son récit à
l'âme malade d'une Marianne « dégoûtée du monde » et désireuse
d'entrer en religion.

« A des octaves divers », comme le dit Jean-Pierre Faye ,douze
récits vont ainsi jusqu'à cette histoire de Religieuse, nouvelle variante du récit de l'orpheline, reprendre « la fondamentale narration
des origines » 22, pour en remanier tout au long le thème, et du tout
au tout avec prédilection.

16. *V. M.* p. 356.
17. 3ᵉ partie, p. 178-179, 2ᵉ partie, p. 100.
18. *V. M.* p. 391.
19. *V. M.* p. 392.
20. *V. M.* p. 421.
21. *V. M.* p. 425.
22. *Le Récit Hunique*, p. 256.

« Il est si facile, sans falsification ,simplement par omission et rature, de changer entièrement le sens d'un discours », disait l'auteur d'une dépêche résumée qui changea une paix en guerre [23]. Il n'est pas même besoin, montre le premier récit, d' « omettre » quelque chose de l'histoire, d'y toucher en aucune façon, il suffit d'un « j'oubliais à vous dire que » devant l'épisode qu'on n'omet point, ou d'un « remarquez » devant quelqu'autre, pour que s'installe pardessus l'histoire la plus scrupuleusement respectée un jeu d'accents qui pèse sur la lecture.

> « Remarquez qu'entre les personnes qui avaient été tuées, il y avait deux femmes : l'une belle et d'environ vingt ans, et l'autre d'environ quarante ; la première fort bien mise, et l'autre habillée comme le serait une femme de chambre.
> Si l'une des deux était ma mère, il y avait plus d'apparence que c'était la jeune et le mieux mise, parce qu'on prétend que je lui rassemblais un peu, du moins à ce que disaient ceux qui la virent morte, et qui me virent aussi, et que j'étais vêtue d'une manière trop distinguée pour n'être que la fille d'une femme de chambre. » [24].

Que ce « remarquez » porte certes avec évidence l'accent sur la noblesse possible, c'est aussi par là qu'il se sauve : sa vraie efficacité est de souligner si ostensiblement — avec candeur presque — qu'il engage à désarmer et à se prêter de bonne foi à la remarque. C'est surtout le meilleur moyen de livrer sans méfiance à toute l'efficacité du « j'oubliais à vous dire que », qui souligne sans sembler le vouloir et achève l'œuvre entreprise comme incidemment.

> « J'oubliais à vous dire, enchaînait aussitôt Marianne, qu'un laquais, qui était un des cavaliers de la voiture, s'enfuit blessé à travers les champs, et alla tomber de faiblesse à l'entrée d'un village voisin, où il mourut sans dire à qui il appartenait : tout ce qu'on put tirer de lui, un moment avant qu'il expirât ; c'est que son maître et sa maîtresse venaient d'être tués ; mais cela n'apprenait rien » [25].

L'on finit même en justifiant le faux oubli par un naïf « mais cela n'apprenait rien », alors qu'on a parlé du laquais parce qu'il révèle l'existence d'un maître et d'une maîtresse et renvoie à nouveau à la noblesse possible.

Plus efficace que le faux oubli, puisqu'elle persuade sans même souligner, c'est toute la tournure du récit qui va se révéler peser en ce sens sur le sentiment du lecteur. Il peut dès lors prétendre n'être

---

23. Dépêche d'Ems citée par J.-P. Faye, *Théorie du récit*, Hermann 1972, p. 31.
24. *V. M.* p. 10-11.
25. *V. M.* p. 11.

que la stricte « vérité » 26, ce récit qui la rapporte du seul ton pourtant dont on puisse la rapporter : un ton de narration... qui ferait croire alors que la rapporter c'est déjà la changer. Mais il suffit d'apercevoir Marianne poussée par un simple besoin de conteur à combler l'hiatus entre les faits bruts par de petits tableaux de pure imagination, pour voir que « la forme », comme le dit Jean-Pierre Faye, c'est déjà « le contenu » 27, que la tournure ce n'est pas seulement l'expression, c'est déjà l'histoire. Or les ajouts qui n'ajoutent rien ne sont pas plus neutres d'effets que les oublis qui ne l'ont pas été, même si Marianne n'a aucune intention en recomposant la scène qui se situe entre le massacre général et l'arrivée des officiers, dont personne n'a pu parler et dont elle ne peut rien savoir.

> « Les chevaux ne faisaient aucun mouvement, et je restai dans cet état un bon quart d'heure, toujours criant, et sans pouvoir me débarrasser » 28.

Seulement un récit est un système qui a aussi son mot à dire et tend à secréter ses propres paroles : il s'est engagé sur un certain ton et il sera d'un bout à l'autre travaillé selon la coquetterie spontanée de bien conter. L'ordre naturel des événements y semble tellement converti à l'ordre dramatique de la surprise, tout soumis au code du « mais » et de l' « heureusement », du « par bonheur » et du « pour comble de malheur » du savoir conter !

« Un carrosse de voiture qui allait à Bordeaux fut, dans la route, attaqué par des voleurs », les passagers résistent, « MAIS ils furent tués... Il en coûta aussi la vie [à]... » ; RESTE un espoir avec ce laquais qui s'enfuit blessé à travers les champs, parvient jusqu'à l'entrée d'un village vosiin, où il expire en déclarant... « que son maître et sa maîtresse venaient d'être tués ; MAIS cela n'apprenait rien ». Nouveau paragraphe ,nouvelle chance : « Pendant que je criais sous le corps de cette femme morte..., cinq ou six officiers... passèrent... s'arrêtèrent ». Peu s'en fallut qu'ils ne repartent : « Quelqu'un d'entre eux... voulait qu'ils se retirassent ; MAIS un autre, ému... les arrêta, et... alla ouvrir la portière où j'étais ». « Nouvelle horreur qui les frappe... [la] dame morte... m'avait baignée de son sang... toute sanglante [ils] me retirèrent de dessous elle ». « Après cela, il s'agissait de savoir ce que l'on ferait de moi... — de l'ordre du « mais » qui pointe toujours au bout de la phrase, lueur subite dans la perplexité : — ils voient de loin un petit villgae, où ils con-

26. *V. M.* p. 10.
27. *Le Récit Hunique*, p. 26.
28. *V. M.* p. 10.

cluent qu'il faut me porter... et me remettre entre les mains du curé ». « MAIS ce curé... était allé voir un de ses confrères ; il n'y avait chez lui que sa sœur, fille très pieuse, — et l'apposition ayant un instant retardé la suite — à qui je fis tant de pitié, qu'elle voulut bien me garder ». Et, comme toute bonne histoire s'achève là où la vie quotidienne va commencer, le récit prend le ton de la conclusion : « après quoi tout le monde s'en alla ». Et Marivaux va à la ligne. « C'est de la sœur de ce curé de qui je tiens tout ce que je viens de vous raconter. [...] Je suis sûre que vous en frémissez ; on ne peut, en entrant dans la vie, éprouver d'infortune plus grande et plus bizarre. HEUREUSEMENT je n'y étais pas... car ce n'est pas y être que de l'éprouver à l'âge de deux ans ». Selon le même jeu, le récit va reprendre un temps encore, alors qu'il semblait achevé : la suite véritable des faits reprend ses droits sur le cours naturel de la narration. Elle exige qu'on rende compte, pour expliquer l'obscurité irréversible des origines de Marianne, de ces voleurs qui par bonheur « furent pris trois ou quatre jours après », malgré quoi, « POUR COMBLE DE MALHEUR, on ne trouva, dans les habits des personnes qu'ils avaient assassinées, rien qui pût apprendre à qui j'appartenais » [29].

Or il suffit en vérité de « laisse[r] faire [à ce ton de narration], [il] ennobli[t] Marianne dans l'imagination » du lecteur, il donne à son histoire « je ne sais quel air de dignité romanesque qui lui en impos[e], qui corrig[e] d'avance la médiocrité de [s]on état, qui [le] dispos[e] à apprendre » [30] une révélation future d'illustre naissance. C'est par cette éventualité que l'histoire vaut d'être contée, c'est sur elle que le conte repose, il la suppose, et la pose contamment sous les yeux du lecteur quand il ne veut proposer que les faits objectifs. Marianne peut bien raconter « la vérité telle qu'elle l'a apprise » [31], comment ne pas raconter sans signifier aussitôt ce qu'on dit comme digne d'être raconté [32] ? Quand Marianne l'aura confusément senti, elle forcera d'instinct ce ton-là, qui lui permet d'insinuer sans faillir à sa promesse de « vérité » : ce sera le récit à Varthon, où, dit-elle,

> « je parlai en [...] héroïne de roman, qui ne disait pourtant rien que de vrai » [33].

---

29. *V. M.* p. 10-11-12.
30. *V. M.* p. 80.
31. *V. M.* p. 10.
32. Jean-Pierre Faye, *Le Récit Hunique, Théorie du Récit.*
33. *V. M.* p. 356.

Mais en ce début de roman, la jeune Marianne n'en est pas encore à attendre du récit une « dignité romanesque »[34] qu'elle trouve en fait en des larmes, puisque c'est d'elles qu'il s'agit dans le passage cité[30]. C'est même dans ces larmes que Marianne fuit d'abord le récit, puisqu'elle l'éprouve alors, face à un amant de si haute condition, comme un « humiliant discours »[35], faute de sentir encore qu'il suffit de conter son histoire pour qu'elle soit digne d'être contée : lapalissade, mais qui change tout. Ce n'était donc que des « larmes » qui allaient « ennoblir Marianne dans l'imagination de son amant » et le « disposer » à recevoir selon un sens favorable le récit qu'elle allait enfin faire, et qui allait être le second du roman... mais Marivaux d'un hasard y coupe court. Déjà un second récit possible avait été éludé : celui par lequel le religieux recommande Marianne à M. de Climal, trop heureusement influencé déjà en faveur d' « une physionomie » qui le touche et le trouble. Larme ou charme de Marianne, chaque fois, semble-t-il, que ce n'est plus le seul jeu de la narration qui décide de l'interprétation, Marivaux s'est désintéressé du récit et ne l'a pas donné.

> « Quoi ! mademoiselle, est-ce que vous logez chez Mme Dutour ? Oui, monsieur, lui répondis-je d'un ton vraiment humilié : je ne suis pourtant pas faite pour être chez elle, mais les plus grands malheurs du monde m'y réduisent...

on attend un récit...

> ...L'article sur lequel nous en étions allait sans doute donner matière à une longue conversation entre nous, quand on ouvrit avec grand bruit la porte de la salle, et que nous vîmes entrer [...] »[36].

De même précédemment :

> « Là-dessus le religieux lui conta mon histoire »[37] ;

suivait aussitôt la réponse de M. de Climal ;

> « Voilà, répondit-il, une aventure bien particulière et une situation bien triste ! [...] mais, sur sa physionomie, j'augure bien de son cœur et du caractère de son esprit : on est même porté à croire qu'elle a de la naissance »[37].

---

34. *V. M.* p. 80, commenté par J.-P. Faye, p. 255 *Le Récit Hunique*.
35. *V. M.* p. 70.
36. *V. M.* p. 83.
37. *V.M.* p. 27

Or peu importe à M. de Climal; et n'en eût-elle pas à ses yeux
que ses desseins (amoureux) ne seraient en rien changés, desseins
qui se sont toutefois joués sur une tournure, celle du billet du religieux le pressant de protéger Marianne :

> « et pour l'exciter encore davantage, il lui marquait mon sexe, mon
> âge et ma figure, et tout ce qui pouvait en arriver, ou par ma fai-
> blesse, ou par la corruption des autres » [38].

Tout est déjà joué, c'est ce que confirme, avant plus ample récit,
le premier regard trop indifférent pour être naturel après un tel
billet chez cet homme à aventures :

> « Il nous reçut [...] sans autre compliment que d'embrasser d'abord
> le religieux, il jeta un coup d'œil sur moi et puis nous fit asseoir.
> [...] Voyons, de quoi s'agit-il ? dit alors notre homme » [37].

Le récit achevé voit son commentaire détourné, et tourner en
compliment à l'adresse de cette « physionomie », compliment vite
réintégré à une attitude pieuse :

> « Voilà, répondit-il, une aventure bien particulière [...] mais, sur
> sa physionomie, [...] on est [...] porté à croire qu'elle a de la
> naissance ; en vérité, son malheur est bien grand ! Que les desseins
> de Dieu sont impénétrables ! » [39].

Que cette jolie « physionomie » ait aussi une histoire qui légi-
time une charité plus particulière, cela ne pouvait mieux convenir,
mais c'est superflu. Sans retombée dramatique, quelle que fût son
interprétation, le récit était sans intérêt. Un seul moyen pour lui
dès lors de retrouver « dignité romanesque », c'est-à-dire pouvoir
de figurer dans le roman : être envisagé par la narratrice sur le
mode de réflexion, comme tel : inutile et dépourvu d'intérêt dans
l'ordre des aventures de Marianne. C'est ainsi que s'offre à l'impossible récit de Marianne à Valville le moyen d'un retour paradoxal
sous la forme d'un irréel : trente ans après, Marianne réfléchit et
rêve à ce qu'eût donné son récit « Et dans le fond... si... », et le découvre en tout point contraire à cet « humiliant discours » qu'il
lui semblait alors et qu'elle refusait de prononcer. C'est bien pour
se prêter à ce renversement qu'il est choisi pour second récit du
roman. Aussi, très habilemenit, par le seul biais de ce récit muet,
Marivaux peut-il, malgré la neutralité extérieure d'un premier récit
trop appliqué à n'être qu'une pure et simple narration, engager le

---

38. *V. M.* p. 26.
39. *V. M.* p. 27.

second récit dans un effet de renversement et mettre en place sans attendre ces jeux auxquels il tient.

Et c'est aussitôt l'envol vers les jeux les plus extrêmes, d'entrée de jeu, l'alternative ordinaire entre bien ou mal née portée au superlatif : Marianne est l' « humiliée » ou la « divinité »[40], sa situation la dernière ou la plus idéale... : la variation s'annonce telle qu'elle va jouer tout au long du roman. Et d'autant mieux selon l'esprit du roman, que c'est ici la même situation affective qui porte soit à exacerber le côté dégradant de l'histoire, soit à une valorisation délirante : l'amour. C'est l'amour qui affole tant cette pauvre « vanité » à laquelle Marianne s'en prend de ne pouvoir dire qui elle est,

> « une vanité haïssable, que je condamnais intérieurement moi-même, qui me paraissait ridicule... »[41].

quand elle ne peut rêver au contraire situation plus privilégiée pour paraître aux yeux de l'amour :

> « Et dans le fond, observons une chose. Etre jeune et belle, ignorer sa naissance, et ne l'ignorer que par un coup de malheur, rougir et soupirer en illustre infortunée de l'humiliation où cela vous laisse ; si j'avais affaire à l'amour, lui qui est tendre et galant, qui se plaît à honorer ce qu'il aime : voilà pour lui paraître charmante et respectable, dans quelle situation et avec quel amas de circonstances je voudrais m'offrir à lui.
> [...] Si une femme pouvait être prise pour une divinité, ce serait en pareil cas que son amant l'en croirait une »[42].

Ainsi se lit maintenant une histoire autrefois réduite aux seules dimensions du « cela » désinvolte et méprisant dont Valville, imaginait-elle, eût accueilli l'aveu :

> « Quoi ! ce n'est que cela ? me semblait-il lui entendre dire à lui-même... »[43].

Or c'est cela même qui ravale Marianne à ses propres yeux, qui la relève à ceux de Valville. Qu'elle soit « fille de boutique », et elle fait figure d'héroïne romanesque : ses malheurs sont les outrages

---

40. *V. M.* p. 70 (« Ah ! l'humiliant discours »), p. 81.
41. *V. M.* p. 79.
42. *V. M.* p. 80-81.
43. *V. M.* p. 71.

dont le ciel romanesque n'honore que d' « illustres » victimes, l'envers d'une élection en somme :

> « Il y a de certaines infortunes qui embellissent la beauté même,
> qui lui prêtent de la majesté. Vous avez alors, avec vos grâces,
> celles que votre histoire, faite comme un roman, vous donne
> encore » [42].

Qu'elle ne sache qui elle est, et la voilà déesse :

> « Et ne vous embarrassez pas d'ignorer ce que vous êtes née ; laissez
> travailler les chimères de l'amour là-dessus ; elles sauront bien vous
> faire un rang distingué, et tirer bon parti des ténèbres qui cacheront
> votre naissance. Si une femme pouvait être prise pour une divinité,
> ce serait en pareil cas que son amant l'en croirait une » [44].

C'est même une débauche d'esprit, « une folie spirituelle » [45]
qu'il se hâte de faire pour elle... Hâte qui n'a d'égales, semble-t-il
que les réticences de l'interlocuteur du récit suivant, qui va retirer
un à un tous les titres les plus flatteurs dont avant le récit il honorait
Marianne. Aussi ne s'agit-il plus d'un amant mais de ces « superficies
de sentiment », de ces « intérieurs indifférents » sous des dehors
« affables » [46] : de la prieure du couvent où Marianne est allée demander refuge.

Quelqu'opposés que soient en eux-mêmes ces deux récits, déjà
sont-ils, d'effets, radicalement opposés. Avant le récit, nous sommes encore dans le goût de ces images triomphantes où nous a
laissés le précédent récit, après, tout est renversé — comme précédemment sans doute, mais en sens contraire — et nous sommes
revenus face à cette distance froide qui glaçait de peur la jeune
Marianne. Ainsi le renversement d'atmosphère, au cœur duquel se
place le récit, vient-il encore prendre à rebours celui qui précédent récit ; et Marivaux l'a souligné qui a fortement encadré le
« petit discours » [47] de Marianne de deux scènes symétriques et opposées sur les attitudes de la prieure.

Avant le récit, tout n'est de la part de la prieure que « petites
galanteries » [48], qui transposent les « folies spirituelles » de tout à
l'heure, entre femmes qui se voient pour la première fois ; et tout
s'y retrouve : élans du cœur parce qu'elle « est belle », intuition de

44. *V. M.* p. 81.
45. *T. T.* p. 717.
46. *V. M.* p. 149.
47. *V. M.* p. 153.
48. *V. M.* p. 327.

quelque romanesque histoire, tendance à lui croire une élection qui
transpose la divinisation amoureuse :

> « Eh ! ma belle enfant, que vous me touchez ! me répondit la prieure
> [...]. En vérité, quand je vous ai vue, j'ai eu comme un pressentiment
> de ce qui vous amène [...]. Ne serait-ce pas une prédestinée qui me
> vient ? ai-je pensé en moi-même. Car il est certain que votre voca-
> tion est écrite sur votre visage [...]. Qu'elle est belle ! qu'elle a l'air
> sage ! Ah ! ma fille, que je suis ravie ! que vous me donnez de joie !
> Venez, mon ange, venez ; je gagerais qu'elle est fille unique, et qu'on
> veut la marier malgré elle. Mais, dites-moi, mon cœur, [...] il faudra
> pourtant informer vos parents, n'est-ce pas ? Chez qui enverrai-
> je ? » [49].

C'est ici qu'avec les premiers mots de confidence tout se gâte :

> « Jésus, mademoiselle ! reprit-elle avec un refroidissement imper-
> ceptible et grave ; voilà qui est bien fâcheux, point de parents ! eh !
> comment cela se peut-il ? » [50].

Le récit achevé, la froideur est consommée :

> « Certes, votre situation est fort triste, mademoiselle (car il n'y eut
> plus ni ma belle enfant, ni de mon ange ; toutes ces douceurs
> furent supprimées) [...].

L'on refuse même d'accueillir la « prédestinée »,

> « D'ailleurs notre maison n'est pas riche [...] vous m'affligez, ma
> pauvre enfant (pauvre ! quelle différence de style ! Auparavant elle
> m'avait dit : ma belle) [...] je quêterai pour vous, et vous remettrai
> demain ce que j'aurai ramassé (quêter pour un ange, la belle chose
> à lui proposer !) » [51].

De cette attitude Marianne a l'intuition immédiate, et le même
« refroidissement imperceptible et grave » la saisit à l'instant d'entreprendre un récit qui s'annonce, ainsi, baigner dans un climat
d'âmes rétractées :

> « Je ne savais comment entrer en matière : l'accueil de la prieure,
> tout avenant qu'il était, m'avait découragée. Je n'espérais plus rien
> d'elle, sans que je pusse dire pourquoi » [52].

---

49. *V. M.* p. 150-151.
50. *V. M.* p. 151.
51. *V. M.* p. 153.
52. *V. M.* p. 149.

Et pourtant, ce sera ici l'instant du récit le plus porté à l'épan-
chement sensible et à la plainte naïve.

Il va suffir d'une parole de la visiteuse qui s'éloigne :

> « je vais vous laisser libre : vous avez du chagrin, je m'en suis
> aperçue ; vous méritez qu'on s'y intéresse » [53].

pour que montent avec ses larmes, l'attendrissement et le besoin
d'effusion :

> « Oui, madame, lui dis-je, pénétrée de ce discours et toute en pleurs,
> il est vrai que j'ai du chagrin : j'en ai beaucoup, il n'y a personne qui
> ait autant sujet d'en avoir que moi, personne de si à plaindre ni de
> si digne de compassion que je le suis » [54].

> « Nous autres filles, ou nous autres femmes, nous pleurons
> volontiers dès qu'on nous dit : Vous venez de pleurer [ou « vous
> avez du chagrin »] ; c'est une enfance et comme une mignardise
> que nous avons et dont nous ne pouvons presque pas nous
> défendre » [55].

C'est cet esprit-là qui va inspirer tout le récit ; on le dirait d'une
petite fille. Il y a d'abord « une enfance » réelle à ne conter son histoire, comme elle le fait ici, qu'à travers celle de l'affection qu'elle
a connue, et à n'envisager sa vie qu'affectivement, non socialement
ou matériellement. On lui demande : « comment vivez-vous ? », elle
répond : « personne ne m'aime ».

> « Point de parents ! eh ! comment cela se peut-il ? qui est-ce donc qui
> a soin de vous ? car apparemment que vous n'avez point de bien
> non plus ? » [56].

et « soin » s'entend d'abord comme attention, tendresse, à l'arrière-
plan sans doute il suppose « entretenir », mais ce sont des choses
qui vont sans penser. De plus, au-delà de la réponse à la question
expresse, il est une réponse au ton, et la dureté manifeste de la
prieure, qui doit écorcher vive une sensibilité toute prête à s'épan-
cher, vient balayer dans un dépassement les dernières réactions de
repliement, et fait partir ce récit comme une plainte sur la dureté
d'une misère affective acharnée.

___
53. *V. M.* p. 150.
54. *V. M.* p. 150.
55. *V. M.* p. 147.
56. *V. M.* p. 151.

Juste une phrase pour se présenter : orpheline, adoptée, orpheline à nouveau de ses parents adoptifs, et le récit laisse place aussitôt à la plainte :

> « J'ai tout perdu par sa mort ; il n'y avait qu'elle qui m'aimait dans
> le monde, et je n'ai plus de tendresse à espérer de personne [...]
> je rachèterais sa vie de la mienne » [57].

Hors ce besoin du cœur, hors « sa douleur », Marianne n'a rien
d'autre en tête : l'ignorance où elle est de son nom ira sans dire
et le récit ne fera qu'effleurer, presque sans le vouloir, la question
de ses origines. Au détour d'une phrase, on aperçoit près de ses
parents morts des « domestiques » qui laissent présumer une origine distinguée, alors qu'elle n'est occupée qu'à représenter son
abandon au milieu du carnage, ses parents morts, « leurs domestiques » aussi, dit-elle. Pour laisser tomber ce désert autour de Marianne, le récit n'a eu qu'à restreindre la première version à ces
seuls personnages, ôter le voyageur qui veut faire résistance, la chanoine de Sens qui s'enfuit et ceux qui blessés meurent..., et l'accom-
pagner de force tournures restrictives :

> « Un carrosse de voiture, disait le premier récit, qui allait à Bordeaux
> fut, dans la route, attaqué par des voleurs ; deux hommes qui étaient
> dedans voulurent faire résistance, et blessèrent d'abord un de ces
> voleurs [...]. Il en coûta aussi la vie au cocher et au postillon [...]. Le
> chanoine s'enfuit, pendant que, tombée par la portière, je faisais des
> cris épouvantables... » [58],

et ici

> « Je n'avais que deux ans [...] quand ils ont été assassinés par des
> voleurs qui arrêtèrent un carrosse de voiture où ils étaient avec moi ;
> leurs domestiques y périrent aussi ; il n'y eut que moi à qui on
> laissa la vie... » [59].

En deux « ne... que » (« je n'avais que deux ans », il y eut
que moi à qui on laissa la vie »), la voici seule au monde avec le
regret de n'avoir eu de parents que pour les perdre ; il n'est que de
les multiplier : « ne... que », « ne... plus », « ne... plus que », pour
que son histoire soit tissée de cette chaîne funèbre d'affection constamment trouvée et perdue :

> « je fus portée chez un curé de village, qui NE VIT PLUS, et dont
> la sœur [...] m'a élevée avec une bonté infinie ; mais malheureu-

---

57. *V. M.* p. 151.
58. *V. M.* p. 10.
59. *V. M.* p. 151.

sement elle est MORTE ces jours passés à Paris, où elle était venue
[chez un parent hélas] DEFUNT [...] voir s'il y aurait moyen de me
mettre dans quelque état qui me convînt. J'ai tout perdu par sa
MORT ; il N'y avait QU'elle qui m'aimait dans le monde ; et je N'ai
PLUS de tendresse à espérer de personne : il NE me reste PLUS
QUE la charité des autres ; aussi N'est-ce QU'elle et son bon cœur
que je regrette... » [60].

Et chaque fois la mort renvoie un peu plus à une solitude qui
est mort de l'âme. Un « à peine... que » réintroduit avec l'épisode
de M. de Climal la fatalité de la tendresse toujours brisée, non plus
ici par la mort mais par la fourberie :

> « Il a pourtant commencé d'abord par me mettre chez Mme Dutour,
> une marchande lingère ; mais à peine y ai-je été, qu'il a découvert
> ses mauvais desseins » [61].

Or la manière dont Marianne conte ici l'épisode fait plus que
jamais penser à un récit de petite fille. Par cette langue d'abord si
naïve :

> « Un religieux [...] m'a remise [...] entre les mains d'un homme
> [...] qu'il croyait homme de bien charitable, et qui nous a trompés
> tous deux, qui n'était rien de tout cela [...] puisqu'à la fin il n'a pas
> eu honte à son âge de me déclarer, en me prenant par les mains,
> qu'il était mon amant, qu'il entendait que je fusse sa maîtresse, et
> qu'il avait résolu de me mettre dans une maison d'un quartier
> éloigné, où il serait plus libre d'être amoureux de moi » [62].

Où est cet art de la formule que l'instant d'avant une jeune personne
fort brillante maniait si bien sur M. de Climal :

> « un libertin qui fait semblant d'être dévôt » [63] ?

C'est ensuite par cette abondance de détails, cet enchaînement
scrupuleux de raisons et de faits en des phrases sans fin (2 de 15
lignes), sans lesquelles les enfants ne croient pas se bien dire ; voici
comme elle conte ici la disparition de sa mère adoptive :

> « [...] mais malheureusement elle est morte ces jours passés à Paris,
> où elle était venue, tant pour la succession d'un parent qu'elle n'a pas
> recueillie à cause des dettes du défunt, que pour voir si [...]. Elle est

---

60. *V. M.* p. 151.
61. *V. M.* p. 151.
62. *V. M.* p. 151-152.
63. *V. M.* p. 142.

morte dans une auberge où nous étions logées ; j'y suis restée seule, et l'on m'y a pris une partie du peu d'argent qu'elle me laissait » [64].

Où est l'élégante simplicité dont témoigne la formulation d'un très prochain récit ? :

« Elle est venue à Paris avec moi pour une succession qu'elle n'a pas recueillie ; elle y est morte, et m'y a laissée seule sans secours dans une auberge » [65].

Ou mieux, le laconisme adroit du billet de Valville, rédigé au sortir de cet entretien et qui est un chef-d'œuvre de concentration. Marianne s'était un temps abandonnée au creux de la vague, l'amour et l'amour-propre mêlés vont la ramener au sommet de ses possibilités :

« on serait bien stupide, dit Marianne, si, avec des sentiments d'honneur, d'amour et de fierté, on ne s'exprimait pas un peu plus vivement qu'à son ordinaire » [66].

« L'honneur » exige seulement de désabuser Valville, de rétablir l'injuste retour d'opinion qui s'est fait en son esprit lorsqu'il a surpris M. de Climal aux genoux de Marianne, la « fierté » en attend un retour de sentiment qui la venge : elle veut voir l'imagination de Valville revenir de ses soupçons injurieux à ses amoureuses et « romanesques » « folies » comme à un rêve perdu, ...et l' « amour » y trouve son compte. Aussi une même parole peut-elle donner et un dépit réel et une ruse d'amour. Sont-elles volonté de dédain ou de séduction, les lacunes que Marianne laisse ici en son histoire, dont elle livre juste ce qu'il faut pour se justifier ou juste ce qu'il faut pour créer autour d'elle une aura de mystère ? Encore prend-elle bien soin que ces bribes apparaissent appelés de force par le sujet affiché de sa lettre : la restitution des habits de M. de Climal, quand en fait elle s'en sert pour glisser en marge son petit récit. Elle opère ainsi un renversement entre la place et l'importance réelle des sujets, qui a pour l'amour le mérite d'irriter l'avidité curieuse de l'amant et pour l'amour-propre celui de piquer Valville en réduisant leur commerce à un pure nécessité matérielle.

« Monsieur, il n'y a que cinq ou six jours que je connais M. de Climal, votre oncle, et je ne sais pas où il loge, ni où lui adresser les

64. *V. M.* p. 151.
65. *V. M.* p. 194.
66. *V. M.* p. 158.

hardes qui lui appartienent, et que je vous prie de lui remettre. Il
m'avait dit qu'il me les donnait par charité, car je suis pauvre ; [...]
Mais [...] il m'a trompée [..] et je les rends [...]. Je n'aurais pas
recours à vous [...] si j'avais le temps d'envoyer chez un récollet,
nommé le père Saint-Vincent, qui a cru me rendre service en me
faisant connaître votre oncle, et qui...

Et voici, reléguée à la dernière place, raccrochée incidemment
à la relative précédente, l'allusion à leurs rapports personnels ; seulement une place terminale est aussi la plus favorable à l'essor ima-
ginatif d'un amant qu'on compte abandonner aux séductions mêlées
du remords et du romanesque...! C'est le même double jeu qui se
poursuit et s'accomplit avec cette pointe finale :

> ... et qui vous apprendra, quand vous le voudrez, à vous reprocher
> l'insulte que vous avez fait à une fille affligée, vertueuse, et peut-être
> votre égale » [67].

Effet... défait au récit suivant ! Pas un récit n'a manqué à ce
jeu depuis le début du roman ! Dès le second récit il était en place,
on sait par quelle adresse, quand la première « narration », si neutre
apparemment, ne pouvait offrir au récit suivant que le contraste
d'une éclatante et superlative prise de position. Sans le négliger
d'ailleurs, « divinisant » franchement Marianne là où le premier con-
ditionnait seulement le lecteur à bien penser de sa naissance, le second récit renversait l'image d'un « humiliant discours » en déve-
loppant « la dignité » — « romanesque » certes — des humiliations
de la fortune. Mais à trop bien faire de la vie de Marianne une histoire idéale pour être aimée, il appelait, semble-t-il, le troisième
récit à la raconter comme l'histoire d'une sollitude et à être cette
plainte de Marianne sur une misère affective acharnée. Du tout au
tou, le ton changeait encore avec le billet à Valville. Avec une froideur relevée de fierté, Marianne se présentait à nouveau en fille
« affligée » mais relevait le terme d'un « peut-être votre égale », et
ce quatrième récit réalisait, sur un mode à ne pas le laisser soup-
çonner, l'exploitation séductrice de son histoire exposée par le second récit. Effet défait par ce cinquième récit ! Récit de la même au
même qui plus est, qui ravale autant la vie de Marianne que le
billet l'avait altièrement tournée. Le dénuement affectif du troisième
récit s'aggrace en dénuement social, et c'est au plus bas degré de la
société que se présente à Valville celle qui terminait « peut-être
votre égale ». La solitude, la misère affective n'est plus objet de larmes mais d'un regard froid, qui la découvre même comme une nou-

67. V. M. p. 157-158.

velle misère sociale. C'est le regard qu'elle veut faire prendre à Valville sur une histoire qui doit lui apparaître comme une raison aisément évidente de séparation : « il n'y a qu'à considérer qui je
suis... », commençait-elle, « il faut regarder, termine-t-elle,

> que les malheureux à qui on fait la charité ne sont pas si pauvres
> que moi ; ils ont du moins des frères, des sœurs, ou quelques autres
> parents ; ils ont un pays, ils ont un nom avec des gens qui les
> connaissent ; et moi, je n'ai rien de tout cela. N'est-ce pas là être plus
> misérable et plus pauvre qu'eux ? » [68].

Revenue de piètre à flatteuse, l'opinion de Valville doit refaire
le chemin inverse : il fallait ramener Valville, il faut maintenant le
détourner, et le récit change le plus parfaitement de sens, sans que
Marianne puisse cesser d'affirmer :

> « laissez-moi dire tout. Je ne dis rien que de vrai » [69].

Mme de Miran vien eu effet, pour la ménager ,de lui proposer
l'omission et le déplacement d'accent, dont elle vient de ressentir
les pouvoirs effectifs de métamorphose :

> « Va, ma fille, [...] achève, ne t'arrête point là-dessus » [69].

Or Mme de Miran a d'autant plus raison de pondérer le zèle de
Marianne au sacrifice, qu'est entrain de se produire un renversement parallèle qui défait au fur et à mesure tout ce que fait Marianne, ou plutôt refait tout ce qu'elle défait : plus elle s'abaisse,
plus elle se grandit, plus elle refuse Valville et plus elle l'attache :

> « vous m'avez perdu ; vous avez mis le comble à mon admiration
> pour elle » [70].

est le trop prévisible dénouement.

Et cette fois pourtant « l'âme qui sait bien ce qu'elle fait »,
son instinct à notre insu rusé est parfaitement innocent. Mais, entre
une générosité sans arrière-pensées même inconscientes, et une parfaite vérité de cœur il y a bien des « degrés » dans la sinciérité ;
toute l'œuvre de Marivaux s'y joue et particulièrement ce récit-là.

En vérité le récit se trouve au premier mot marqué au coin par
son artisan véritable, l'exact sentiment qui le travaille et le modèle.

68. V.M. p. 195.
69. V. M. p. 195.
70. V. M. p. 199.

« Il n'y a qu'à considérer qui je suis... » est le signe dangereux d'un
regard sur soi, objet misérable puis sujet généreux du discours, qui
va s'accuser au fil d'un récit décanté, composé, mesuré, tout à l'inverse d'un discours d'où sortiraient machinalement les expressions
les plus généreuses, comme si

> « ce n'était point [lui] qui y mettai[t] de la [générosité], [mais] de
> la [générosité] qui s'y rencontrait » [71],

écart juste suffisant pour que la sincérité y coule entre les doigts.
Le seul regard sur soi porte ombre à la sincérité. Que devient le
« naturel » des vertus de Silvia lorsqu'elle sait qu'il est son charme [72], « l'ingénuité rustique » de Jacob dès lors qu'il en sent la
saveur [73], la sincérité de qui se veut « sincère » (comme le montre
la pièce [74]) ou veut en avoir aussi l'air, comme ici Jacob :

> « Je me ressouviens bien qu'en lui parlant ainsi, je ne sentais rien en
> moi qui démentît mon discours. J'avoue pourtant que je tâchai
> d'avoir l'air et le ton touchant [...] et ce qui est de singulier, c'est que
> mon intention me gagna tout le premier. Je fis si bien que j'en fus la
> dupe moi-même, et je n'eus plus qu'à me laisser aller sans m'embar-
> rasser de rien ajouter à ce que je sentais ; c'était alors l'affaire du
> sentiment qui m'avait pris, et qui en sait plus que tout l'art du
> monde » [75].

Rien non plus dans l'âme des héros de ses romans de jeunesse,
où Marivaux manie déjà à travers « le romanesque » tous les jeux
sur la sincérité, ne dément leurs discours et leurs actes : ils jouent le
héros-qui-est-en-eux, mais cela suffit. On ne trouverait rien davantage dans le récit de Marianne à Valville qui démente sa générosité
évidente, il pèche seulement d'être comme un rôle trop bien tenu,
joué de « réflexion », « d'imitation d'après un modèle idéal », et non
« d'âme ». Pris entre ce « il n'y a qu'à considérer », signe du regard
sur soi, et cette ultime réflexion, signe d'un zèle éclairé par un sens
alerte de l'authentique :

> « J'avais [...] dit que j'allais être religieuse, et je pensai le répéter
> par excès de zèle ; mais [...] je m'avisai tout d'un coup de réfléchir
> que [...] cet excès de désintéressement de ma part n'aurait été ni
> naturel ni raisonnable » [76],

71. *V. M.* p. 212.
72. *La Double Inconstance*, I, II, Théâtre complet, t. I, p. 279.
73. *P. P.* pp. 15, 16, 74, 85.
74. *Les sincères*, Théâtre complet, t. II.
75. *P. P.* p. 92.
76. *V. M.* p. 200.

Marivaux a parfaitement encadré un récit, où son plaisir semble être de montrer comment l'on peut ne pas sentir comme « vrai » un récit qui « ne dit rien que de vrai » et sans duplicité secrète, vrai non plus seulement par rapport à une histoire vraie de Marianne (toujours en fuite), mais « vrai », comme en publicité on dit que « la laine est vraie »...

Tout commence avec ce mauvais linge : « négligé », « robe à l'avenant ».

> « linge assez blanc, mais toujours flétri, qui ne vous pare point quand vous êtes aimable, et qui vous dépare un peu quand vous ne l'êtes pas [...].
>
> Ce n'est pas que [Mme de Miran] eût songé à me dire : ne vous ajustez point ; mais je suis sûre que dès qu'elle m'aurait vue ajustée, elle aurait tout d'un coup songé que je ne devais pas l'être » [77].

Ce qui suppose que Marianne s'est déjà imaginée sous les yeux des protagonistes du drame ; mais surtout Marianne semble avoir enfilé cette robe triste des sacrifiées l'âme du personnage, comme il suffisait d'un « travesti » pour faire Télémaque :

> « Je ne le suis pas encore, disait-il endossant un habit magnifique, mais [...] j'enfile le chemin de le devenir » [78].

C'est encore une sorte de coquetterie à rebours qui commnece le récit : Marianne s'y « dépare » comme elle calculerait des séductions. Elle choisit la lumière crue : « j'ai perdu mon père et ma mère », tout net et tout de suite et dans une tournure à l'image de marque socialement dévaluée ; ensuite seulement vient :

> « ils ont été assassinés dans un voyage dont j'étais avec eux, dès l'âge de deux ans » [79].

C'est ce que l'on mettait au contraire en avant dans le récit à la prieure pour présenter la chose sous un jour tamisé par l'attendrissant :

> « Je n'avais que deux ans [...] quand ils ont été assasssinés par des voleurs qui arrêtèrent un carrosse de voiture où ils étaient avec moi » [80].

---

77. *V. M.* p. 191-192.
78. *Le Télémaque Travesti* p. 735.
79. *V. M.* p. 194.
80. *V. M.* p. 151.

L'on est plus loin encore du mystérieux éclat d'un « Ignorer sa naissance » évoqué par Marianne âgée. Ensuite, c'est la « générosité » de celle qui l'a élevée qui se laisse dégrader en « charité » objective qu'elle est, ailleurs présentée comme une « bonté », qu'il suffisait d'appeler « infinie » pour situer au contraire Marianne dans l'exceptionnel.

> « Je fus portée chez un curé de village, disait-on, dont la sœur qui était une sainte personne, m'a élevée avec une bonté infinie... » [81].

et la pieuse image, qui nimbait ainsi Marianne devant la prieure, devient ici :

> « C'est la sœur d'un curé de campagne qui m'a élevée par compassion » [82].

Mais il est un recours plus discret que le synonyme : Marianne n'a pas même de soin de changer les mots pour les changer du tout au tout, il suffit enter eux de mises en rapport nouvelles ; témoin les avatars du mot « auberge » selon les mots — les mêmes — qu'autour de lui on déplace.

> « Elle est morte dans une auberge où nous étions logées ; j'y suis restée seule, et l'on m'y a pris une partie du peu d'argent qu'elle me laissait » [81] :

là, le mot n'évoque qu'un lieu de passage sans intérêt que l'on entend d'ailleurs sans s'y arrêter, tandis qu'il retient ici pour jeter sur la scène une lueur sale de lieu trivial :

> « elle y est morte, et m'y a laissée seule sans secours dans une auberge » [82].

L' « auberge » et l' « y » n'ont qu'échangé leur verbe, mais Marianne se retrouve moins dans la « solitude », émouvante, où la laissait la discrète présence d'un substitut : « j'y suis restée seule », que seule-dans-une-auberge, solitude et auberge qui n'ont besoin pour former un couple un peu louche que d'un « sans recours » pour trait d'union. Par les plus simples moyens, Marianne continue ainsi ces évocations qui doivent entacher son personnage, non sa personne. Trompée et abandonnée, telle est ainsi la figure qu'elle tient

81. *V. M.* p. 151.
82. *V. M.* p. 194.

à faire dans l'épisode de M. de Climal, qu'elle a quitté autant qu'il
l'a quittée.

Mais ce faisant, vient le moment dont parlait Jacob, où Marianne
n'a plus qu'à « se laisser aller, s'embarrasser de rien » et où, porté
par son propre élan, le récit peut se lester d'une générosité, qui était
devenue si réfléchie qu'elle coulait en dernier lieu son sacrifice dans
les formes rigoureuses d'une démonstration mathématique.

> « IL EST VRAI QUE je vous plais ; MAIS vous ne vous attachez pas
> à moi seulement à cause que [...], ET APPAREMMENT QUE vous me
> croyez d'un bon caractère, ET EN CE CAS, COMMENT pouvez-vous
> espérez que je consente à un amour qui vous attirerait le blâme [...] ?
> CAR quel repentir n'auriez-vous pas, quand vous ne m'aimeriez plus,
> et que [...] ? ENCORE N'EST-CE RIEN TOUT CE QUE JE VOUS
> DIS LA, ajoutai-je avec un attendrissement qui me fit pleurer » [83].

Maintenant les larmes viennent toutes seules au bout du soupir,
la phrase généreuse au bout de la phrase généreuse, l'articulation
logique se fait insensiblement anaphorique, et Marianne se prend
à ce jeu de paroles « qui font plaisir aux lèvres » :

> « Non, monsieur [...] vous pleurez, mais ce n'est plus que de ten-
> dresse pour ma mère, et que de pitié pour moi. Non, ma mère, vous
> ne serez plus ni triste ni inquiète ; M. de Valville ne voudra pas [...],
> il ne troublera plus le plaisir que vous avez à me secourir ; il y sera
> sensible au contraire, il voudra y avoir part, il m'aimera encore, mais
> comme vous m'aimez. Il épousera la demoiselle en question, il l'épou-
> sera à cause de lui-même qui le doit, à cause de vous qui lui
> avez procuré ce parti pour son bien, et à cause de moi qui l'en
> conjure comme à la seule marque qu'il peut me donner que je lui ai
> été véritablement chère » [84].

C'est ainsi qu'à la manière de Mme Dutour qui « s'animant au
bruit de sa propre voix » « se fâchait souvent au-delà de ce qu'elle
était fâchée », Marianne se trouve insensiblement emportée par ému-
lation spontanée au-delà de la générosité qu'elle sent ou devrait
sentir au point de rester un temps encore aliénée dans son personnage, le « aime-la » de Mme de Miran prononcé ! C'est l'instant
où Marianne conçoit à temps l'outrance d'une obstination à un sacrifice qui n'a plus de raison d'être. Marivaux qui a aimé traité cette
situation du renoncement généreux de l'aimée à une union trop
inégale, fixait dans *Les Jeux de l'Amour et du Hasard* les limites

---

83. *V. M.* p. 196.
84. *V. M.* p. 197.

d'une authentique générosité à une honnête mise en garde qui devait céder aux protestations de l'amant :

> « — Ah ! ma chère Lisette, que viens-je d'entendre [...]. J'aurais honte que mon orgueil tînt encore contre toi, et mon cœur et ma main t'appartiennent.
>
> — En vérité, ne mériteriez-vous pas que je les prisse, ne faut-il pas être bien généreuse pour vous dissimuler le plaisir qu'ils me font, et croyez-vous que cela puisse durer ? » [85].

L'héroïne des *Nouvelles Folies Romanesques*, du roman des « belles âmes » et du noble amour par excellence, dans une situation qui préfigure exactement celle de Marianne, fait plus encore :

> « Quels effets l'amour ne produit-il pas sur un cœur ! Dès que je la vis entrer, dit-elle de sa bienfaitrice, je la regardai comme une ennemie avec laquelle il fallait feindre, le ressouvenir de tout ce que je lui devais s'affaiblit » [86].

D'un bout à l'autre de ce récit de la générosité, Marivaux a posé le problème de son authenticité. Jaillie dans un emportement d'âme, non de l'exact désir du bonheur de Valville, l'idée est montée en Marianne comme une action de grâce dans l'enchantement de se savoir aimée de Valville ; sur l'amour et la reconnaissance a rejailli une exaltation dont ils ont profité sans être cause, comme retombait en tendresse sur sa femme l'ivresse de plaire chez Jacob :

> « cette idée d'être véritablement aimée de Valville eut tant de charmes, m'inspira des sentiments si désintéressés et si raisonnables, me fit penser si noblement ; enfin, le cœur est de si bonne composition quand il est content en pareil cas » [87],

du même ton Jacob dira :

> « j'étais dans un tourbillon de vanité si flatteuse, je me trouvais quelque chose de si rare, je n'avais point encore goûté si délicatement le plaisir de vivre [...].
>
> Je retournai [...] chez moi, perdu de vanité, [...] mais d'une vanité qui me rendait gai [...] Mme de la Vallée ne m'avait encore vu ni si caressant, ni si aimable que je le fus avec elle à mon retour » [88].

---

85. *Les Jeux de l'Amour et du Hasard*, acte III, scène 8.
86. *Ph.* p. 484.
87. *V. M.* p. 178.
88. *P. P.*, p. 187.

Puis, dupe elle-même du mouvement qui l'entraîne, Marianne achève son récit un ton trop haut, comédienne sans le savoir, actrice de bonne foi. Car il en est pour Marivaux d'une telle vertu qu'on se donne comme de la pensée qu'on se « fait faire » face à celle « qui se fait en nous, non par nous » [80] : elle est de nous sans être nous. Il en va de la vertu authentique comme du style, « figure exacte des pensées » : on n'en peut redresser l'allure sans déformer le fond. De là ce précepte d'art qui vaut aussi selon Marivaux pour la morale :

> « seulement surprendre en moi les pensées que le hasard me fait, et je serais fâché d'y mettre du mien » [90].

Aucune idée préalable, aucune image de soi préexistante ; et c'est peut-être pourquoi, lorsque Marianne en difficulté se propose de ces conduites « dignes de cette Marianne dont on faisait tant de cas » [91], un événement vient traverser son projet, qui la contraint d'improviser.

Il reste qu'aucun « excès de zèle » jamais ne pourra porter Marianne à dégrader aussi bien son histoire que son prochain narrateur. Elle ne sait de dégradation que celle qui vient des faits tournés comme il convient, et découvre pour son malheur celle que peut infliger, par delà toute tournure, un simple tour de langage ; le maître en dégradation n'en pratique pas d'autre :

> « Je trouve, dit Marivaux de Scarron, que son burlesque [...] est plus dépendant de la bouffonnerie des termes que de la pensée ; c'est la façon dont il exprime sa pensée qui divertit, plus que sa pensée même : ses termes sont vraiment burlesques ; mais [...] dépouillés de cette expression [...], je doute fort que ses récits le parussent » [92].

Et comme Scarron eût selon Marivaux, auteur burlesque, obtenu un effet autrement « sensible » en combinant ces deux sources, il va les mêler ici en plaçant un récit dans la bouche de la marchande lingère, et obtenir un tel effet d'amplification qu'il ne faudra rien moins, pour le renverser, qu'une reprise de récit selon la version d'un amant ! Ainsi, après cinq récits, la narration va-t-elle échapper à Marianne pour contituer au cœur du roman avec les récits de la marchande lingère et de Valville, un des effets d'inversion les plus accomplis du roman !

89. *Sur la Pensée Sublime*, Journaux, p. 60.
90. *Sp. Fr.* p. 114.
91. *V. M.* p. 386.
92. Préface de *L'Homère Travesti*, p. 961.

D'instinct Marianne se sent au récit de la lingère moins éclaboussée par le scandale de ses révélations que par sa « manière » triviale, et apparaît moins confondue ou humiliée que meurtrie dans sa délicatesse comme en témoigne ce regard adressé à son amie, le récit achevé,

« qui n'était que suppliant reconnaissant et tendre, mais point humilié » [93].

Des faits on s'arrange toujours, et Valville les réinterprétera tous, mais que son histoire puisse avoir ainsi maille à partir avec une telle vulgarité, c'est ce qui est choquant. Le récit joue ainsi d'abord, à la manière de ses « pardi » et des ses « diantre » qui « ne signifient rien » contre l'histoire où ils interviennent, mais « imposent un au-delà » de cette histoire avec lequel il la compromet. A la seule rencontre de l'histoire et d'une tournure, sans attendre ici les modifications de l'une par l'autre, « la variation du récit » se révèle déjà active.

Mais le pire effet de cette collusion qui la blesse entre son histoire et la tournure qu'elle prend ici, n'est pas seulement de voir son histoire lui échapper avec scandale, de la voir s'encanailler sous ses yeux dans la bouche de Mme Dutour, mais de l'y voir perdre jusqu'à sa dignité d'histoire. Selon l'éternel souci de bien faire savoir que tout ce que l'on dit est vrai, il est venu à Mme Dutour le sentiment que tout ce qu'elle peut imbriquer de sa vie à l'histoire de Marianne est un signe de véracité ; mais passer ainsi à travers la vie d'une Mme Dutour, signifie pour l'histoire être pulvérisée puis amalgamée à tout un au jour le jour d'insignifiance, de prosaïsme et de trivialité. C'est par un paquet de vêtement que Mme Dutour s'est occupée de livrer qu'il faut en passer pour apprendre l'épisode de la rupture avec M. de Climal :

« Eh ! à propos, tenez, c'est chez M. de Valville que je fis porter le paquet de hardes dont M. de Climal lui avait fait présent ; à telles enseignes que j'ai encore un mouchoir à elle » [94].

et à nouveau par ce mouchoir, pour retrouver, non la suite de ses aventures, mais un épisode au hasard, dans une histoire qui a pour la première fois abandonné l'ordre chronologique pour suivre le train-train d'une vie de Mme Dutour. C'est en l'occurence à ce dont parlent en premier tous les récits que va mener ce mouchoir : l'ignorance où elle est de sa naissance. Mais là est moins le véritable tort

93. *V. M.* p. 267.
94. *V. M.* p. 264.

que fait à l'histoire de Marianne cette malheureuse histoire de mouchoir, oublié, blanchi, ne-valant-pas-grand-argent,-mais-serait-il-meilleur-il-en-serait-de-même, il est de la traverser aussi aisément, comme de plein pied avec elle, de l'avoir en un mot fait tomber de sa « dignité romanesque ».

Aussi, le récit de Valville va-t-il, en même temps qu'il reprend l'interprétation même de la vie de Marianne, rattraper ces malheureux effets de narration.

Evoquée par Mme Dutour, la protection de M. de Climal situe Marianne en plein prosaïsme : « c'était M. de Climal qui l'avait mise » « en pension chez moi » pour être « ma fille de boutique » et « apprendre le négoce » ; mais, par les imprécisions du parler raffiné de Valville, l'intervention de M. de Climal devient : « un religieux la présenta à mon oncle » [95], ce qui inscrit au contraire Marianne dans une trame de nobles relations. Il suffit maintenant d'un peu d'amour pour qu'à travers son oncle, Valville voit aussitôt le hasard mener Marianne vers lui et que soit éludée l'épisode intermédiaire de la rencontre avec la marchande lingère ! Reste ainsi cette digne suite de figures dont il jalonne la vie de Marianne : des « parents de noble condition », « une suite », « un curé de village », un religieux, son oncle qui amène aussitôt ce cri du cœur :

> « Un religieux la présenta à mon oncle ; c'est par hasard que je l'ai connue, et je l'adore » [96].

Son récit ne se déroule de même qu'à travers les lieux nobles et romanesques, c'est le « carrosse » où on la trouve, « le couvent » où aujourd'hui elle vit, destinés à effacer « boutique », « nippes », « mouchoir », tout objet, tout lieu réputés triviaux, tout ce que le romanesque feint de ne pas connaître :

> « Aussi pleurait-elle, dit Mme Dutour évoquant le jour où M. de Climal quitta Marianne, il faut voir, la pauvre orpheline ! Je la trouvai échevelée comme une madeleine, une nippe d'un côté, une nippe d'un autre ; c'était une vraie pitié » [97].

Mais surtout vient répondre dans le récit de Valville, aux petites grossièretés qui ponctuent le récit de Mme Dutour, à ses « pardi » et ses « diantre » et à leur façon de prendre l'histoire en la houspillant, une anaphore constante qui la lisse de dignité et en élève le ton autant que les premiers l'abaissent. Ainsi, lorsque fille sans

---

95. *V. M.* p. 266.
96. *V. M.* p. 266.
97. *V. M.* p. 264.

nom elle n'a pour Mme Dutour que le nom que le hasard lui donne
et pour Valville un nom peut-être plus illustre que le sien, on lit :

> « peut-être même est-elle née plus que moi ; peut-être que, si elle
> se connaissait, je serais trop honoré de sa tendresse. Ma mère qui
> sait tout ce que je vous dis là, et tout ce que je n'ai pas le temps de
> vous dire, ma mère est dans notre confidence, [...] elle consent que
> je l'aime, elle consent que je l'épouse... » [96].

> « ce ne l'est pas ! Ah ! pardi, en voici bien d'un autre : vous verrez
> que je ne suis peut-être pas Mme Dutour aussi, moi ! Eh ! merci de
> ma vie ! demandez-lui si je me trompe. Eh bien ! répondez donc, ma
> fille, n'est-il pas vrai que c'est vous ? [...]
> [...] En un mot comme en cent, qu'elle parle ou qu'elle ne parle pas,
> c'est Marianne ; et quoi encore ? Marianne. C'est le nom qu'elle avait
> quand je l'ai prise ; si elle ne l'a plus, c'est qu'elle en a changé, mais
> je ne lui en savais point d'autre, ni elle non plus ; encore était-ce,
> m'a-t-elle dit, la nièce d'un curé qui le lui avait donné, car elle ne
> sait qui elle est ; c'est elle qui me l'a dit aussi. Que diantre ! où est
> donc la finesse que j'y entends ? » [98].

Sans « finesse », Marianne s'était magnifiée avec l'intention de
se dégrader, sans « finesse », Mme Dutour s'aperçoit avoir dégradé
Marianne avec l'intention de la glorifier. Ayant dit, sa fougue verbale
tombée, Mme Dutour commence à sentir en effet que reconnaître
avec émerveillement sa fille de boutique dans la jeune femme de
qualité est tout innocent sans doute,

> « Comme la voilà belle et bien mise ! Ah ! que je suis aise de vous
> voir brave ! que cela vous sied bien ! Je pense, Dieu me pardonne,
> qu'elle a une femme de chambre [...]. Voilà qui est admirable, cette
> pauvre enfant ! » [99],

mais le dire, ce devient tout autant dire ce qu'elle voit : l' « admirable » métamorphose de Cendrillon en princesse, que l'inverse —
ce qu'ils virent — la princesse redevenir Cendrillon, le charme
rompu, les prestiges défaits. Que Mme Dutour ait alors le sentiment
d'avoir été abusée par sa parole, c'est ce qui expliquerait son attitude finale : ses réactions de défense, une volonté de s'enfermer
dans ses seules intentions, comme un refus surtout d'avoir « parlé » :
qu'a-t-elle dit ? elle, rien, c'est Marianne qui a dit tout ce qu'elle a
rapporté ; qu'a-t-elle fait ? elle n'a pas même parlé, elle est venue,
elle a vu, elle a reconnu :

---

98. *V. M.* p. 264-265.
99. *V. M.* p. 263.

« [...] ; c'est elle qui me l'a dit aussi. Que diantre ! où est donc la
finesse que j'y entends ? Est-ce que j'ai envie de lui nuire, moi, à
cette enfant, qui a été ma fille de boutique ? Est-ce que je lui en
veux ? Pardi ! je suis comme tout le monde, je reconnais les gens
quand je les ai vus. Voyez que cela est difficile ! [...] de quoi se
fâche-t-elle ? » [100].

Lorsqu'apparaît le récit de Marianne à l'abbesse, dans toute sa
nouveauté de récit dont le sujet n'est plus directement la vie de
Marianne mais les récits de cette vie pour une mise en cause de leur
tournure et ses effets, s'éclaire alors la petite fin du récit de Mme
Dutour. En mineur, en négatif même, elle prépare au déploiement
de l'élément nouveau : le récit ne raconte plus seulement mais fait
réflexion sur lui-même — se retourne pour considérer son image —
même si, avec Mme Dutour, c'est pour refuser ce regard du côté
d'un récit, où il n'y a rien de difficile à chercher, dit-elle, pour avoir
précisément senti que rien n'y est si simple...

Car on s'aperçoit vite qu'avec ce huitième récit a commencé une
nouvelle série de récits qui sont tous diversement, non plus de simples récits de l'histoire de Marianne, mais des reprises ou des reflets ou des récits de récit. Après ce récit des récits passés à l'abbesse, vient un récit tout entier de style indirect : Vous savez que...
que... et que : c'est le plaidoyer de Mme de Miran qui consiste précisément à parler non selon elle mais à rapporter cette-histoire-que-
chacun-connaît. C'est ensuite Marianne qui ne raconte plus simplement son histoire mais « en fait l'histoire », glisse d'un sens à l'autre
d'un mot « histoire » qui dit aussi bien l'action réelle que le récit
de l'action [101] et aperçoit son histoire en histoire ; ce qu'elle appelle
« parler en héroïne de roman ». C'est en dernier lieu un récit fait...
à Marianne elle-même : fait pour lui renvoyer l'image d'un de ses
récits, c'est après le récit de Marianne à Varthon celui de Varthon à
Marianne qui lui oppose une toute autre image de son histoire.

Quelqu'idée que veuille illustrer Marivaux [102], elle s'orchestre
de façon étonnante. Avec ce récit qui se met à se renvoyer son image, le thème, parvenu au cœur de l'œuvre du jeu de variation, se
renouvelle et s'enrichit, sans qu'il lui soit rien ajouté, sans qu'il
soit touché à ce jeu d'éléments donnés une fois pour toutes et qui
se veut jusqu'à la fin sans surprises, ayant pour seul maître le récit
et non l'histoire. Infinie fécondité de cette variation de récit qui
n'en finit pas de se perpétuer en elle-même... L'apothéose sera at-

100. *V. M.* p. 265.
101. Jean-Pierre Faye, *Théorie du Récit,* Hermann, 1972, p. 24.
102. Troisième partie.

teinte, lorsqu'on entrera dans la démultiplication pure et simple d'une reprise « en abyme » lors du récit final de la Religieuse qui réfléchit celui de Marianne comme il se réfléchit dans celui d'une amie de Tervire.

C'est une image de tous les récits que Marianne a pu faire « à tous ceux que le hasard lui a fait connaître » que le premier de ces récits-miroir prétend refléter. Enlevée et placée dans un couvent sur ordre de la famille de Valville, Marianne se défend près de l'abbesse d'être une aventurière ayant su tourner avantageusement son histoire près de son amant et de Mme de Miran :

> « Eh ! madame, madame [...] lui dis-je de ce ton naïf et hardi qu'on a quelques fois dans une grande douleur. [...] je lui ai représenté toutes les misères de ma vie, de la manière la plus forte et la plus capable de les rebuter ; je leur en ai fait le portrait le plus dégoûtant [...].

Le récit prend ici place, et celui-ci terminé

> « Que veut-on de plus ? [...] j'en ai peut-être dit plus qu'il n'y en a, de peur qu'on ne s'y trompât ; [...] je défierais qu'on imaginât une personne plus chétive que je me la suis rendue » [103].

Quelqu'appliqué que puisse être le récit à restituer les tournures de récits passés, c'est du ton dont il le fait qu'est entrain de se faire entendre l'histoire, c'est de ce ton-là, « naïf et hardi qu'on a quelquefois dans une grande douleur » qu'elle emprunte sa manière, et une tournure une fois de plus nouvelle. C'est ainsi qu'en une seule phrase emportée par un souffle « hardi » vont passer tous les événements de cette histoire, appelés chacun par un des substantifs de la « misère », sept substantifs, comme les sept notes de cette gamme humiliante que descend ici Marianne, celle où elle affirme avoir dit chaque fois son existence :

> « (j'y ai tout mis, madame,) et l'infortune où je suis tombée dès le berceau [...], et la compassion que des inconnus ont eux de moi [...] ; la charité avec laquelle ils me prirent chez eux [...], et puis la pauvreté où je suis restée après leur mort ; l'abandon où je me suis vue, les secours que j'ai reçus, [..], ou bien, si l'on veut, les aumônes [...] ; car c'est ainsi que je me suis expliquée [...] pour mieux peindre mon indigence » [104].

103. *V. M*, p. 298-299.
104. *V. M.* p. 298.

« C'est ainsi » ,mais ce n'était pas en une seule phrase, et cela
suffit à forcer un peu la vérité : ainsi concentrées et ramassées, les
présentations passées voient leur caractère humiliant spontanément
renforcé, l'humilité de Marianne s'en trouve accentuée, elle mérite
de moins en moins de reproche et de plus en plus de pitié, car dans
le même temps, et par la même raison se sont rapprochés les accidents fauteurs d'humiliation ; et c'est toujours le même coup de
malheur qui vient marteler chaque fin de séquence : mort, néant,
désert, solitude...

> « l'infortune [...] au moyen de laquelle je n'appartiens à personne,
> et la compassion que des inconnus ont eue de moi dans une route
> où mon père et ma mère étaient étendus morts ; la charité avec
> laquelle ils me prirent chez eux, [...] et puis la pauvreté où je suis
> restée après leur mort ; [...] les secours que j'ai reçus d'un honnête
> homme qui vient de mourir... » [104].

« Je n'appartiens à personne » se substitue à « je n'appartins
plus qu'à la charité de tout le monde » du premier récit [105], et la formule de l'élan « naïf et hardi » dépasse la seconde, même lorsque
l'effort le plus résolu du récit à Valville la porte au superlatif pour
faire de Marianne la dernière des indigents. « N'appartenir plus
qu'à la charité de tout le monde » fait d'elle l'enfant trouvé, « n'appartenir à personne » l'enfant perdu, perdu socialement, perdu pour
une société à qui on peut bien l'enlever sans qu'une voix s'élève pour
la réclamer.

Cette voix s'élèvera pourtant, qui, si elle perpétue le jeu naturel
des récits entre eux, traitera d'autant mieux Marianne que l'on
vient de l'entendre conclure :

> « il n'y a peut-être personne qui eût la cruauté de me traiter aussi
> mal que je l'ai fait moi-même [...] je défierais qu'on ignorât une
> personne plus chétive que je me la suis rendue [...] On ne saurait me
> mettre plus bas » [106].

et le nouveau récit, le neuvième, conclut :

> « vous voyez bien que tous les préjugés sont pour elle ; que voilà
> de reste de quoi justifier le titre de mademoiselle que je lui
> donne » [107].

Par les bons soins de Mme de Miran venue réclamer Marianne
devant le conseil de famille, et réclamer pour elle autant d'égards

105. *V.M.* p. 13.
106. *V.M.* p. 298-299.
107. *V. M.* p. 328.

qu'elle s'en est refusés, va être ainsi totalement retournée la petite plaidoirie de Marianne. En même temps, se fait plus pressante, plus brûlante la question permanente de la vérité, avec ce retour du récit sur le mode de la plaidoirie. Par nature ici, le récit se fait le lieu exprès et dramatique de cette question qu'il pose au superlatif : plaidoirie, il se trouve le récit le plus résolument partisan, et le plus tenu à l'objectivité, ayant à convaincre de sa véracité ; plaidoirie dans un véritable contexte de procès, devant un conseil de famille où « les puissances » même « se mêlèrent » pour juger l'histoire de Marianne, il reçoit ici toute l'amplification dramatique imaginable.

L'opération exemplaire à laquelle va se livrer pareil récit est celle-ci : donner à l'abjectivité tout ce qu'elle peut attendre, mais d'une telle manière que tout soit repris, si ce n'est détourné même au profit de l'orientation partisane, cela par la seule vertu d'une tournure.

En une longue phrase de style indirect, se présente ainsi un récit au-dessus de tout soupçon : pur inventaire de faits relatés comme on instruit un procès et tels qu'en eux-mêmes la partie ad-verse les connaît, ayant fait le détour prudent du « vous savez que... ».

> « Car enfin, madame, puisque vous êtes instruite de ce qui lui est arrivé, vous savez donc qu'on a des indices [...]. Vous savez que [...], que [...], que [...] ; et que tout ce que je vous dis là est certifié par [...] » [108].

A n'écouter que le ton, que la musique des phrases, comment ne pas se croire là en présence de faits solides et irréfutables ? Or que sont ces « indices » qu'on retient ? des indices « presque cer-tains que... » : des présomptions de présomption ; que « sait »-on ? des demi-certitudes ; « certifiées » par quoi ? des on-dit. Seulement on ne le sent pas ainsi, ou pas autant, et cela par la vertu même de ces formules qui, chargées d'être le carcan de tout esprit partisan, semblent parler de preuves quand elles ne peuvent enfermer que le vide d'un insolvable mystère.

> « Car enfin [...] vous savez donc qu'on a des indices presque certains que son père et sa mère [...] étaient des étrangers de la première distinction ; ce fut là l'opinion qu'on eut d'eux dans le temps. Vous savez que [...] mademoiselle, dont la parure marquait une enfant de condition, ressemblait à la dame assassinée ; qu'on ne douta point qu'elle ne fût sa fille ; et que tout ce que je dis là est certifié par une personne vertueuse [...] qui a confié les mêmes circonstances en

---

108. *V. M.* p. 328.

mourant à un saint religieux nommé le père Saint-Vincent, que je
connais, et qui de son côté le dira à tout le monde » [108].

Aux faits, rien à reprendre : tout se joue hors des faits, dans
l'attaque ; sur leur mystère objectif elle pèse et infléchit le doute
vers la présomption, la présomption vers la certitude, simplement
parce qu'elle introduit l'un avec les termes de l'autre. Attaquer :
« on a des indices... » engage déjà trop avant l'esprit dans l'ordre
des certitudes pour qu'il soit aussi sensible à la retouche, qui change en fait tout le mot (« presque certain »), que si l'idée s'en fût
d'abord clairement exprimée : dire « on a presque des indices »
serait à la limite dire qu'on n'en a pas, un indice est « certain » ou il
n'est pas, un indice presque certain, ce n'est plus à la lettre qu'une
présomption de présomption... On peut d'ailleurs parler le langage
du mystère : « on ne douta point que... » : nié en l'occurrence, le
doute a été évoqué, l'expression, semble-t-il, renvoie à l'obscurité
fondamentale de l'histoire, elle est honnête et sacrifie à l'objectivité... ? qu'importe en fait le mot et son obligation d'objectivité... ?
puisque le mot de l'incertitude peut toujours virer en mot de certitude dès lors qu'existe ce qui s'appelle litote, et qu'entraînée dans
un pareil contexte d'affirmations positives, l'expression y tourne
spontanément, et change ses traces de doute contre la plus pure
et superlative affirmation. Dès lors, arrive là-dessus en porte-à-faux
le « tout ce que je dis là est certifié par... » qui voit porter sur ces
affirmations abusives toutes ses garanties d'authenticité : appelées
pour confirmer l'histoire — exacte — de Marianne, c'est au récit
dans sa tournure qu'elles portent confirmation. Distinction parfaitement noyée sous la formule globale et indéfinie : « tout ce que je dis
là », tandis que sous le « je » de Mme de Miran disparaît le « on »
bien imprécis d'après lequel elle parle, ce « on » qui « eut l'opinion »
que les étrangers assassinés étaient de première condition, ce « on »
qui « ne douta point » que Marianne ne fût leur fille, et sur qui
rejaillit insensiblement, par « je » interposé, toutes les garanties
de ceux qui n'ont fait qu'en transmettre tour à tour l'opinion.

Qu'on ne puisse rien certifier qu'un récit et par des récits !...,
c'est sur la naïve ignorance de ce cercle où tourne tout l'histoire
de Marianne, que Marivaux a voulu laisser s'achever le récit de Mme
de Miran. Peut-être n'est-ce pas hasard si c'est à Mme de Miran,
« femme d'un esprit ordinaire, de ces esprits [...] qui ont une raisonnable médiocrité de bon sens et de lumière » [109], qu'il donne
cette inconscience-là plutôt qu'à la jeune Marianne... ? Qu'en per-
çoit-elle, on ne sait : ses récits disent toujours le mystère de son

---

109. *V. M.* p. 219.

histoire ; lorsqu'elle veut se mettre « à son avantage », elle en joue au contraire : elle s'en remet à ses romanesques prestiges, loin de le forcer ou déformer vers aucune certitude. Pareil récit va dès lors sans torsion entre les faits et leurs tournures... l'accord peut s'en trouver si parfait parfois que l'on voit alors le texte se laisser porter par sa tournure, au point même de dire ou taire en dehors de toute intention d'expression.

Tel est le récit suivant de Marianne à Varthon dont les variations n'obéissent plus directement à des motivations psychologiques qui sont plutôt comme un « hasard qui a donné le ton » ; Marianne se met au diapason, les paroles viennent d'elles-mêmes ,et bientôt c'est le récit qui mène le jeu [112], jouant pour lui-même, selon lui-même, menant le causeur, sans qu'il y pense à suivre sa propre finalité. Mais avant d'être en état de prendre, en quelque sorte, ainsi la parole, voici comment ce récit dans la bouche de Marianne prend tournure.

> « Elle me confiait son affliction, raconte Marianne dans la présentation de son récit, et dans l'attendrissement où nous étions toutes deux [...], comme elle m'entretenait des malheurs de sa famille, je lui racontai aussi les miens, et les lui racontai à mon avantage, non par aucune vanité, prenez garde, mais, [...] par un pur effet de la disposition d'esprit où je me trouvais. Mon récit devint intéressant ; je le fis de la meilleure foi du monde [...] je parlai [...] en héroïne de roman, qui ne disait pourtant rien que de vrai, mais qui ornait la vérité de tout ce qui pouvait [...] me rendre [...] une infortunée respectable ».
> « tout vint à sa place »
> « je ne mentis en rien, je n'en étais pas capable ; mais je peignis dans le grand » [110].

Propos qui font aussitôt songer à cet autre récit où Marianne ne faisait pas moins forte figure d' « infortunée », mais infortunée « misérable » qui peignait là dans le chétif, et où « tout » également avait pris place :

> « je lui ai représenté toutes les misères de ma vie [...] je leur en est fait le portrait le plus dégoûtant [...] je défierais qu'on imaginât personne plus chétive [...] ni fille si infortunée [...]. On ne saurait me mettre plus bas » [111].

Exactement renversé, revient le récit de Marianne à l'abbesse ; celui de Mme de Miran l'avait repris déjà, mais comme à rebours,

---

110. *V. M.* p. 355-356.
111. *V. M.* p. 298-299.
112. Cf. Présentation du récit p. 76 et 100.

pour le ramener à la conclusion diamétralement opposée de naissance fortunée ; ici, le récit reprend dans les registres du dessus
cela même que l'autre soutenait dans les registres du dessous : c'est
la même version de l'infortune qui revient (et pas une misère ne
manque), le registre seul a changé. Que cela puisse aussi tout changer, c'est ce que le récit donne à sentir.

Sous le ciel romanesque, l'infortune est signe d'élection : le
héros des *Nouvelles Folies Romanesques* en développait l'idée pour
consoler Cidalise, autre « infortunée respectable ». Il faut d'obscurs
cheminements, disait-il, à ceux que

> « le ciel [...] a choisi pour donner aux mortels l'exemple d'un sort
> grand et mystérieux » [113],

et tous ses malheurs se retournent alors en augures d'illustre naissance. Sans aller jusque là, Marianne sent pour le moins, à son récit,
les siens « changer de face » [114] : romanesquement conté, un épisode
humiliant n'est plus qu'une « noble violence », digne épreuve de
toute vie aventurière, exemplaire infortune par où le ciel romanesque distingue encore ceux qu'il accable, « infortunés respectables »,
« déplorables victimes du sort » [115]. Marivaux n'avait pas noté autre
chose dans cette scène qui est une véritable préfiguration de celle de
La Vie de Marianne, et où Pharsamon trouve dans les vertus d'un
ton « noble [et] tragique » [115] à métamorphoser romanesquement
ses aventures :

> « Pharsamon raconta toutes ses aventures, mais d'une manière
> tournée, et toujours ajustée à ses idées [...]. L'histoire de Pharsamon
> était récitée dans un style assorti à la situation [...] : il parlait
> lentement, et en déclamateur il levait les yeux au ciel à tous les mots
> qui le méritaient ». « il parla de son combat [...] et de sa sortie
> triomphante. A la vérité, la broche qui avait été l'instrument de sa
> victoire, ne fut point nommée et j'ose assurer de plus, que Pharsamon
> oublia de bonne foi dans cet instant qu'il s'était servi d'une arme si
> ignominieuse » [116].
> « il masquera de certains endroits que j'ai dit moi tels qu'ils
> sont » [117].

De même, il suffit à Marianne d'innocemment transposer dans
un registre noble et touchant tous les termes du récit de l'abbesse.
« La compassion » qu'on eut pour elle devient « tant de dignité dans

---

113. *Ph.* p. 538.
114. *Ph.* p. 508.
115. *V. M.* p. 356.
116. *Ph.* p. 536-537.
117. *Ph.* p. 508.

les sentiments » ; « la charité », « vertu si aimable » ; la « pauvreté »
et « l'abandon » où elle resta ensuite, présentés non par leur face
objective mais sensible, deviennent « une situation à fendre le
cœur » ; plutôt que « les secours » que lui apporta M. de Climal, elle
évoque la reconnaissance qu'elle éprouve, « non par aucune vanité,
prenez garde, mais par un pur effet » d'une disposition romanesque
qui ne regarde rien que du côté du cœur, non du côté des choses ; de
là aussi cette prise de distance dans la généralité qui lui fait dire
« une dame », « le jeune homme » plutôt que Mme de Miran ou Valville. Cela vient si naturellement dans le cours du récit qu'elle n'y songe pas, dit-elle, et elle n'y songe pas parce que cela vient sans autre
raison que ce courant même du récit.

A cette pression du récit, qui tend à passer inaperçue, pour la
première fois mise en évidence par « les variations du récit », Marivaux donne tout le retentissement nécessaire par d'étonnantes retombées dramatiques : pour deux noms non exprimés suivra la ri-
valité de Varthon et tout l'épisode de l'infidélité de Valville. Ainsi
s'exprime expressément Marianne :

> « Tout vint à sa place, aussi bien que Mme de Miran, à qui, dans
> cet endroit de mon récit, je ne songeai point non plus à donner
> d'autre nom que celui d'une dame que j'avais rencontrée, sauf à la
> nommer après, quand je serais hors de ce ton romanesque que
> j'avais pris. Je n'avais omis ni ma chute au sortir de l'église, ni le
> jeune homme aimable et distingué par sa naissance chez lequel on
> m'avait portée. Et peut-être, dans le reste de mon histoire, lui aurais-
> je appris que ce jeune homme était celui qui l'avait secourue ; que la
> dame qu'elle venait de voir était sa mère, et que je devais bientôt
> épouser son fils » [118].

La meilleure manière de rendre sensible ce travail du récit est
encore de refaire le récit de ses omissions et de ses effleurements :
cette réplique en creux du récit constitue précisément le récit suivant et c'est Varthon qui vient en offrir l'image à Marianne :

> « vous m'avez conté votre histoire, lui dit-elle ; mais il y a
> bien de petits articles que vous ne m'avez dits qu'en passant, et qui
> sont extrêmement importants » [119].

Car « ces petits articles changent tout » [120], bien sùr

> « [ils] vous rabaissent [...], sont humiliants »,

118. *V. M.* p. 356-357.
119. *V. M.* p. 391.
120. J.-P. Faye, *Le Récit Hunique*, p. 255.

conclut Varthon, dont le cœur est intéressé à ce remodelage, ce dé-
coupage de la vie de Marianne qui fait de Valville, pour elle infidèle,
moins un volage qu'un homme sensible aux préjugés. Encore cet
accent déplacé ne tombe-t-il pas au hasard de l' « article » humiliant, mais bien sur le mot humiliant : « en boutique », « du secours », « par charité », « qui vous reconnut », « ce petit commis » :

> « votre histoire a éclaté ; ces petits articles ont été sus de tout le
> monde [...]. Cette marchande de linge chez qui vous avez été en
> boutique ; ce bon religieux qui a été vous chercher du secours chez
> un parent de Valville ; ce couvent où avez été vous présenter pour
> être reçue par charité ; cette aventure de la marchande qui
> vous reconnut chez une dame appelée Mme de Fare ; [...] ; ce petit
> commis qu'on vous destinait à la place de Valville, et cent autres
> choses... » [119].

Encore n'est-ce là qu'une forme déjà changée, dans le dessein
de ménager Marianne, de toute la prolifération de versions mal-
veillantes qui courent dans le monde sur son histoire.

> « Ce sont des avanies sans fin ; je ne vous en répète pas la moitié.
> Quoi ! une fille qui n'a rien ! dit-on ; quoi ! une fille qui ne sait qui
> elle est ! » [119],

car le récit consent bientôt à laisser là le résumé, sobre, succint,
au style indirect, qui épargne à Marianne les propos et leur ton,
pour céder au désir de justifier Valville en restituant un peu ces
propos eux-mêmes. Seulement en fait de restitution la phrase de
Varthon est plutôt une reconstitution, qui redit en substance
« railleries », traits d'esprit, divertissements de salon, tout ce que
devient une histoire qui a perdu sa forme, qui a « éclaté » selon
le mot de Varthon. Elle ne rapporte pas plus que dans le premier
temps les mots et propos réels, mais elle en restitue l'esprit ; or la
seule différence est qu'elle les résume au style direct, l'autre indirect. De là à penser que Marivaux fait sentir que l'esprit est moins
dans les propos et les mots que dans la manière de les agencer,
c'est ce que l'on éprouve plus encore, lorsqu'on entend l'idée même
et les mots mêmes de la petite phrase de Varthon (« Quoi ! une fille
qui n'a rien ! dit-on ; quoi ! une fille qui ne sait qui elle est ! » [121])
revenir constituer, dans un esprit tout différent, la petite phrase leit-
motiv du prochain récit de Marianne, qui est aussi le dernier récit de
Marianne.

121. *V.M.* p. 391.

« Je n'ai rien, j'ignore à qui je dois le jour » [122].

Trois fois en effet va revenir cette petite phrase, trois fois variée si simple soit-elle, comme pour montrer dans un jeu de plus en plus serré, qu'avec la même idée, les mêmes mots on peut encore tout dire, qu'on ne peut arrêter une couleur définitive ni atteindre jamais au thème pur de l'œuvre, même avec la formule la mieux décantée, et la plus « simple et naturelle »... [123] !

C'est en effet l'ultime récit [124] de la vie de Marianne proprement dit, appelé par la demande en mariage de l'officier, et pour quelques phrases seulement. Car si Marianne s'étonnait

> « Ce qui me surprit le plus dans sa proposition, ce fut cette rapidité avec laquelle il la fit » [123],

c'est par là aussi que son récit retient :

> « Je n'ai rien, j'ignore à qui je dois le jour, je ne subsiste depuis le berceau que par des secours étrangers ; j'ai vu plusieurs fois l'instant où j'allais devenir l'objet de la charité publique ; et tout cela a rebuté M. de Valville, malgré l'inclinaison qu'il avait pour moi. Monsieur, prenez-y garde » [125].

Elle « conforme son procédé » à celui de l'officier, sans doute, seulement lorsqu'elle veut rappeler quelques phrases plus loin qui elle est, elle ne dresse plus d'elle-même qu'une sorte de personnage social ; tout à l'heure l'histoire semblait presque s'élider en curriculum vitæ : « je n'ai rien, j'ignore à qui je dois le jour », ici le moi s'absente plus encore derrière sa figure sociale : à la troisième personne Marianne se présente ainsi : « une personne qui n'est rien, et qui n'a rien » [126]. Il suffit maintenant d'abstraire la formule : dire « naissance inconnue » et « peu de fortune », d'isoler de sa personne ces deux qualités pour les considérer hors m'elle-même, et l'on a plus encore le sentiment d'un éloignement, d'une fuite d'une Marianne qu'on n'a jamais sentie si à distance, si désengagée à l'égard de son histoire :

> « nous ne serons pas plutôt mariés, qu'il y aura des gens qui le trouveront mauvais, qui feront des railleries sur ma naissance

122. *V. M.* p. 422.
123. *V. M.* p. 421.
124. Cf. note page 72.
125. *V. M.* p. 422.
126. *V. M.* p. 423.

inconnue, et sur mon peu de fortune [...]. C'est à quoi il est nécessaire que vous songiez mûrement » [127].

Seulement ce retrait du moi profond nous jette du même coup
vers cet ailleurs où il nous échappe..., et l'on sait bientôt que Marianne vit avec

> « une certaine pensée, dit-elle, qui m'était venue depuis deux ou
> trois jours, et qui m'occupait » [128] :

celle de se retirer d'un monde dont elle est lasse. De la même façon,
ce vide qui se crée dans le récit, crée aussi un appel, ce repli du récit
crée les conditions d'un puissant retour : or ce rêve de retraite où
se perd Marianne va recevoir pour réponse le récit de la Religieuse :

> « Quoi ! vous faire religieuse ! s'écria-t-elle [...].
> Une autre que moi, reprit-elle, applaudirait tout d'un coup à votre
> idée, mais [...] je suis d'avis, avant que de vous répondre, de vous
> faire un petit récit des accidents de ma vie ; vous en serez plus
> éclairée sur votre situation ; et si vous persistez à vouloir être reli-
> gieuse, du moins saurez-vous mieux la valeur de l'engagement que
> vous prendrez. Après ces mots, voici comme elle commença, ou
> plutôt voici ce qu'elle nous dira dans l'autre partie » [129].

Ou plutôt encore tout au long des trois dernières parties du
roman. Aussi cet ultime récit, apparu d'abord bien rétréci, bien humble, se découvre admirable en cela même, puisque c'est pour mieux
faire repartir le roman, le lancer plus ardemment dans la longue
carrière du récit suivant. Marivaux ne pouvait engager plus adroite-
ment le récit de la Religieuse ainsi que la relève des voix. Il est aussi
d'heureux effet pour un « sujet » de s'achever sur des entrées de
plus en plus rapprochées et abrégées, comme disparaît ici, dans
cette manière de canon final, le « récit » de Marianne. Au point
de se demander pourquoi il reviendra même et autre à la fois, pourquoi Marivaux tiendra à « ramener encore et remanier le modèle
premier » [130], pour quel accomplissement du roman il fera de cette
histoire de Tervire l'ultime variation de *La Vie de Marianne.*

Sur une discrète et sobre humilité s'achevait le dernier récit
de Marianne ; il finissait sur l'aspect négatif de son histoire, sans
insister, comme le premier récit en avait souligné l'aspect positif,
sans en avoir l'air. Quatre récits (8, 9, 10, 11) venaient de s'inverser

---

127. *V. M.* p. 424.
128. *V. M.* p. 425.
129. *V. M.* pp. 425-426.
130. J.-P. Faye, *Le Récit Hunique,* p. 257.

comme l'avaient fait, de l'autre côté du noyau central (6, 7), quatre précédents récits (2, 3, 4, 5). Leurs deux récits négatifs (3 et 5) étaient venus s'amplifier dans un nouveau récit (8), auquel ils offraient encore l'occasion de s'engager comme une riposte : mis en cause dans leur humilité, le récit à l'abbesse défiait qu'on imaginât versions plus négatives, mais à les condenser il les renforçait et il était le premier à relever le défi. Un ultime récit (11) allait le faire mieux encore, et d'autant mieux qu'entre temps deux récits (9, 10) avaient, chacun à leur manière, effacé le « rebutant portrait » de Marianne par elle-même. Ce fut le récit de Varthon. « J'avais enduré le récit de mes misères », devait dire Marianne, et cette manière absolue de le nommer, après les récits de sa misère affective à Mme de Miran (3), de sa misère sociale à Valville (5), suffit à dire son pouvoir de la « rabaisser », selon le mot de sa rivale. Marianne lui avait bien fait un récit de ses misères (10), mais elles avaient eu l'air, par les vertus d'un beau style, dignes de figurer dans un roman et Marianne s'en était trouvée parée de la dignité d' « héroïne ». Sans romanesque aucun, mais très objectivement, Mme de Miran avait même cru, juste avant (9), devoir exiger pour Marianne « le titre de mademoiselle ».

Que tous ces prestiges s'envolent avec le récit de Varthon, cela n'engage en rien la couleur finale du récit de Marianne : il ne veut pas avoir de couleur définitive, et l'on avait bien dans un premier temps défait d'aussi prestigieuses tournures. C'était au titre de « divinité », disait Marianne âgée (2), qu'eût pu prétendre la femme douée d'un histoire si bien « faite comme un roman » ! Aux yeux de son amant du moins ! Il suffisait d'ailleurs que dans un récit (4) Marianne se présentât à Valville comme « peut-être son égale », pour qu'il n'hésitât pas à la présenter à son tour comme « née plus que lui » : c'était à Mlle de Fare (7), pour effacer l'image prosaïque de Marianne laissée par Mme Dutour (6). C'était aussi l'instant où les récits allaient se mettre à réfléchir sur eux-mêmes, à se réfléchir, tout comme va maintenant se refléter dans le récit de la Religieuse le récit de Marianne tout entier. Il nous reste à découvrir pour quelle variation.

On conçoit l'étonnement, le silence et l'incompréhension qui accueillaient ces trois dernières parties, quand on ne les apercevait pas même, sous le signe de la reprise contrastée, de la variation de récit, comme inhérentes à la structure du roman.

> « Ah ! mon Dieu, disait d'Alembert dès la première heure, si vous avez de quoi faire deux romans, faites-en deux, et ne les mêlez pas pour les gâter l'un de l'autre » [131].

---

131. *V. M.* Introduction de Fr. Deloffre, p. XLVIII.

Avant Jean-Pierre Faye, Henri Coulet, Michel Gilot..., elles étaient l'appendice bizarre, la greffe parasite, la « prolifération sans intérêt »[132], d'un roman qui avait sans doute échappé à son auteur, la dernière tentative d'un Marivaux lassé par l'histoire de Marianne mal accueillie par la critique, avant de l'abandonner aussi en plein cours, « terrassé par l'ennui » ! L'idée n'en est pas tout à fait morte aujourd'hui : une certaine manière qu'a Marivaux de tenir compte de « l'humeur de ses lecteurs » sert encore parfois à expliquer

> « le fréquent retour du récit sur ses pas, de même que l'interruption de tel ou tel récit pour en aborder un autre sans trop savoir où il arrivera »[133].

Le plus souvent, de l'ancien accueil fait à l'histoire de la Religieuse, il ne reste que le ton : on l'aborde comme d'Alembert par un « Ah ! mon Dieu ! », l'incompréhension en moins : on sent un jeu des « deux romans » ; on la salue, mais comme Gide saluait Hugo :

> « Quand l'infortunée Tervire relaie [Marianne] et qu'un *En famille* succède hélas ! au *Sans Famille*, le roman... »[134].

Sans doute l'histoire de Tervire n'est-elle pas le plus bel endroit du roman, prise en elle-même ou même comme variante, mais c'est avec l'esprit dans lequel elle est utilisée qu'au-delà de ce « hélas », il faut aller renouer et la saisir ; Marivaux se révèle en avoir trop médité l'insertion dans le roman, pour que, lorsqu'il la donne, elle n'accomplisse pas quelque rôle essentiel à l'esthétique générale du roman.

Promise depuis le début du roman, de partie en partie remise, histoire dont toujours on parle et qui ne vient jamais, c'est avec l'histoire de la Religieuse l'entrée pour le moins réfléchie et travaillée dans le roman d'un élément de la première heure, partie prenante du dessin fondamental de l'œuvre. Fin de la première partie, Marianne se rend à l'église, où, raconte la seconde partie, elle rencontre un jeune noble, dont la troisième partie lui donne la mère pour protectrice : tout est prêt pour l'ascension sociale (comme pour son impossibilité), tout est mis en place pour le roman, c'est le nœud originel, dessiné en neuf années quand de là six ans suffisent à dérouler les neuf autres g, or dès cet instant on lit :

> « J'aurai bien des choses à vous dire de mon couvent ; j'y connus bien des personnes ; j'y fus aimée de quelques-unes, et dédaignée de

132. Cl. Roy *Lire Marivaux*, p. 88.
133. *Cahiers de l'Association Internationale des Etudes Françaises*, mai 1973, n° 25, p. 222.
134. Encyclopédie de la Pléiade *Histoire des Littératures* III, p. 693. Fabre.

quelques autres ; et je vous promets l'histoire du séjour que j'y fis : vous l'aurez dans la quatrième partie » [135].

La quatrième partie, c'est en fait la grande scène du sacrifice de Marianne dans l'affrontement, préparé, de l'amour et de la re-connaissance, et sa conséquence directe : l'entrée dans le monde, cela pris entre deux protraits de femme, celui de sa bienfaitrice qui lui ouvre les portes du monde, et celui de la femme du monde qui l'y accueille ; aussi la quatrième partie s'achève sur ces mots :

> « J'avais promis dans ma troisième partie de vous conter quelque chose de mon couvent ; je n'ai pu le faire ici, et c'est encore partie remise. Je vous annonce même l'histoire d'une religieuse qui fera presque tout le sujet de mon cinquième livre » [136].

Ce qui n'a pas lieu bien sûr : on finit le portrait de Mme Dorsin, on commence les petites scènes de la vie de couvent, autour toute-fois de cette situation : « mon histoire courait tout le couvent » [137], or ici brusquement Marivaux intervient :

> « Je vous ai promis celle d'une religieuse, mais ce n'est pas encore ici sa place, et ce que je vais raconter l'amènera. Cette religieuse, vous la devinez sans doute ; vous venez de la voir venger mon injure, et à la manière dont elle a parlé, vous avez dû sentir qu'elle n'avait point les petitesses ordinaires aux esprits de couvent. Vous saurez bientôt qui elle était. Continuons » [138].

Prend place l'indiscrétion de la marchande lingère qui fait « cou-rir » dans tout le public l'histoire de Marianne, « éclater » dans le monde le scandale du mariage qui s'apprête. Peut-on vraiment croire que l'idée de ce nouvel épisode soit venue de justesse traverser le projet d'histoire de religieuse : où seraient « Les Aventures de Mme la Comtesse de... », si l'ascension de Marianne devait se terminer sur la bénédiction de Mme de Miran, sans être de nouvelles fois contrariée ? Marivaux ne veut-il dès lors que préparer son futur récit ? Ou rêve-t-il d'entrelacer les deux histoires ? Cette cinquième partie s'achève :

> « le mal était fait, elle avait déjà parlé ; et c'est ce que vous verrez dans la sixième partie, avec tous les événements que son indiscrétion causa ; les puissances même s'en mêlèrent. Je n'ai pas oublié, au reste, que je vous ai annoncé l'histoire d'une religieuse, et voici sa place ; c'est par où commencera la sixième partie [139].

---

135. *V. M.* p. 159-160.
136. *V. M.* p. 216.
137. *V. M.* p. 232.
138. *V. M.* p. 237.
139. *V. M.* p. 268.

En fait elle reprend exactement la scène là ou la cinquième
partie l'avait laissée et en développe les conséquences : l'intervention des puissances, l'enlèvemsent, la séquestration, le conseil de
famille au beau milieu duquel surgissent Valville et sa mère, et la
partie finit sur ce suspense :

> « Quoi ! ma fille, tu es ici ? s'écria Mme de Miran. Ah ! ma mère,
> c'est elle-même ! s'écria de son côté Valville.
> Je vous dirai le reste dans la septième partie, qui, à deux pages près,
> débutera, je le promets, par l'histoire de la religieuse, que je ne
> croyais pas encore si loin quand j'ai commencé cette sixième partie-
> ci » [140].

La scène du plaidoyer s'achève avec succès, seulement revient
exactement le même enchaînement qui évinçait le récit de la religieuse lors de la grande scène du sacrifice : le consentement de Mme
de Miran se trouvait, à peine acquis, réduit à néant par la divulga-
tion du secret, celui « des puissances », de la société, va l'être par
un nouvel obstacle : l'infidélité de Valville ; et comme la partie ne
suffit pas,

> « Remettons la suite de cet événement à la huitième partie, madame ;
> je vous en ôterais l'intérêt, si j'allais plus loin sans achever. Mais
> l'histoire de cette religieuse que vous m'avez tant de fois promise,
> quand viendra-t-elle ? me dites-vous. Oh ! pour cette fois-ci, voilà sa
> place ; je ne pourrai plus m'y tromper ; c'est ici que Marianne va
> lui confier son affliction ; et c'est qu'à son tour elle essayera de lui
> donner quelques motifs de consolation, en lui racontant ses
> aventures » [141].

En fait, c'est ici seulement qu'on annoncera pour la dernière fois
l'histoire de la religieuse, car une fois encore en cours de partie
on croit toucher à l'instant de son insertion ; c'est le moment de
crise précédemment évoqué : Marianne prostrée par l'infidélité de
Valville reçoit consolation de son amie la religieuse qui va jusqu'à
dire :

> « je connais votre situation, je l'ai éprouvée, je m'y suis vue, et je
> fus d'abord aussi affligée que vous... » [142].

Pareil instant n'est pas encore celui du récit, qui n'arrive qu'au
moment où Marianne appelle la religieuse pour lui faire part d'un
projet...

---

140. *V. M.* p. 318.
141. *V. M.* p. 371.
142. *V. M.* p. 381.

« Quoi ! vous faire religieuse ! s'écria-t-elle. Oui, lui répondis-je, ma vie est sujette à trop d'événements » [143].

Ce n'est plus dès lors sur la seule infidélité mais sur toute « la vie de Marianne » que le récit de la religieuse va porter consolation et reflet :

« je suis d'avis, avant que de vous répondre, de vous faire un petit récit des accidents de ma vie » [143].

Au moment précis où Marianne se détourne du monde pour entrer en religion, une religieuse retourne les yeux du côté de sa vie passée, pour en tendre le miroir à Marianne ! un récit porte du monde au couvent, du couvent revient au monde un récit qui le relaie et le reflète, nous sommes sur la ligne même où devant le roman un miroir se pose qui en chavire l'image. C'est toute l'esthétique de Marivaux, toute une esthétique du siècle des miroirs aux reflets retournés qui se satisfait ici ; deux formes en vis-à-vis qui s'élancent dans un balancement contraire, c'est un bougeoir de Meissonnier ; sur un lambris une forme féminine qui se détourne, sur l'autre qui se retourne, et s'envolent de ce tournoiement-là, ce sont les récits de Marianne et Tervire, dont les vies continueront de s'inverser par delà le récit : celle qui regardait du côté du couvent reviendra vers un monde dont l'autre s'est finalement détournée... Ce bonheur du reflet et des jeux de miroirs, que réalise cette réflexion du récit sur lui-même, se vérifie et s'accomplit dans la « mise en abyme » qui se creuse au cœur du récit de la religieuse. Une à une « ramenées et remaniées » par l'histoire de Tervire, les aventures de Marianne s'y trouvent un moment totalement reflétées : c'est l'instant où Tervire en vient à cette tentation du couvent qu'elle connut un temps dans sa jeunesse, et où tout se reproduit en plus bref. Comme Marianne, Tervire se confie à une amie religieuse, qui l'accueille presque par les mêmes mots :

« Comment ! [...] auriez-vous dessein d'être des nôtres ? [...] Vous voulez vous faire religieuse ? » [144] ;

puis vient le récit que celle-ci fait alors pour « servir à son instruction », comme Marianne le reçut de Tervire. Récit où reparaît... une amie religieuse ! et l' « abyme » semble partir à l'infini...

« C'est à votre âge que je suis entrée ici ; on m'y mena d'abord comme on vous y mène ; je m'y attachai comme vous à une religieuse dont je fis une amie... » [145].

143. *V. M.* p. 425.
144. *V.M.* p. 457.
145. *V. M.* p. 458.

Mais sur le récit qu'elle ne lui fit pas, l'abyme ici se brise :

> « Personne n'eut la charité de m'avertir de la méprise que je
> pouvais faire » [146] ;

et le roman revient au récit de Tervire :

> « Tout ce qui l'avait conduit à ce couvent ressemblait si fort à ce
> qui me donnait envie d'y être, dit Tervire, mes motifs venaient si
> exactement des mêmes causes, et je voyais si bien mon histoire dans
> la sienne [...] » [147].

et Tervire revient à l'histoire de Marianne :

> « J'entre dans ce détail à cause de vous, à qui il peut servir,
> Marianne, et afin que vous examiniez en vous-même si l'envie que
> vous avez d'embarrasser notre état ne vient pas [...] » [148].

Que Marianne, que Tervire se mettent à entendre leur propre histoire
dans l'histoire racontée, et elles son sauvées et avec elles le roman !

Rien ne peut inviter à détacher de l'histoire de Marianne une
histoire qui lui est aussi dramatiquement liée et à casser le roman
à l'endroit de ses trois dernières parties, pas même la dissemblance
de ces récits entre eux : leur « variation », ce ton qu'on dit dans
l'histoire de la religieuse « romanesque », « pathétique », « noir »,
d'une toute autre inspiration, où ne se reconnaît ni le roman ni
Marivaux. Que Marivaux fasse défiler avec les aventures de Tervire
tout le répertoire du romanesque noir, ,c'est pour couper les ailes
au romanesque et neutraliser le noir; il ne reste librement à l'œuvre qu'un romanesque si spécifique au roman qu'il est toujours
marqué au coin du jeu de variation ! Le récit s'est engagé dramatiquement sur un désir de tirer Marianne de son dégoût de la vie et
de lui montrer pour cela son histoire en plus tragique, sans tragique. C'est le ton original d'un récit qui se met constamment en situation de romanesque noir et n'en joue pas le jeu ; les trois dernières parties de *La Vie de Marianne* ne sont pas le premier roman
de Marivaux, mené selon le vrai romanesque noir : pathétique, sombre et sentimental à souhait :

> « vous y devez trouver des situations assez surprenantes, des
> malheurs qui passent l'imagination. Partout vous y voyez des
> amants que l'amour plonge dans un abîme de supplice ; les jalousies

---

146. *V. M.* p. 459.
147. *V. M.* p. 459.
148. *V. M.* p. 455.

éclatent, le sang coule de toutes parts ; ce n'est que désespoir, tout y est fureur, ou plaintes et gémissements, presque point de calme : la vie de ces infortunés n'est qu'un tissu d'horreurs » [149].

Noirs « effets » qu'en vérité le roman détourne et retourne en retombées de bonheur : que la phrase s'achève et le roman noir se révèle invitation à l'amour :

> « ... admirez ici, madame, dit-on à la belle insensible à qui sont adressés ces *Effets surprenants de la Sympathie,* quel bien prodigieux ce doit être que l'amour. »

Il y a dans cette manière de prendre le roman noir pour lui faire dessiner en négatif la figure d'un bonheur, pour donner la mesure de ce bonheur, un véritable détournement de sens qui manifeste déjà la nature profonde de celui qui a de bonne foi choisi ce genre traditionnel pour son premier essai romanesque. On ne trouvera jamais ensuite le tragique chez Marivaux autrement que dans un mouvement qui le dépasse : il est une faute selon sa morale qui est, selon ce mot que le siècle entend précisément comme envers, refus et dépassement d'une conscience tragique, de « gaîté », variante mondaine ou profane de la « sérénité » que pratique la religieuse ; et l'on ne voit pas pourquoi elle serait la seule créature de Marivaux à ne pas représenter cette morale quand elle doit précisément donner une leçon de vie à Marianne. Les formules de Marivaux sont décisives h ; c'est, dans la bouche de l'Indigent Philosophique, seigneur ruiné jusqu'à la gueuserie et qui ne trouve à son « dénuement », « l'amertume dépassée », « que des raisons de saine désinvolture » :

> « Je n'ai trouvé que la joie de raisonnable » [150].

Ce sont les répliques du comédien raté et de Trivelin, valet qui ne parvient pas à « parvenir », qui préfigurent celle de Figaro :

> « Le comte — Qui t'a donné une philosophie aussi gaie ?
> Figaro — L'habitude du malheur. Je me presse de rire de tout, de peur d'être obligé d'en pleurer » [151] i.
> « Je lui ai pourtant une obligation, dit Trivelin de la Fortune : c'est qu'elle m'a mis dans l'habitude de me passer d'elle. Je ne sens plus ses disgrâces [...]. Je ne suis pas heureux, mais je ne me soucie pas de l'être. Voilà ma façon de penser » [152].

---

149. *Les Effets,* p. 270.
150. *I. Ph.* p. 276.
151. *Le Barbier de Séville,* Acte I, scène 2.
152. *La Fausse Suivante,* Acte I, scène 1.

et le comédien :

> « si je n'avais pas du vin, j'en pleurerais [...]. Mais je ne suis pas si
> sot que de pleurer, quand j'ai de quoi boire » [153].

C'est aussi, symbolique, cette gaîté arrivant à travers des pleurs,
de la jeune dame des *Lettres contenant une Aventure* :

> « j'aime ; mon amant est absent [...] il est à l'armée ; le voilà bien en
> risque ; il pleurait en me quittant ; je pleurai de même, et les larmes
> m'en viennent encore aux yeux. Tout cela est à sa place. Mais,
> ajouta-t-elle, en riant, je veux dire en mariant une folie plaisante
> avec ses pleurs, je verse des larmes, et je n'en suis plus triste ; bien
> au contraire, ma chère, je ne pleure pas parce que je m'attendris ;
> mais mon attendrissement me fait plaisir, et les larmes qu'il amène
> sont en vérité des larmes que je répands avec goût. Je ne sais si tu
> comprends comment cela s'ajuste ; je suis tendre autant qu'on peut
> l'être. Je tremble pour mon amant sans inquiétude ; je le désire
> ardemment sans impatience ; je gémis même sans être affligée » [154].

C'est la leçon même de ces *Lettres*, que donne par le récit de sa
vie une jeune dame du monde à son amie qui par peine d'amour a
mis sa vie « en deuil », s'est cloîtrée dans la tristesse, véritable préfiguration de l'intervention de la religieuse :

> « s'ensevelir dans la douleur : voilà ce qu'on appelle [la vie] prise
> de travers » [155].

le tragique n'est bon que pour les romans ,et « qui meurt de douleur, après avoir appris l'irréparable infidélité de son amant », n'est
pas un « exemple »,

> « [on] ne voit passer par ces peines que ceux dont la nature a
> manqué le cœur ; je veux dire que c'est un vice dans son ouvrage,
> que cet excès de sensibilité qu'elle y laisse » [156].

Or le paragraphe d'ouverture du récit de la religieuse l'inscrit
exactement dans cette ligne. D'entrée de jeu la couleur est annoncée,
on met certes en avant le tragique, mais on dédramatise aussitôt :

> « Pour être le jouet des événements les plus terribles, commence-t-on,
> il n'est seulement question que d'être au monde » [157].

---

153. *I. Ph* p. 293-294.
154. *L. Av.* p. 78.
155. *L. Av.* p. 84.
156. *L. Av.* p. 77.
157. *V. M.* p. 430.

et tout le paragraphe va de ce pas, avance et ramène, accorde et reprend le tragique, qu'il neutralise sous les vertus de la relativité et d' « une langue bien faite » [158].

> « Vous croyez, ma chère Marianne, être née la personne du monde la plus malheureuse, et je voudrais bien vous ôter cette pensée [...] ; non pas que vos infortunes n'aient été très grandes assurément ; mais il y en a tant de sortes que vous ne connaissez pas, ma fille. Du moins une partie de ce qui vous est arrivé s'est-il passé dans votre enfance [...] et l'on peut dire que vous avez plus appris vos pertes que vous ne les avez senties. J'ignore à qui je dois le jour, dites-vous ; je n'ai point de parents, et les autres en ont. J'en conviens ; mais [...] tâchez de vous dire : les autres ont un avantage qui me manque, et ne vous dites point : j'ai une affliction de plus qu'eux. Songez d'ailleurs [...]. Et puis, quand vous auriez vos parents, que savez-vous si vous en seriez plus heureuse ? [...] Vous verrez que non dans le récit que je vous ferai de ma vie » [159]

Et elle commence avec les premières heures, sombres, de son enfance, au tragique d'emblée désamorcé : quest-ce qu'un malheur, a-t-elle dit, qui n'est pas senti ou même vécu. Le récit peut bien s'ouvrir dès lors par la présentation classique du roman noir :

> « Le sort lui avait préparé des malheurs même avant sa naissance » [160].

le ton manque et sans lui il ne reste plus qu'un pur élément d'information :

> « Mes malheurs se préparaient avant que je visse le jour « [161].

Du même ton, elle évoque son père mort, sa mère bientôt remariée, « l'enfant dont elle était chargée » négligée, pour parler d'elle-même, car la langue impersonnelle est de mise pour ces malheurs non sentis ; la tournure par l'article préféré au pronom personnel, qui implique trop affectivement, est une des simples règles de cette « langue bien faite » qui ne sait pas parler le dramatique.

Le parallèle se poursuit, après celui des malheurs de l'orpheline, ceux de la déclassée. Ils opposent en pire l'obscurité qui vient du hasard d'un nom ignoré à celle qui vient de l'hostilité d'une mère ; l'obscurité où l'on va librement se jeter pour fuir un sort trop dur à celle qui s'ouvre à tout moment comme un piège sous ses pas,

158. Première partie p. 59 (Condillac).
159. V. M. p. 429 430.
160. Crébillon, *Les Heureux Orphelins*, p. 9-10, 1754.
161. V. M. p. 433.

c'est-à-dire celle du couvent qui menace à chaque épisode d'absorber Marianne, à ces chausse-trapes de toutes sortes destinées à retirer Tervire du monde. Cela certes ramène dans le récit de Tervire le thème « noir » de l'enseveli vivant, de la claustration [162], mais il se manifeste ici tout autant comme un envers au thème du « parvenir » propre à Marivaux et comme une variante aggravée d'épisodes de la vie de Marianne. Là où l'on voyait Marianne à la mort de sa mère adoptive se démener pour quitter cette chambre d'auberge et s'en remettre aux ressources d'un religieux,

> « Considérez-moi, dit Tervire, dans cette chambre où l'on m'avait mise à l'écart » [163], « où l'on m'avait reléguée » [164],

enfermée dans une douleur « solitaire et muette », « pis » que les « chagrins violents où l'on s'agite, où l'on s'emporte ». De cette chambre on ne la tire « que le quatrième jour de la mort [de sa grand-mère] », pour la mettre, elle, fille de marquise, chez « un bonhomme de vigneron », comme Marianne était placée chez une marchande lingère :

> « vous sentez que [...] dans ce petit coin de campagne où j'étais enterrée, ma vie ne devait intéresser personne » [165].

Si ce n'est quelqu'âme mal intentionnée qui se met subitement en demeure de l'en tirer pour... l'enterrer vive dans un couvent : une fausse dévote, complice de la marquise, à qui

> « une fille de mon âge, et d'une aussi jolie figure qu'on disait que je l'étais, n' [...] aurait pas fait peu d'honneur de s'aller jeter dans un couvent au sortir de ses mains » [166]. « Après toute la dévotion que je tenais d'elle et de son exemple, il ne me manquait plus qu'un voile pour être son chef-d'œuvre » [167].

Puis les voiles changent, mais l'ensevelissement est toujours là, et l'humour continue d'éloigner le roman noir. Si Marianne s'allait jeter dans un couvent pour échapper à M. de Climal et à l'état de fille entretenue, Tervire va devoir épouser tout à la fois la retraite, la religion, un sacerdoce, la « honte » et un Climal hideux en épousant un mari vieux, bigot, malade, ayant spéculé sur son infor-

---

162. Mauzi « Le thème de la retraite dans les romans de Prévost », « l'Abbé Prévost » *Actes du Colloque d'Aix-en-Provence*, 1963.
163. *V. M.* p. 446.
164. *V. M.* p. 445.
165. *V. M.* p. 442.
166. *V. M.* p. 453.
167. *V. M.* p. 466.

tune pour satisfaire sous les voiles du sacré sa vieillesse lubrique, infirme et hideuse. Seulement il y a l'humour, noir peut-être, mais qui est un romanesque noir qui ne se prend plus au sérieux :

> « à travers ses langeurs et son intérieur triste et mortifié, [il] avait pris garde que j'étais jolie et bien faite.
> Et comme il savait que je n'avais point de fortune, que ma mère, qui était outrée de ce que je n'avais pris le voile, ne demanderait pas mieux que de se défaire de moi [...] il se persuada, [...] que ce serait une bonne œuvre que de m'aimer jusqu'à m'épouser, qu'il y aurait de la piété à se charger de ma jeunesse et de mes agréments, et à les retirer, pour ainsi dire dans le mariage » [168].

et puis, il y a ce « cœur humain »...

> « Et puis, vous l'avouerai-je, moins à la honte de mon cœur qu'à la honte du cœur humain [...] ? c'est que parmi mes réflexions j'entrevis de bien loin celle-ci, qui était que ce mari n'avait point de santé [169].

Il faudra un scandale, qui la déshonore en pure injustice, pour qu'elle y échappe, et retombe en même temps dans un nouvel abîme qui la condamne à vivre des mois et des mois « confinée dans sa chambre » :

> « on me fuyait ; il était défendu à mes compagnes de m'approcher, et je pris le parti de ne plus me montrer » [170].

Pour faire taire les rumeurs levées par le scandale de son mariage, Marianne avait été conduite à l'offre volontaire et généreuse de

> « se renfermer pour toute sa vie dans un couvent, où il n'y a qu'à donner ordre, disait-elle, que je ne vois personne » [171].

Mais la situation de Tervire est, on « juge bien », tout autrement « cruelle », pour s'exprimer aussi peu tragiquement que Tervire dont la sobriété et le laconisme deviennent ici exemplaires :

> « Vous jugez bien que mon aventure éclata de toutes parts de la manière du monde la plus cruelle pour moi ; en un mot, elle me déshonora, c'est tout dire » [172].

---

168. *V. M.* p. 467-468.
169. *V. M.* p. 469.
170. *V. M.* p. 480.
171. *V. M.* p. 336.
172. *V. M.* p. 479.

Ce n'est pas ici volonté d'intensifier le tragique, c'est volonté d'y couper court. Il suffirait d'écouter avancer la phrase lorsqu'elle raconte la achination qu'est en train de tramer contre Tervire un abbé diabolique, « premier personnage pervers de notre littérature [173], a-t-on dit :

> « Il continua de me voir, et encore plus fréquemment qu'à l'ordinaire, si fréquemment que le baron, qui le sut, m'en demanda raison » [174].

La phrase prend appui sur son propre élan, et ne se laisse pas porter par les mouvements d'une sensibilité : ce sont les mots qui s'aident les uns les autres. De même, d'un paragraphe à l'autre tout l'épisode glisse sous l'effet entraînant et liant de mots d'attaque faits seulement pour servir la narration, non engager des mouvements d'âme : « Je vous apprends que... », « Là-dessus, je... », « Il me tint ensuite... », « Enfin... », « On convint aussi... », « cependant... », « Vous observez que... », « Il y avait alors... », « Il fallait bien que... », « Quoi qu'il en soit... », et ainsi de suite jusqu'au dernier « Vous jugez bien que... ».

Ailleurs c'est la structure de la phrase qui prend dans le même moule formel malheurs et bonheurs, drames et calmes, et pondèrent l'un par l'autre ; de là l'impression d'égalité d'âme que laisse, pour une formule mélodieuse, la religieuse amie de Tervire :

> « Vous ne vous figurez ici, dit-elle du couvent, que des douceurs, et il y en a sans doute ; mais ce sont des douceurs particulières à notre état, et il faut être née pour les goûter. Nous avons aussi nos peines, que le monde ne connaît point, et il faut être née pour les supporter » [175].

Lorsque les mêmes petites indépendantes, elon le même rythme, viennent déployer les tourments où elle brûle et la sérénité regagnée, on ne parle pas la langue du roman noir qui est là en puissance : « le cloître, l'amour, la mort... », les amours scandaleuses d'une religieuse et d'un abbé perverti... :

> « Elle fondait en larmes en me tenant ce discours ; elle avait les yeux égarés ; son visage était à peine reconnaissable, il m'épouvanta. Nous gardâmes toutes deux un assez long silence ; je le rompis enfin, je pleurai avec elle » [176].

---

173. « L'Abbé Prévost », *Actes du Colloque d'Aix-en-Provence*, décembre 63, Publication des Annales de la Faculté d'Aix, 1965.
174. *V. M.* p. 472.
175. *V. M.* p. 458.
176. *V. M.* p. 461.

« Cependant, à force de prières, de combats et de gémissements, ses peines s'adoucirent, elle acquit de la tranquillité ; insensiblement elle s'affectionna à ses devoirs, et devint l'exemple de son couvent par sa piété » [177].

Ainsi se trouve aussitôt ramené le mouvement qui, à travers cette nouvelle histoire de religieuse, portait jusqu'au noir l'histoire de Marianne pour lui faire leçon : que vaut-il mieux : aimer un infidèle ou un perverti ? Etre séparée par l'obstacle du rang ou celui de vœux perpétuels ? Etre enlevée par ceux qui s'opposent à cet amour mutuel ou menacée de l'être par l'amant lui-même ? Etre déshonorée aux yeux de celui qu'on aime ou par celui qu'on aime, être victime ou en même temps coupable ?

De même, l'épisode suivant n'a pas d'autre justification que de moduler sans fin la vie de Marianne. Son pathéisme à la Greuze n'est pas de forme mais de fond, de fond de décor même, car l'important se passe en marge de ce romanesque. Ce sont les amours de Tervire, qui vont se nouer lorsque revient, mourant (— Retour du Fils prodigue, du Mauvais Fils puni ! —), le fils de sa protectrice ,coupable comme Valville d'avoir aimé dans sa jeunesse, contre le gré de sa famille, une jolie roturière. Il revient pour rétablir dans ses droits un fils... qui va éveiller le cœur de Tervire à l'amour. Et d'emblée la richesse pathétique de ces événements ne peut plus avoir toute la réceptivité sentimentale de Tervire, à son insu même. C'est ainsi l'histoire, très marivaudienne, d'une « surprise de l'amour » qui se joue en marge ou sous le couvert des contacts de réconciliation auxquels se dévoue Tervire. Elle se trouve d'autant plus dégagée de leur pathétique qu'elle en est le plus souvent l'ordonnatrice pleine de sang-froid. « Silence inquiet et morne », « jour qui commence à baisser », « lit du mourant placé dans l'endroit le plus sombre de la pièce », « une pâleur à faire peur », figurent comme autant d'effets calculés de Tervire :

« c'était au milieu de cette auguste et effrayante cérémonie que j'avais dessein de placer la reconnaissance entre la mère et le fils » [178].

« j'avais tout disposé moi-même pour arriver à ce terme [...] et d'ailleurs il était sûr que, sans le secours de tant d'impressions que j'allais, pour ainsi dire, assembler sur elle, il ne fallait pas espérer de réussir » [179].

177. *V. M.* p. 464
178. *V. M.* p. 521.
179. *V. M.* p. 526.

De là à penser que c'est le contraste entre l'histoire et son décor qui a intéressé Marivaux, c'est ce qu'on a déjà vu [180] et que
semble confirmer l'épisode suivant au cadre aussi incolore que
l'autre était fortement coloré. Tervire est monté à Paris à la recherche de sa mère ; en route, « dans un endroit où l'on s'arrête
pour faire boire les chevaux », monte une dame, une dame qui a
« un sac de nuit sous son bras », il y a dans la voiture « un vieux
ecclésiastique », « un homme âgé » qui « a des maux de cœur »...,
on se délasse à l'auberge « d'avoir été assise toute la matinée » « dans
un jardin assez joli » ; dans un cabinet elle aperçoit la dame qui
déjeune, « c'est un potage et de l'autre côté un peu de viande bouil-
lie sur une assiette », et l'on sait bien que c'est la mère de Tervire ;
seulement Marivaux s'amuse, comme tout à l'heure à faire jouer
l'amour le plus simple et le plus naturel sur fond romanesque, à
faire sentir maintenant l'extraordinaire, le romanesque, là, à fleur
de banalité. Le jeu romanesque veut que l'on repousse ici cette reconnaissance, Marivaux le suit ; et tout semble s'engager selon la
grande tradition romanesque : un héros part à la recherche d'un
personnage que tout le roman consiste à ne pas trouver ; pour cela
le roman fait intervenir non seulement les rebondissements dramatiques mais les histoires incidentes j. Or Tervire va constamment
croiser sur sa route d'autres vies, dont les histoires lui parvien-
nent, avec plus ou moins d'ombre et de mystère : celle de la dame
de la diligence, celle de la marquise, sa mère, qu'elle n'apprend
que par bribes, celle d'une Inconnue, que sa logeuse secourt et qui
lui en conte « mot pour mot, l'histoire [...] à cause de l'impression
qu'elle [lui] a faite » [181]. Seulement, et là est la nouveauté, ces
trois histoires sont celles d'une seule et même personne : celle de
cette fameuse mère recherchée par Tervire. On en arrive au point
où le romanesque est dans le fait que ces trois histoires soient une
seule, mais où aussi le romanesque traditionnel se fait typiquement
romanesque marivaudien. Toute la technique de *La Vie de Marianne*
est là dans ces trois rencontres, dans ces trois histoires, qui ne
sont que la reprise anticipée du grand épisode de la rencontre et
de l'histoire de la mère de Tervire. Le jeu même des histoires entre
elles est tout à fait dans la manière du roman : son goût des figures
inverses. C'est l'entrée de l'humble dame pauvre, en qui on pressent
la grande dame [182], suivie bientôt de la présentation de la grande
dame , devenue, on le pressent, une humble dame pauvre... [183]. Puis
une misérable femme qu'on jette à la rue à demi-mourante, ayant

---

180. Première partie p. 53-54.
181. *V. M.* p. 558.
182. *V. M.* p. 541.
183. *V. M.* p. 548.

« je ne sais quoi » qui la met « hors de sa place » dans une si sordide histoire, et le mouvement repart ; suit aussitôt une histoire de
la marquise, qui émet l'image d'une misérable femme obligée peut-
être de se cacher dans quelque sordide retraite. C'est à l'Inconnue
que Tervire fait ce récit, dont l'ouverture remanie au passage cer-
tains des récits de Marianne : « Je n'avais que deux ans, dit-elle,
quand elle [fut perdue pour moi] », puis, ayant évoqué tout ce
qu'elle sait ou plutôt ignore de sa mère, vient la suggestion :

> « ce qui me jette dans des inquiétudes mortelles, c'est que j'ai lieu
> de soupçonner qu'elle est dans une situation difficile [...]. Il est du
> moins sûr qu'elle se cache, qu'elle se dérobe aux yeux de tout le
> monde, que personne ne sait le lieu de sa retraite ; et ma mère ne
> devrait pas être ignorée. Cela ne peut m'annoncer qu'une femme
> dans l'embarras, qui a peut-être de la peine à vivre, et qui ne veut
> pas avoir l'affront d'être vue dans l'état obscur où elle est » [184].

Dans cette tonalité tragique de reprise du récit, s'inscrit le moment dramatique de la reconnaissance : l'inconnue, en qui Tervire
a déjà reconnu la dame de la diligence, se reconnaît maintenant
dans l'histoire de Tervire. Les trois histoires se rejoignent et fusion-
nent. Un nouveau récit vient les relier, des premiers temps à l'épisode de la diligence d'abord ; il est poursuivi dans un secontd temps
jusqu'à l'épisode de l'auberge, à l'occasion du « sermon » que Tervire fera à l'épouse de son frère devant toute la compagnie pour
rétablir dans ses droits sa mère, comme elle n'avait pas hésité à le
faire autrefois, à son propre détriment, pour le fils de sa bienfaitrice. Ainsi s'accomplit l'ultime réplique de la vie de Marianne, qui
remanie selon le tempérament altruiste [185] de Tervire la grande
scène du conseil de famille, mais contribue aussi à une plus essentielle variation qui touche au jeu même de la variation.

Ce récit commencé sur un ton, poursuivi sur un autre, et qui a
l'air d'essayer une variation sans répétition, ne fait que rejoindre
ces trois histoires qui n'ont pas l'air de se reprendre, dans une pratique de la variation qui est celle du récit principal, dispensé de
tout retour sur soi par la « mise-en-abyme ». Tout se passe comme
si tout travaillait à préserver la belle linéarité d'un récit qu'on a déjà
vu entraîné d'un seul trait à grand renfort d'articulations logiques ;
on l'a même vu aplanir du même ton uni de voix toute disparité d'ex-
périences jusqu'à renverser le procédé qui coulait sous des formes
différentes un même épisode, pour couler au contraire dans le même
moule formel des épisodes tout à fait différents. Tout cela imprime

---

184. *V. M.* p. 565-566.
185. *V. M.* p. XLVIII, Introduction de Fr. Deloffre.

au récit une allure si pleinement opposée à celui de Marianne, qui chantait sur différents tons son histoire dans un jeu constant de reprises et de variations, qu'elle constitue l'essentielle variation du récit de la Religieuse. Fondée sur une variation sans apparence de variation, cette ultime variation du roman accomplit en quelque sorte la figure-limite de la variation, et l'extrême avatar d'un procédé dont le roman aura joué de toutes les façons. Ayant dépouillé la variation du récit de son allure fuguée et donné le récit de la Religieuse comme une note infiniment tenue, cette ultime variation abandonne sur un élan sans fin un roman dont l'histoire n'a jamais voulu que passer successivement dans toutes les voix et dans toutes les tonalités, et dans ce mouvement-là échapper sans fin.

L'ABSENCE DE FIN

Comme dans la fugue où tout est dit dès la premirèe mesure, où le thème remanié, renversé, augmenté, ne recèle jamais aucune surprise, à aucun moment l'histoire de Marianne, de récit en récit remaniée, renversée, augmentée, ne reçoit le moindre élément nouveau, le moindre espoir de résolution, de révélation : à la dernière page son mystère est aussi entier qu'à la première et aucun jalon n'a été posé. D'un bout à l'autre du roman ses présentations se reprennent et la changent du tout au tout, constamment des versions s'essayent et s'annulent et l'histoire n'en finit pas de fuir à l'infini de tous ses possibles. Cette absence d'acheminement vers une fin, l'époque la sentit bien qui la reprocha à Marivaux ; c'était du moins apercevoir l'absence de fin comme préméditée, n'en pas faire un accident ou une négligence autorisée par les mœurs littéraires du temps, mais comme une manière propre au roman. C'est précisément pour s'être trop bien prêtée à l'esprit de l'œuvre, qu'une continuation-pastiche du roman s'attire ces reproches :

« c'est une imitation parfaite de la manière de Marivaux, écrit Grimm, cette manière, qui consiste à se donner un mouvement prodigieux pour n'avancer d'un pas. Mme Riccoboni court la poste à la Marivaux pendant cent douze pages, et à la fin de sa course le roman de Marianne est tout aussi avancé qu'auparavant »[1].

Mme Riccoboni résistera également à ses admirateurs pour laisser, de manière cohérente, inachevée une continuation ainsi menée :

« ses amis crurent bien, lit-on dans l'édition de 1781, qu'ils obtiendraient aisément qu'elle reprît la plume pour achever ce qu'elle

---

1. *V. M.* p. 627, cité par Fr. Deloffre.

avait si heureusement commencé ; mais leur espoir fut trompé, et le roman est resté sans conclusion » [2].

Et pourtant, même fidèle à la structure d'œuvre ouverte du roman, Mme Riccoboni manque à l'esprit d'une démarche qui ne veut pas seulement dire qu'on n'ira vers aucune fin, mais, plus positivement, qu'on est sur une voie infinie, voie à l'égard de laquelle il n'est pas de progrès possible et qui répond plus exactement à l'impression du surplace malgré le chemin parcouru ressentie par Grimm. Il est caractéristique de le voir retrouver devant l'œuvre le commentaire naturel du physicien devant l'espace infini :

> « Si dans cette immensité qui n'a ni commencement, ni milieu, ni fin, disait en 1702 le philosophe-physicien Raphson, quelqu'un marchait pendant un temps infini et traversait d'innombrables milliers de milles, par rapport à cette immensité il serait toujours à la même place » [3].

C'est à cet infini des reprises et variations possibles du récit, qui tend à faire de l'œuvre une œuvre sans « commencement, ni milieu, ni fin », qu'a manqué Mme Riccoboni. En pareil milieu tous les points sont équivalents, à la fois premier ou dernier ; et toutes les versions sont égales, et la première et la dernière, qui ne sont qu'une image de l'histoire vraie : à cette perspective infinie qui s'ouvre au-delà de la dernière répond au deçà de la première cette chaîne indéfinie de récits dont elle n'est que la reprise. Le sens en est à déterminer ; mais le problème esthétique de pareille œuvre est de ne pouvoir s'achever, ce qui serait achever l'œuvre, mais de ne pouvoir davantage s'arrêter arbitrairement, quand elle y semble obligée puisque elle en est n'importe où au même point. La solution fut de renvoyer sur elle-même cette suite infinie et de l'arrêter sur des positions d'équilibre qui, sans valeur terminale, répondent au besoin d'achèvement, de choisir des vocations opposées qu'on abandonne à l'antipode l'une de l'autre et qui replient l'œuvre dans un balancement contraire. C'est à cet équilibre que porte atteinte toute continuation de l'œuvre, même si elle s'inscrit dans son invite à être indéfiniment poursuivie. Différents continuateurs se passant tour à tour le soin de composer un roman, « çà n'existe pas », comme le dirait Desnos, sinon orchestré dans un roman, qu'on appelle *Le Roman Impromptu* (aussi nommé *La Vointure Embourbée*), et seule l'œuvre laissée par Marivaux, réussissant ailleurs que dans la révélation de la dernière page un accomplissement dont on verra

---

2. *V. M.* p. 584.
3. Cité par Alexandre Koyré, *Du Monde clos à l'Univers infini*, P.U.F., 1962, p. 193.

toute l'étendue plus loin, pouvait se présenter à la fois inachevée et animée du « frisson du parfait ».

LES « CONTREPOINT » DES REFLEXIONS
ET LES « EPISODES » INTERMEDIAIRES

Il y a deux siècles et demi, Marivaux critique trouvait à vivre ces « frissons du parfait » loin des parfaits déroulements — naître, se développer, finir — mais en ces lieux d'échos infinis que savent se faire certaines œuvres :

> « Dans les tragédies ordinaires, paraît-il une situation intéressante, elle frappe son coup, et voilà qui est fini [...].
> Ici chaque situation principale est toujours tenue présente à vos yeux, elle ne finit point, elle vous frappe partout, sous des images passagères qui la rappellent sans la répéter ; vous la revoyez dans mille autres petites situations momntanées [...] de façon que dans tout ce qui se passe actuellement d'intéressant réside encore, comme à votre insu, tout ce qui s'est passé » [4].

Tout est ainsi disposé dans *La Vie de Marianne* « pour faire retentir indéfiniment » ses récits. Viennent certes les Réflexions de la narratrice, dont on a vu à l'œuvre le retournement des apparences [5], offrir tout au long du récit dans un contrepoint constant leur résonnance contrastée. Puis viennent de l'une à l'autre exposition du récit, ces « épisodes », à la fois nœuds dramatiques et « divertissements », qui forment de véritables transitions modulantes : ils font réentendre quelque fragment d'histoire sous une couleur inédite ou seront eux-mêmes réentendus dans le prochain récit en même temps qu'ils sont déjà une excursion vers des tons voisins.

Encore est-ce bien souvent le même élément qui, filé, remanié, modulé, selon cette étonnante économie de moyens, cet art de ne se perpétuer qu'à partir d'un principe unique qui gouverne le roman, sert d'un récit à l'autre d'épisode intermédiaire.

Ainsi les fameux habits, présents de M. de Climal, sont-ils le lien dramatique des quatre premiers récits ; ils pénètrent alors — consécration — dans le motif même du récit ; puis introduisent et préfigurent un temps encore en mineur le cinquième ,avant d'aller ainsi en s'exténuant... Effet de la protection (amoureuse) de M. de Climal,

> « Oh ! pour le coup, ce fut ce beau linge qu'il voulut que je prisse qui me mit au fait de ses sentiments [...] car la charité n'est pas galante dans ses présents » [6].

---

4. *Sp. Fr.* p. 226. Déjà cité pages 28 et 68, première partie.
5. Première partie p. 50 à 52.
6. *V. M.* p. 39.

ce sont ceux qui permettent la séduction d'un amant de la haute société, mais aussi par « l'opinion fastueuse » qu'ils donnent de son état, rendent impossible à Marianne « le récit » de ce qu'elle est sous peine de faire figure d'aventurière ; ce qui renvoie, sous les formes d'un irréel du passé, le récit dans la bouche de Marianne âgée, ce qui fait encore jouer « la variation » entre ces lignes ainsi écrites en contrepoint renversable. C'était aussi pour un effet de renversement, qu'avant de plonger Marianne dans ces tourments du tête-à-tête, ces « habits » avaient été l'occasion de son petit triomphe de l'église, et la matière, avec l'aide de la Réflexion qu'ils entraînent vers un « De la coquetterie », de l'intermède précédant le récit. Ce sont eux encore qui par delà ce récit mènent Marianne à celui du couvent qui lui donne une bienfaitrice : on sait comment sans cette belle robe « qu'elle recule à ôter », Marianne ne sortirait pas, ne serait pas entrée dans un couvent, où ils vont disposer à entendre son récit avec faveur :

> « rien ne vous aide tant à être généreux envers les gens, rien ne vous fait tant goûter l'honneur et le plaisir de l'être, que de leur voir un air distingué » [7].

Tout le quatrième récit : le Billet à Valville, joue du prétexte des habits à retourner à M. de Climal ; quant à la grande scène du récit du sacrifice, Marivaux la fait jouer aux « habits » d'abord. Renoncer à son amant par reconnaissance était noble, renoncer aussi à ses graces pour paraître à ses yeux n'était pas un moindre mérite,

> « j'étais restée dans mon négligé [...] point d'autre linge que celui avec lequel je m'étais couchée : linge assez blanc, mais toujours flétri, que ne vous pare point quand vous êtes aimable, et qui vous dépare un peu quand vous ne l'êtes pas.
>
> Joignez-y une robe à l'avenant, et qui me servait le matin dans ma chambre [...] [8].

or, à peine introduite devant son amant, toute sa confiance en elle lui est rendue par... l'élégance de Valville :

> « Qu'il était bien mis, lui, qu'il avait bonne mine [...] Que je lui sentis d'envie de me plaire, et qu'il était flatteur, pour une fille comme Marianne, de voir qu'un homme comme lui mît sa fortune à trouver grâce devant elle ! » [9]

---

7. *V. M.* p. 146.
8. *V. M.* p. 191.
9. *V. M.* p. 192.

D'emblée s'instaure un jeu de renversement par lequel elle re-
gagne tout ce qu'elle s'ôte : ainsi en va-t-il tout au long d'un récit
où plus elle s'abaisse plus elle se grandit. En même temps commence à travers eux tout le problème de l'authenticité de son généreux discours. Aussi n'est-ce pas hasard si le portrait de Mme de
Miran qui précède l'épisode et ouvre la partie, est une peinture
de « la vraie » « noblesse d'âme » :

> « Mme de Miran ne pensait rien, ne disait rien qui ne se sentît de
> cette abondance de bonté qui faisait le fond de son caractère.
> [...] la sienne était une vertu [...]
>
> Souvent ces gens qui ont l'âme si noble, ne sont pas les meilleurs
> cœurs du monde ; ils s'entêtent trop de la gloire et du plaisir d'être
> généreux [...] et Mme de Miran ne songeait pas seulement à être
> louable. » 10.

Préparation comme à l'accoutumée en forme de contraste, puisque la générosité du récit de Marianne est tout à l'inverse d'une générosité naïve : celle qui se trouve dans le discours, non celle qu'on
y met. Comme doit être l'esprit. Or la soirée mondaine chez une
femme d'esprit, suivie de son portrait, qui achève la partie est précisément la variante intellectuelle des pages précédentes :

> « Ce ne fut point à force de leur trouver de l'esprit que j'appris à
> les distinguer, dit Marianne des « honnêtes gens », je leur entendais
> dire d'excellentes choses, mais [...] c'était d'un ton de conversation
> si aisé et si uni, qu'il ne tenait qu'à moi de croire qu'ils disaient
> les choses les plus communes. Ce n'était point eux qui y mettaient
> de la finesse, c'était de la finesse qui s'y rencontrait ; ils ne sentaient
> pas qu'ils parlaient mieux qu'on ne parle ordinairement. » 11.

Et l'on pourrait trouver dans le portrait de Mme Dorsin la réplique exacte des expressions du portrait de Mme de Miran, le mot
d' « esprit » substitué à celui de « cœur » :

> « La plupart des femmes qui ont beaucoup d'esprit ont une certaine
> façon d'en avoir qu'elles n'ont pas naturellement, mais qu'elles se
> donnent.
>
> [...] c'était [chez Mme Dorsin] le caractère de ses pensées qui ré-
> glait bien franchement le ton dont elle parlait. Elle ne songeait à
> avoir aucune sorte d'esprit, mais elle avait l'esprit avec lequel on
> en a de toutes les sortes. » 12.

---

10. *V. M.* p. 169.
11. *V. M.* p. 211-212.
12. *V. M.* p. 215.

De cette grande scène du couvent, si soigneusement encadrée,
« les habits » ont été en partie dramatiquement responsables : ils
sont pour Marianne un des éléments de reconnaissance tandis qu'on
parle devant elle des amours du fils des Mme de Miran :

> « Elle est jolie, à la bonne heure ; mais y a-t-il moyen de penser
> qu'une grisette lui ait tourné la tête ? Car il n'est question que
> d'une grisette, ou tout au plus de la fille de quelque petit bourgeois,
> qui s'était mise dans ses beaux atours à cause du jour de fête.
> [...] Ah ! Seigneur, quelle date ! est-ce que ce serait moi ? [...].
> Ah ! c'est donc moi ! me dis-je. Il me sembla que je sortais de l'égli-
> se, que je me voyais encore dans cette rue où je tombai avec ces
> maudits habits que M. de Climal m'avait donnés, avec toutes ces
> parures qui me valaient le titre de grisette en ses beaux atours des
> jours de fête.
> Quelle situation pour moi, madame ! » 13.

Petite « situation momentanée » qui reproduit exactement l'em-
barras où fut déjà Marianne devant Valville, alors que tout l'épisode
de la rencontre amoureuse vient d'être repris dans une version anonyme par Mme Dorsin, réveillant à son tour l'écho d'une précédente
version qui, à regarder les choses du même point de vue général,
conclut à la même interprétation de passade, l'intention seule variant : il s'agit des tentatives passées de Climal pour détourner Marianne de Valville :

> « Vous êtes tombée ; il a fallu vous porter chez mon neveu, qui est
> un étourdi, et qui aura débuté par vous dire des galanteries, n'est-
> il pas vrai ? [...]
> Hélas ! Quel dommage qu'avec les grâces et la beauté que vous
> avez, vous devinssiez la proie d'un jeune homme qui ne vous aimera
> point ; car ces jeunes fous-là savent-ils aimer ? [...] Ils n'ont que
> des vices, surtout avec une fille de votre état, que mon neveu [...]
> regardera comme une jolie grisette, dont il va tâcher de faire une
> bonne fortune. » 14.
> « il n'est question que d'une grisette, reprendra Mme Dorsin ». Je
> veux croire que la fille lui a plu, mais de la façon dont devait lui
> plaire une fille de cette sorte-là, à qui on ne s'attache point, et qu'un
> homme de son âge et de sa condition tâche de connaître par goût
> de fantaisie, et pour voir jusqu'où cela le mènera. » 15.

Tandis que de l'autre bout du roman ces interprétations reçoivent quelque écho de l'infidélité future de Valville, elles se trouvent

---

13. *V. M.* p. 175 et 177.
14. *V. M.* p. 110-111.
15. *V. M.* p. 175-176.

d'abord contredites par le récit de Mme de **Miran** qui reprend le récit du chirurgien :

> « [...] [il] m'a dit de bonne foi, continua-t-elle, que la jeune fille était fort aimable, qu'elle avait l'air d'une fille de très bonne famille, et que mon fils, dans toutes ses façons, avait marqué un vrai respect pour elle [...] j'ai peine, quoi que vous disiez, à le concilier avec l'idée que j'ai d'une grisette. » [16].

Si la mise au point de Marianne reste brève, elle est par contre amenée à un retour sur ses rapports avec M. de Climal, qui s'inscrit lui-même dans une chaîne infinie de reprises :

> « Eh ! pourquoi, Marianne, [s'étonne Mme de Miran, écrire à Valville !]
> Hélàs ! par nécessité, madame, répondis-je, c'est que je lui envoyais un paquet, où il y avait une robe que je n'ai mise qu'une fois, du linge et quelque argent [...] [17].

L'explication qui prend ici place du rôle de Climal est en fait rendue possible par les incomplétudes du récit du couvent : par décence Marianne omettait tout l'épisode amoureux, par discrétion elle omettait le nom de son protecteur. De plus l'histoire qu'elle refait ici [18] a déjà été révélée au religieux [19], éclaircie dans le billet à Valville, et sera plus tard confirmée par M. de Climal à sa dernière heure :

> « Mademoiselle vous a dit vrai dans le récit qu'elle vous a sans doute fait de mon procédé avec elle ; [...] en effet [...] » [20].

Son récit reste bref, il termine :

> « j'abrège cet horrible récit par respect pour sa pudeur, que mes discours passés n'ont déjà que trop offensée »,

mais c'est pour inviter Marianne à un récit de ses récits (!) à Mme de Miran :

> « Mme de Miran m'a appris comment vous la connaissiez ; dans le récit que vous lui avez fait de votre situation, le détail de l'injure toute récente que vous veniez d'essuyer de moi a dû naturellement

---

16. *V. M.* p. 177.
17. *V. M.* p. 185.
18. *V. M.* p. 185-186.
19. *V. M.* p. 138 à 144.
20. *V. M.* p. 249-250.

y entrer ; dites-moi franchement, l'en avez-vous instruite, et m'avez-nommé ?

Je vais, monsieur, vous dire la vérité [...] Au sortir de chez le père Saint-Vincent, j'entrai dans le parloir d'un couvent pour y deman-der du secours à l'abbesse ; j'y rencontrai Mme de Miran ; j'étais comme au désespoir ; elle vit que je fondais en larmes, cela la toucha. On me pressa de dire ce qui m'affligeait. Je ne songeais pas à vous nuire ; mais je n'avais point d'autre ressource que de faire compassion, et je contai tout, mes premiers malheurs et les derniers. Je ne vous nommai pourtant point alors, moins par discré-tionqu'à cause que je crus cela inutile ; et elle n'en aurait jamais su davantage, si quelques jours après, en parlant de ces hardes que je renvoyai, je n'avais par hasard nommé M. de Valville, chez qui je les fis porter, comme au neveu de la personne qui me les avait données. » [21].

Ainsi en va-t-il de tous les récits suivants, toujours inscrits dans de semblables trames d'échos. C'est tantôt l'histoire qui fait enten-dre en sourdine et par un chœur diffus, confus de voix anonymes le récit de la vie de Marianne en train de se divulguer à travers tout le couvent, avant qu'il n'aille vigoureusement éclater en fin de partie dans la voix gaillarde de Mme Dutour et se répandre en dehors. Puis c'est une préparation en forme de contraste, avant d'entrer dans tout le pathétique de la grande scène du conseil de famille où va prendre place le plaidoyer de Mme de Miran. La narration se dé-tend alors en une petite récréation galante qui, dans un parc, com-me il se doit, présente à Marianne le mari qu'on lui destine ; le récit prend même le temps d'un portrait, celui du ministre devant qui Mme de Miran va plaider, homme qui est dans l'ordre du bien pu-blic ce qu'elle est dans sa générosité privée, et ce que sont aussi Mme Dorsin et les « honnêtes gens » dans le domaine de l'esprit [22] :

« Celui-ci [...] gouvernait à la manière des sages [...] qui songent à être utiles et jamais à être vantés ; qui font de grandes actions dans la seule pensée que les autres en ont besoin, et non pas à cause qu'il est glorieux de les avoir faites. Ils n'avertissent point qu'ils seront habiles, ils se contentent de l'être, et ne remarquent pas même qu'ils l'ont été. De l'air dont ils agissent, leurs opérations les plus dignes d'estime se confondent avec leurs actions les plus ordinaires [...]. Il n'y a que les gens qui pensent qui ne sont point les dupes du procédé de celui qui les mène. » [23].

Après avoir réveillé au passage ces échos entre les portraits du roman, le récit, qui touche presque au moment capital, s'amuse

---

21. *V. M.* p. 251-252.
22. 2ᵉ partie p. 130.
23. *V. M.* p. 315.

encore à une délicieuse petite page comme « la fleur dont on sent l'odeur en passant »[24]... Or, à l'instant précis du récit, se détachera, de même, sur le fond le plus évident de pathétique le récit le plus neutre — ou voulu tel — du roman[25]. Entre le plaidoyer de Mme de Miran et le récit de Marianne à Varthon, la transition se fait par une scène presque sans parole qui vient conter par le jeu des regards, des accents de voix, des gestes une infidélité naissante. Elle délasse certes des déploiements de parole qui viennent d'avoir lieu, mais surtout elle vient opposer à ce lieu d'ambiguïté que s'est révélée la parole dans le plaidoyer, d'équivoque qu'elle va se révéler dans le récit à Varthon, une autre langue « qui n'admet point d'équivoque », exacte et sincère, « vraie par force » : la langue de l'instinct : le geste. Ainsi se module sur d'essentiels problèmes de langage la dernière tranition contrastée.

LE « SUJET »

Il reste un élément auquel à peine on songe : « le sujet », et c'est sa réussite précisément. Idéalement la variation n'a d'autre thème que la variation même. Parler même de ce « sujet », c'est aller contre son esprit, et plus encore le nommer : on ne peut prétendre le saisir à nu quand il existe non en lui-même mais seulement sous ses formes diverses où il se déroble sans cesse, et ne se laisse voir ainsi qu' « à la traverse ». Le formuler de façon neutre ou abstraite n'est qu'une nouvelle variante. Dire : « il s'agit d'une enfant qui, ayant perdu ses parents lors d'une attaque de carrosse, ignore ses origines », c'est contredire qui est convaincu de sa noblesse ; parler d' « Enfant Trouvé », c'est, et ce n'est pas, nommer « l'enfant perdue » de la religieuse (« vos parents vous ont perdue »[26], dit-elle — et non « vous avez perdu vos parents ») et cette « enfant perdue » n'est pas l'orpheline de Mme de Miran, qui n'est pas non plus « l'enfant à personne »[27] de Mme Dutour...

Or est-il un meilleur thème pour variation, mieux doué pour la servir, mieux voué à s'effacer sous elle et par là la mieux servir encore, qu'un mystère ? Quoi de plus ouvert qu'un mystère ? Sa malléabilité infinie permet des interprétations inépuisables. Et quoi de plus fermé qu'un mystère, qui doit rester mystère tout au long des variations sous peine d'en n'être plus le thème, et qui l'annonce clairement. Dès les premières pages Marivaux prend bien soin d'aver-

---

24. *V. M.* p. 313.
25. 2ᵉ partie p. 102-103-104-105 (Récit de Mme de Miran).
26. *V. M.* p. 236.
27. *V. M.* p. 43.

tir qu'il ne sera jamais levé ; aussi d'emblée la curiosité le déserte
pour ses variations.

> « Nous ne savons qui elle était, dit l'éditeur qui détient la totalité
> du manuscrit. C'est la *Vie de Marianne* ; c'est ainsi qu'elle se nomme
> elle-même au commencement de son histoire ; elle prend ensuite
> le titre de comtesse ; elle parle à une de ses amies dont le nom est
> en blanc, et puis c'est tout » [28].

Mais dès lors, paradoxal, le caractère romanesque du mystère
étonne. Car si le mystère se veut et s'annonce ici sans surprise, le
romanesque est au contraire promesse de surprises et ses vertus
agissent dans ce titillement-là. Alors pourquoi ce sujet si romanesque ? L'esthétique fuguée de l'œuvre nous abandonne ici, c'est toute
la conception du Romanesque — au sens large — de Marivaux qu'il
faut interroger, sa réflexion sur le roman et peut-être plus profondément son expérience de l'acte littéraire qu'il faut mettre en œuvre.

---

28. *V. M.* p. 8.

III

POURQUOI CE SUJET TRÈS ROMANESQUE ? L'EXPÉRIENCE LITTÉRAIRE DE MARIVAUX

LE SUJET ROMANESQUE PAR EXCELLENCE
POUR UNE PRATIQUE NON ROMANESQUE

L'on conçoit d'autant moins d'abord le projet de Marivaux, qu'avec ce thème de l'Enfant Trouvé il met en place, pour ne pas jouer le jeu du romanesque, « LE » sujet romanesque par excellence !

Exemplaire est cette flambée romanesque que lèvent immédiatement dans le village de l'agression le récit de l'événement et l'existence d'une enfant trouvée :

> « On venait pour me voir de tous les cantons voisins : on voulait savoir quelle physionomie j'avais, elle était devenue un objet de curiosité ; on s'imaginait remarquer dans mes traits quelque chose qui sentait mon aventure, on se prenait pour moi d'un goût romanesque [...]. On n'aurait pas caressé une petite princesse infortunée d'une façon plus digne [...]
> Les dames surtout s'intéressaient pour moi au-delà de ce que je puis vous dire [...]
> Etait-il question de mes parents, c'était des étrangers, et sans difficulté de la première condition de leur pays [...] il courait là-dessus un petit raisonnement que chacune d'elles avait grossi de sa pensée et qu'ensuite elles croyaient comme si elles ne l'avaient pas fait elles-mêmes. » [1]

Mais comme le hasard s'en tient là, ne joue pas le jeu romanesque de ces dames et n'apporte aucune révélation nouvelle, elles se retrouvent bien vite face à un « et puis c'est tout », semblable à celui que le roman oppose au lecteur, et qui « épuise » [2] leur attrait ; il fait des origines inconnues de Marianne une ignorance admise, un imprécis sur lequel bientôt on glisse : non plus un mystère vif mais un mystère éteint. Le caché fascine à la seule condition qu'il n'offre pas le mur lisse de l'impénétrable mais le vertige attirant de révélations merveilleuses. Mais pourquoi vis-à-vis du lecteur mettre en œuvre un tel déploiement romanesque si c'est pour l'annuler ?

C'est précisément cette virtualité de surprises heureuses réservées par le sort qui nimbe l'Enfant Trouvé ; or Marivaux en intro-

---

1. *V. M.* p. 13-14.
2. *V. M.* p. 14.

duit très sciemment le mythe ! S'il y a dans le thème des « *Heureux Orphelins* » de Crébillon une intention ironique à l'égard du sujet de *La Vie de Marianne*, comme il y avait dans *L'Ecumoire* une parodie de son style, elle ne prend pas Marivaux en défaut. A tout instant *La Vie de Marianne*, ou les romans de jeunesse, font allusion à la vocation proprement romanesque de tels êtres : intérêt qu'on leur prête, destin aventureux qu'on leur attribue... L'héroïne des *Effets surprenants de la Sympathie* éprouve pour l'enfant trouvée du roman, dont on vient de lui conter l'histoire,

> « cette espèce de vénération que le cœur est porté d'avoir pour ceux dont le hasard a caché la naissance et le sort. L'aventure que vous venez de me raconter [...] est sans doute extraordinaire ; les dieux réservent la belle Dorine à quelque chose de grand, ils ne la laisseront point dans l'ignorance de ce qu'elle est née, et les malheurs de son enfance lui présagent sans doute des événements fameux » 3.

et la jeune « inconnue » des *Nouvelles Folies Romanesques* raconte :

> « et ce fut peut-être ce qu'on trouvait d'extraordinaire dans ma naissance que je dus le tendre intérêt que cette dame conçut pour moi » 4.

Constamment, sous différentes formes : folles « fantaisie » des « dames », « chimères amoureuses » chez Valville, curiosité indiscrète des jeunes nonnes..., *La Vie de Marianne* met en scène cet effet, ce qui accuse davantage le refus de le mettre en œuvre pour le roman lui-même. C'est à cette époque aussi, que l'on trouve, sous une forme allégorique, l'élaboration intellectuelle de l'idée. Il s'agit d'un passage des *Chemins de la Fortune* paru dans une feuille du *Cabinet du Philosophe* entre la seconde partie de *La Vie de Marianne* et la première du *Paysan Parvenu* k, la scène se passe dans les domaines de la Fortune qui reçoit en audience ; pour diverses raisons chacun échouera devant elle ; arrive le laquais La Verdure :

La Suivante — Qui êtes-vous ?

La Verdure — Chevalier de l'arc-en-ciel.

La Suivante — Je le vois bien, et je vous demande ce qu'étaient vos parents.

La Verdure — Je n'en sais rien, je ne les ai jamais connus.

La Suivante — Vous les avez donc perdu au berceau ?

---

3. *Les effets* p. 97.
4. *Ph.* p. 467.

La Verdure — Non, ce sont eux qui m'on perdu, et je fus retrouvé
    par un commissaire.

La Fortune, descendant de son trône — Ah ! je n'y saurais tenir :
    venez mon fils, [...] que je vous embrasse. Combien
    de qualités n'apportez-vous pas pour me plaire ! Je
    ne m'étonne plus du penchant que j'avais pour
    vous.

La Suivante à part — La Fortune deviendra folle de ce garçon-là.
    (Haut) [...] Où est l'intrépidité que doit vous inspi-
    rer une aussi heureuse naissance ? » 5.

De cette vocation par excellence romanesque du mythe de l'Enfant Trouvé, Marivaux reçoit une éclatante confirmation d'analyses
très récentes, inspirées par la psychanalyse, qui trouvent précisément « l'origine du roman » dans ce « roman des origines » 6. Selon
cette théorie, tout roman perpétue, non seulement par le besoin
de changer le monde qui le mue, mais dans son « patron » même,
« le roman familial » que fait un jour tout enfant qui découvre la
réalité ; selon la conception freudienne, l'enfant, en construisant
ce « roman » renie ses parents et avec eux la situation qui lui est
faite, s'invente des parents meilleurs, plus forts, plus beaux, et se
« regarde comme un enfant trouvé, ou adopté, auquel sa vraie famille [...] se révèlera un jour avec éclat pour le mettre enfin à son
rang » 7. Or que reconnaît-on dans cette histoire ? Le roman même
qu'inventent dans les romans « romanesques » de Marivaux ceux
des héros que leurs parents n'ont pas perdus et qui veulent ainsi
concilier une basse extraction et leur ambition chevaleresque. Il
leur est aussi indispensable que le nom de chevalier, l'écuyer et
l'amante : à côté des romans de chevalerie, ce roman achève la pa-
noplie du « Don Quichotte Moderne » ; c'est un des traits des *Nouvelles Folies Romanesques* que d'ajouter à l'ancienne folie d'imiter
les romans celle d'inventer ce roman de la naissance obscure. Ainsi
l'héroïne du *Pharsamon*, dont la mère bride les « folies romanesques », confie à son amant :

« je me disais quelquefois, voyant l'indignité avec laquelle on me
traitait, que, peut-être, ceux à qui je croyais devoir le jour n'étaient
point mes parents : la noblesse de mes sentiments, mon cœur différent du leur, mes manières, tout me persuadait souvent que je ne
leur appartenais que par accident » 8.

---

5. *C. Ph.* p. 366.
6. **Marthe** Robert, *Roman des Origines et Origines du Roman*, Grasset 1972.
7. **Marthe** Robert, *Roman des Origines et Origines du Roman*, p. 47.
8. *Ph.* p. 537-538.

à quoi Pharsamon répond :

> « ne doutez pas qu'un jour le ciel [...] ne vous apprenne, par une aventure extraordinaire, votre véritable naissance. Le doute où vous êtes d'être née de celle qui vous a maltraitée, est une inspiration [...] [qui] ne vien[t] qu'à ceux que le ciel a marqués d'un caractère de grandeur distinguée. Je vous avouerai bien plus : je me suis dit mille fois à moi-même de mes parents, tout ce que vous vous dites à présent des vôtres » [9]..

Touchés de la contagion romanesque, leurs valets se mettent à tenir le même raisonnement :

> « entendez-vous comme je vous nomme naturellement « madame », dit Cliton à la suivante, [...] il faut bien qu'il y ait quelque chose là que nous n'entendons pas. A mon égard, répondit Fatime, le nom de seigneur que je vous ai donné, est un nom qui m'est échappé, et je l'ai continué de même, sans m'apercevoir que je vous honore d'une qualité de plus [...] » « Mais après tout [...], [songe Cliton sérieusement]. Qui sait si vous n'êtes pas madame, et si je ne suis pas seigneur ? Nous avons peut-être l'un et l'autre été changés en nourrice » [10].

Cette répétition fait de l' « histoire » non plus seulement une simple divagation entre d'autres mais la constitue dans un rôle de « roman familial du romanesque » [14] : or il est caractéristique que même ici elle ne soit pas présentée seulement comme « romanesque » mais comme « roman ». Ces parodies romanesques sont la preuve que Marivaux savait traiter avec le sujet de *Marianne* « le romans » par excellence ; mais en même temps elles nous ramènent à son refus paradoxal de l'exploiter.

Un des moyens de déjouer l'effet romanesque est de le dénoncer, et, comme dans les parodies, le « roman » à peine engagé sera présenté comme tel. D'entrée de jeu, Marivaux dissipe toute intention de lecture naïve, après en avoir détruit le suspens.

> « Il y a quinze ans, est-il dit dès le premier récit, je ne savais pas encore si le sang d'où je sortais était noble ou non, si j'étais bâtarde ou légitime. Ce début paraît annoncer un roman... » [12].

C'est une nouvelle allusion expresse au récit suivant, où Marianne commente l'effet produit sur Valville :

---

9. *Ph.* p. 538-539.
10. *Ph.* p. 546.
11. Expression de Freud.
12. *V. M.* p. 9-10.

> « Etre jeune et belle, ignorer sa naissance, et ne l'ignorer que par
> un coup de malheur, rougir et soupirer en illustre infortunée de
> l'humiliation où cela vous laisse ; si j'avais affaire à l'amour, [...]
> voilà [...] avec quel amas de circonstances je voudrais m'offrir à
> lui.
>
> [...] Vous avez alors, avec vos grâces, celles que votre histoire, faite
> comme un roman, vous donne encore. » 13.

Moins explicite ailleurs ,le rappel n'en est pas moins sensible.
Au lieu de s'attacher à l'histoire et à son caractère de « roman »,
Marivaux se sert du statut du « personnage de roman » et, dans
le roman, met en scène cette réaction qui fait, dit-il, que « l'Avare à
la comédie paraît plus ridicule que l'avare dans le monde » 14. Il
évoque ainsi le regard suscité par Marianne, sous lequel tout en
elle prend ce surcroît de réalité que reçoit l'objet qui passe du réel
au fictif et sous lequel tout en elle a valeur de « spectacle » :

> « mon histoire courait tout le couvent ; je ne vis que des religieuses
> ou des pensionnaires [...] qui ouvraient sur moi les yeux du monde
> les plus indiscrets, dès que je paraissais.
>
> [...] c'est une espèce de spectacle qu'une fille comme moi qui arrive
> dans un couvent. [...] tout en est intéressant.
>
> Et cela finit ordinairement par la trouver encore plus aimable qu'el-
> le ne l'est, pourvu qu'elle le soit un peu, ou plus déplaisante, pour
> peu qu'elle déplaise ; c'est là l'effet de ces sortes de mouvements
> qui nous portent à voir les personnes dont on nous conte des cho-
> ses singulières » 15.

Lorsque dans le premier récit, Marianne fait semblant de présenter son histoire comme un roman, il s'agit apparemment d'une
élégance de conteur qui, pour sa propre histoire, prend le ton de la
désinvolture et de l'ironie et effecte le ton roman. Mais en fait, comme toujours avec délice, Marivaux « fait semblant de faire semblant » 16. Il s'agit de faire songer à un roman. Le comble est qu'il
se serve ici de ruses qu'on croirait destinées à créer « l'illusion romanesque » ! La duplicité du travail d'illusion est telle que l'histoire
est renvoyée du côté du roman non seulement par un romanesque
qu'on souligne en faisant semblant de le rattraper, mais encore par
ce qui doit la rendre la moins suspecte d'invention : par les éléments
d'authenticité qu'on lui donne ! Tout commence avec la dénégation
pure et simple de romanesque :

---

13. *V. M.* p. 80-81.
14. Préface de *T. T.* p. 722.
15. *V. M.* p. 232-233.
16. *Les Acteurs de Bonne Foi* Scène 12, t. II Théâtre Complet, p. 787.

« Ce début paraît annoncer un roman : ce n'en est pourtant pas un que je raconte » [17].

Puis viennent ces affectations qui n'en sont pas, et qui font de l'ordre dramatique un moule si bien fait pour cette histoire qu'un « mais » vient toujours dérouter l'espoir qu'un « heureusement » in extremis avait relevé [18] ; on assassine, un enfant crie, le sang coule, une certaine « horreur » partout, « vous en frémissez » [19]... mais c'est, quoi qu'y fasse l'ironie, toute la violence d'un vrai roman d'aventures. Cependant c'est lorsque l'histoire se donne le plus l'air d'une histoire vraie qu'elle fait le plus songer à un roman. Un carrosse de voiture qui va « à Bordeaux », un chanoine «de Sens » qui s'enfuit... : autant de détails retors, de « petits faits vrais » détournés de leur sens, qui loin d'ancrer l'aventure de tout leur poids de réalité dans le possible, de la faire échapper à la sphère romanesque, la ramène plus avant au monde des fictions. Elle ne roule pas sur des routes réelles la diligence de Marivaux, mais vers un Bordeaux où des diligences de roman ont déjà roulé :

> « Ma mère s'en venant à Paris dans le carrosse de Bordeaux [...] rencontra des voleurs entre Linas et Antony [...]. Elle n'était pas toute seule dans la voiture, et ces voleurs, ne se contentant pas de voler tous ceux qui y étaient, ils les tuèrent encore tous, excepté ma mère [qui meurt toutefois quelques instants après] et un bénéficier qui était un grand homme de bien » [20].

et c'est ainsi que le chanoine de *La Vie de Marianne* dut son salut moins à la fuite qu'au bénéficier des *Mémoires de M. de B. !* Le rapprochement était en effet inévitable au lecteur d'alors avec l'œuvre de Courtilz de Sandras, et, à travers lui, avec les mémoires romancées de vies aventureuses dont il avait lancé le genre, à une œuvre plus ancienne près, *Le Mercure Américain*, dont l'une des trois nouvelles racontait la vie d'un moine fugitif qui s'enfuyait chez les corsaires... Pourquoi garder le nom de la ville et reprendre ce rescapé homme d'église fort « bizarrement mis en scène pour disparaître sans jouer aucun rôle », comme le note Deloffre [21], si l'effet n'était pas voulu ?

Seulement qu'en attend-il ? Qu'attend-il de cette reconnaissance romanesque ? Un effet supplémentaire de variation de récit par rap-

17. *V. M.* p. 10.
18. 2ᵉ partie : p. 78-79.
19. *V. M.* p. 12.
20. *V. M.* cité par Fr. Deloffre, préface p. XV. — *Mémoires de M. de B.* 1711.
21. *V. M.* Préface p. XV.

port à la tradition ? Un surcroît d'effet esthétique pour la variation, l'inscription de l'histoire dans toute une tradition littéraire créant en avant de cette suite de récits qui vont s'appeler les uns les autres à l'infini, l'écho de cet infini de récits qui dans la littérature leur ressemblent ? Seulement cet effet justifie le sujet en tant que littéraire non en tant que romanesque, et du romanesque le plus convenu, et ne dit toujours pas pourquoi cette histoire...

« *LA VIE DE MARIANNE* N'EST PAS UN ROMAN » ?

Pourquoi prendre une histoire faite comme un roman et n'en pas faire le roman... mais apparemment parce qu'on « n'a pas songé à en faire un non plus » !

> « On ne veut dans des aventures que les aventures mêmes, et Marianne, en écrivant les siennes, n'a point eu égard à cela. Elle ne s'est refusée aucune des réflexions qui lui sont venues sur les accidents de sa vie. »
> « Ce n'est pas là la forme ordinaire des romans, ou des histoires faites simplement pour divertir. Mais Mariannne n'a point songé à faire un roman non plus [...]. Ce n'est point un auteur c'est une femme qui pense [...] dont la vie est un tissu d'événements qui lui ont donné une certaine connaissance du cœur et du caractère des hommes » [22].

Seulement, écrit ailleurs Marivaux,

> « un auteur ne peut affectionner ni rendre attentifs à l'esprit qu'il nous présente qu'en donnant, pour ainsi dire, des chairs à ses idées »... ! [23].

Mais s'il invite le lecteur à des jouissances romanesques, c'est pour le conduire ailleurs, s'il consent à l'habituel et au convenu c'est pour le mener vers ce qui ne l'est plus, et le séduire du moins en toute connaissance de cause...

C'est dès l'époque où Marivaux compose des *Aventures*, sacrifie au romanesque et combine des « Effets Surprenants », qu'il sent comme essentiel au roman la transmission d'une expérience. Seulement il ne lui demande alors timidement que d' « affectionner » à l'histoire « qu'il nous présente, en donnant » un peu d'âmes à ses actions.

> « Je trouve à mon gré qu'on a retranché des romans tout ce qui pouvait les rendre utiles, et souvent même intéressants. Ceux qu'on

---

22. *V. M.* premier et second « Avertissement » du roman, p. 5 et pp. 55-56.
23. *Le Miroir* (Journaux) p. 540.

compose à présent ne sont que de simples aventures racontées avec
une hâte qui amuse le lecteur à la vérité, mais qui ne l'attendrit,
ni ne le touche ; il est simplement curieux, et rien de plus.
Pour moi je ne puis comprendre comment il est possible qu'on ait
pu se persuader que c'était là la manière la plus délicate de composer des Aventures. L'auteur de celles que je donne n'était pas
apparemment de ce goût ; car son roman est semé de réflexions
[...]. Les romans d'à présent lus une fois ne sont bons qu'à jeter.
Relisez-les une seconde fois, vous y trouverez une sécheresse et un
vide de pensées qui vous en rebute ; ce n'est qu'un amas, pour
ainsi dire, d'actions sans âme » [24].

De là, Marivaux suivra exactement l'évolution que Fontenelle souhai-
tait voir accomplir au roman, quand en 1687 il écrivait :

« Selon toute apparence, le goût des Romans va se rétablir [...].
Nous nous imaginions que le siècle avait perdu ce goût-là [...].
C'est un petit sujet peu chargé d'intrigues, mais où les sentiments
sont traités avec toute la finesse possible. Or sans prétendre rava-
ler le mérite qu'il y a à bien nouer une intrigue, et à disposer les
événements de sorte qu'il en résulte de certains effets surprenants,
je vous avoue que je suis beaucoup plus touché de voir régner
dans un Roman une certaine science du cœur » [25]

Et le pas est bientôt franchi :

« J'interromps souvent mon histoire, mais je l'écris moins pour la
donner que pour réfléchir » [26],

écrit Marivaux dans une feuille du *Spectateur Français*, huit ans
avant *La Vie de Marianne*. L'expérience est proclamée essentiel contenu du roman, toute liberté est prise avec l'intrigue, abandonnée,
reprise, inachevée... : les rôles s'échangent, c'est à l' « aventure »
maintenant à servir la « réflexion ». L'Histoire est aussi moins une
réflexion « mise en action », selon l'expression de Diderot à propos
des romans de Richardson, qu'une mise en action de la réflexion :
elle n'est là, semble-t-il, que pour la porter jusqu'à l'instant de son
déploiement, tout en donnant un peu de « chair » à ces idées, ce
qui n'est pas les incarner, « philosophie mise en image », mais les
habiller, poser sur la sécheresse d'une philosophie un habit plus
voluptueux : l'écrivain est « un philosophe adroit qui sait se dégui-

---

24. *Les Effets* p. 8-9.
25. Fontenelle, *Lettres sur Eléonor d'Yvrée ; Œuvres*, t. XI, Paris 1766, p. 229
(à propos de *La Princesse de Clèves*.) ; cité par Coulet, *Histoire du roman jusqu'à
la Révolution*, Collection U.
26. *Sp. Fr.* p. 265.

ser », écrit-il, « un sage qui contrefait le petit-maître »[27]. L'histoire n'a dès lors pour rôle que d'être simplement une histoire, du même coup de raconter des aventures d'Enfant Trouvé, puisque c'est le roman — ont révélé ses analyses du caractère romanesque — de qui se rêve des aventures et ne demande au roman que d'être romanesque. C'est rejoindre par les voies de la psychologie les analyses de Marthe Robert. Non jusqu'au bout pourtant. S'il met comme elle à l'origine du désir de raconter des histoires le même besoin de changer le monde suscitant la même histoire, Marivaux n'a pas mis a priori ce désir de raconter des histoires à « l'origine du roman » : c'est au contraire tout le problème qu'il se pose et qu'il nous pose. On l'a seulement vu mettre jusqu'ici l'histoire puis la réflexion à l'origine non du roman, à bien remarquer ses termes, mais à la source l'une de l'autre. Or déjà ce lien posé entre « histoire » et « réflexion » porte interrogation. Une intrigue de forme romanesque n'est pas l'unique recours de qui veut transmettre agréablement par l'affabulation une expérience : la fable et tout ce qui en approche le peuvent aussi.

En fait, Marivaux s'est expliqué sur la nécessité de s'exprimer dans la forme romanesque, en répondant à ceux qui eussent lu « volontiers un livre intitulé *Réflexions sur l'Homme* »[28], selon l'expression de *La Vie de Marianne*, mais en ont refusé la forme hybride, mi-roman, mi-recueil d'observation morales. Ni roman, au sens convenu du terme, ni maximes, *La Vie de Marianne*, dit Marivaux, est le récit d' « une femme qui pense [...] à qui la vie a donné une certaine connaissance du cœur [...] et des hommes » : c'est-à-dire qu'il a refusé de couper cette expérience d'une individualité, de parler d'une façon générale et abstraite, de « philosopher », comme il dit, alors qu'il n'est de vérité que relative : toute sa vision profonde des choses, telle qu'on l'a découverte[29], s'y oppose. Rien n'existe que confronté à un être singulier, un contexte particulier, et aucune expérience ne l'épuise : cet être en fuite de toute réalité sous la multiplicité de ses formes rend impensable un passage du particulier au général, point d'achoppement de la philosophie du siècle et finalement de scission d'avec un roman qui, « seul fidèle au particulier »[30], veut comme ici n'être qu'un « point de vue » sur les choses. Par les voies les plus singulières, Marivaux rejoint le roman du XVIIIᵉ, tel que Jean Sgard l'a défini : « récit d'une expérience individuelle et singulière fondée sur l'irrationnel » opposé à

---

27. *Le Miroir* p. 540.
28. *V. M.* p. 55.
29. 1ʳᵉ partie.
30. Camus, *Introduction aux Maximes de Chamfort*, Essais-Pléiade, p. 1100.

la philosophie des lumières, « système collectif, impersonnel fondé sur la raison »[31]. Cette forme n'en est pas moins chez Marivaux fondée en raison, et dans l'esprit même des lumières, en se donnant aussi comme la voie propre de la féminité. Il y a dans le refus de Marianne des formulations générales et abstraites à la fois l'aversion d'un esprit « éclairé » envers une spéculation abstraite qui, s'assurant en elle-même, comme le dit Marivaux, « donne des visions au lieu de sciences »[32], et l'aversion d'une femme pour « ce qui ne lui va pas » — « aussi peu que les grands chapeaux », disait Colette. Marianne « n'est point un auteur, c'est un femme qui pense », un auteur qui pense en femme, c'est-à-dire se moque de « philosopher », en sait que ce qu'elle sent et philosophe parce qu'elle sent, se moque d'être auteur, ne sait que dire comment elle sent et s' « exprime avec une vérité qui pénètre » parce qu'elle dit « conformément à l'expérience la plus intime de son âme »[33]. C'est en artiste, en femme et en esprit des lumières que Marianne exalte le « sentiment » : cœur et intuition mêlés,

> « Je ne sais point philosopher, dit-elle évoquant son expérience de la douleur, et je ne m'en soucie guère »,

elle en plaisante et poursuit,

> « les gens que j'ai entendu raisonner là-dessus ont bien de l'esprit assurément ; mais je crois que sur certaine matière ils ressemblent à ces nouvellistes qui font des nouvelles quand ils n'en ont point, ou qui corrigent celles qu'ils reçoivent quand elles ne leur plaisent pas. Je pense, pour moi, qu'il n'y a que le sentiment qui puisse nous donner des nouvelles un peu sûres de nous, et qu'il ne faut pas trop se fier à celles que notre esprit veut faire à sa guise, car je le crois un grand visionnaire »[34].

« Rassemblons des faits pour nous donner des idées », écrivait Buffon, « la seule vraie science est la connaissance des faits, l'esprit ne peut pas y suppléer », et Dumarsais à l'article « Philosophe » de l'*Encyclopédie* : « Le philosophe [...] regarde comme une maxime très opposée au progrès des lumières que de se borner à la seule méditation et de croire que l'homme ne tire la vérité que de son propre fonds »[35]. Pour être de ces vérités qui ne se livreront jamais à l'esprit, dans tout l'exercice de « sa petite logique », « la

---

31. Revue *Europe*, « Roman et Lumières au XVIII⁰ », p. 211, Août-Sept. 1971.
32. *I. Ph.* p. 317.
33. *V. M.* p. 22 et *Réflexions sur l'Esprit Humain* p. 473.
34. *V. M.* p. 22.
35. *Introduction à la Vie Littéraire au XVIII⁰* p. 94 et 32.

science du cœur » est exaltée par Marivaux : elle est donnée ou jamais trouvée.

> « On ne met rien dans son cœur, on n'y prend que ce qu'on y trouve », dit une réplique du *Dénouement Imprévu*[36].

A qui trouve dès lors paradoxal de penser la transmettre par un roman, Marivaux répond qu'en effet

> « Ce n'est pas dans les livres qu'on l'apprend, c'est elle au contraire qui [...] nous met en état d'en profiter ; il faut d'avance la savoir un peu pour les entendre »[37].

mais qu'entre tous les livres le roman a du moins le mérite de restituer le contexte de faits particuliers d'où elle vient, de refaire « son nid » à l'idée jusque dans l'esprit qu'il prépare à la recevoir, faisant « pour ainsi dire passer par le cœur » ces « vérités qui ne sont point faites pour être directement présentées à l'esprit ».

> « Imaginez-vous un fruit qui se mûrit [...] : c'est là l'image de ce que ces vérités deviennent dans le cœur qui s'en échauffe, et qui peut-être alors communique à l'esprit même une chaleur qui l'ouvre, qui l'étend, qui le déploie, et lui ôte une certaine roideur qui lui bornait sa capacité »[38].

UN NOUVEAU ROMANESQUE ?

Romanesque, l'histoire dilate plus aisément le cœur, convenue, elle fait l'esprit aussitôt réceptif à ces vérités auxquelles elle prépare... Mais à nouveau le caractère romanesque de l'histoire a la faiblesse d'être justifié relativement aux Réflexions, non relativement au Roman... à moins de décider que le roman est écrit pour relater une expérience, quand l'inverse est possible : que le romancier raconte expérience et histoire pour écrire un roman ?...

Dans l'irrésolution se reconstitue tout le paradoxe du choix d'un tel sujet par qui s'est illustré dans la parodie du romanesque, tout en ayant qui plus est ,la première partie l'a montré, le goût de « la vie aventurière »...

Mais le paradoxe disparaît si le romanesque est moins en cause que l'esprit dans lequel il est traité... « Western en style rocaille »[39], dit Jean-Pierre Faye pour désigner la singularité romanesque du

---

36. *Le Dénouement Imprévu*, 4 - I, p. 491, t. I Théâtre Complet.
37. *Réflexions sur l'Esprit Humain*, p. 476 (Journaux).
38. *C. Ph.* p. 352.
39. *Le récit hunique*, p. 255.

« thème », mais toute l'œuvre (et non seulement *La Vie de Marianne*),
laisse l'impression d'un romanesque nouveau très précisément dis-
tinct du parodié.

Ce romanesque a le même éloignement que celui de Sorel ou
Scarron pour « l'hyperbolique » [40] : êtres de haute race et de hautes
gestes, décorum et beau langage ; mais il s'infléchit vers plus de
naturel, et non de réalisme. Selon le goût du temps. Quand le siècle
a délaissé les grands sujets historiques pour les bergeries ou l'exo-
tisme dans ses tapisseries, sa céramique ou sa peinture, il n'a pas
voulu davantage de réalisme, il a rêvé de simplicité, de naïveté.
C'est cette révolution générale des sujets que dès 1712 Marivaux
définit ainsi :

> « La décadence d'un empire [...] rangeant en bataille cent mille
> hommes de part et d'autre »

ne forme pas un sujet plus digne que

> « deux enfants qui jouent les yeux bandés à s'attaquer l'un l'autre.
> [...] une pomme n'est rien ; des moineaux ne sont que des moi-
> neaux ; mais chaque chose dans la petitesse de son sujet est suscep-
> tible de beautés [...] il est faux de dire qu'une paysanne n'est point
> capable de plaire parce qu'elle n'est pas environnée du faste qui
> suit une belle et grande princesse » [41].

« Paysan » sera Jacob : ni « héroïque », ni « comique » il est la
grâce rustique, et la simplicité de l'état d'apprentie lingère « envi-
ronnera » Marianne ; ce pour quoi vingt-deux ans plus tard Marivaux
doit encore plaider :

> « Il y a des gens, écrit-il en Introduction à la seconde partie du
> roman, dont la vanité se mêle de tout ce qu'ils font, même de
> leurs lectures. Donnez-leur l'histoire du cœur humain dans les
> grandes conditions, ce devient là pour eux un objet important ; mais
> ne leur parlez pas des états médiocres, ils ne veulent voir agir que
> des seigneurs, des princes, des rois [...]. Laissez là le reste des
> hommes [...]. Ils vous diraient volontiers que la nature aurait bien
> pu se passer de les faire naître, et que les bourgeois la déshono-
> rent » [42].

Mais le rapprochement réaliste de l'histoire chez Marivaux fait
encore le jeu du romanesque, tant il est vrai que c'est moins le ro-

---

40. *T. T.* p. 717.
41. *Ph.* p. 602.
42. *V. M.* p. 57.

manesque qu'un certain style qui est refusé : de n'être pas « prince » Jacob se prête à l'aventure du parvenir et le décor trivial d'une boutique retourne au romanesque pour constituer « les malheurs de Marianne ».

L'on n'est ainsi souvent jamais plus près d'une préparation d'effets romanesques que lorsqu'on croit s'en éloigner : ainsi doit agir un romanesque qui ne joue plus dans l'éclatant : sans qu'on s'en aperçoive.

Écrire Mémoires de « Madame la Comtesse de... » [43] sans nommer, c'est ouvertement afficher le refus de fin romanesque au roman, défaire le « suspens » de la révélation, mais secrètement libérer tous les prestiges de la prise de distance dans la généralité qui faisait dire à Marianne « une dame », « le jeune homme » plutôt que Mme de Miran ou Valville. Cet art discret de l'emprise romanesque son ascendant insensible ont été relevés par Proust qui écrit, évoquant celui qui vit « l'imagination enchantée de rêves féodaux » :

> « [il] a ainsi sa baronne ou sa marquise, laquelle est pour lui « la baronne » ou « la marquise », comme, dans Marivaux, la baronne dont on ne dit jamais le nom et dont on n'a même pas l'idée qu'elle en a jamais eu un » [44].

Jusqu'à quel point le roman initial, si franchement avoué pour romanesque : on dirait un roman, dit Marianne, ne sert-il pas à éviter cette réflexion pour la suite du roman ? Par comparaison l'esprit « n'a pas idée » qu'elle est romanesque, du moins perçoit-il les épisodes les plus voyants comme hasards et coïncidences de la vie, sans s'y arrêter, non sans en subir l'effet.

Toute la suite des aventures de Marianne en effet, dans sa construction d'abord, obéit à la loi romanesque des surprises du sort, des retournements imprévus, on le sait [45]. Et Marivaux est bien loin de tenir ce « plaisir de surprise » pour inférieur au « plaisir de bon goût ». La préface de L'Homère Travesti a choqué en relevant le « quoi » à la dignité du « comment », les surprises de l'intrigue au « merveilleux de son enchaînement » :

> « Défaites-vous de l'idée, disait-il, « qu'on se prête a[ux] surprises [des tragédies de Corneille] les dernières fois, comme la première » sous prétexte que « le merveilleux qui naît de [leur] enchaînement s'y trouve toujours » » [46].

---

43. Titre : *La Vie de Marianne ou les aventures de Madame la Comtesse de.*
44. *A la Recherche du Temps Perdu : Sodome et Gomorrhe*, p. 882. Pléiade.
45. Première partie p. 43-44.
46. *H. T.* p. 966-965.

Il va jusqu'à affirmer qu' « un médiocre nouveau [...] pique et [...] intéresse plus que le beau réitéré », et amorce une réflexion morale fort sérieuse pour rendre compte de « cette satiété naturelle du bon » et fonder ainsi la nécessité d'intrigue profondément dramatique. De plus cette suite de séparations et de retrouvailles imprévues entre les deux amants, constamment placée sous le signe du hasard et de la coïncidence, qui constitue l'intrigue de *La Vie de Marianne*, qu'est-elle sinon celle-là même... des romans romanesques de Marivaux et le sujet parodique par excellence, des *Effets* aux *Nouvelles Folies Romanesques* ? Le *Don Quichotte Moderne* [47] n'est même que le ressassement de cette toujours même situation, et ce piétinement est son originalité face au *Don Quichotte*, au *Roman Comique* ou au *Francion*, entraînés par toute une diversité d'aventures où l'amour seulement s'entremêle. Marivaux définit expressément ainsi la folie de son Don Quichotte :

> « sa folie n'avait point encore été jusqu'à vouloir en tout ressembler aux héros de ses livres ; [...] leurs aventures lui faisaient plaisir, je parle de celles, où les jetait, et la rigueur de leurs maîtresses, ou la perte qu'ils en faisaient. Voilà celles qu'il souhaitait d'éprouver, n'ayant point encore poussé l'extravagance jusqu'à s'imaginer qu'ils pourfendaient de véritables géants, et qu'ils combattaient contre des enchanteurs » [48].

Si toute aventure se ramène à l'amour, l'amour apparaît singulièrement traversé d'aventures et sujet aux coups du sort ! Encore ce hasard ne se contente-t-il pas d'être un simple agrément qui donne du piquant à l'amour, il est peut-être tel au temps de la naissance de la folie romanesque lorsque Cliton, évoquant son enfance, raconte :

> « Il y avait dans un vieux cabinet de l'oncle une belle bibliothèque de livres ; et nous y entrions souvent mon maître et moi ; c'était de beaux romans : l'on voyait là-dedans des messieurs qui devenaient amoureux de belles dames ; [...] mon maître s'imaginait quelquefois que j'étais une princesse, et qu'il m'aimait. Dame, après cela nous supposions, comme dans nos livres, qu'il y avait longtemps que j'étais perdu, et il faisait semblant de me trouver par hasard, comme quand on rencontre une bourse, et qu'on ne la cherche pas » [49].

47. Sous-titre des Editeurs donné à *Pharsamon ou Les Nouvelles Folies romanesques*.
48. *Ph.* p. 401.
49. *Ph.* p. 600-601.

Mais l'on en vient vite au point où « le plaisir de la surprise », les jeux du hasard sont toute l'âme de l'amour ! Telle apparaît la place du hasard dans cette histoire ressassée tout au long du *Pharsamon* sous tous les prétextes : il y avait eu les récits des jeux de l'enfance, il y aura les romans que s'invente Pharsamon pour se faire plaisir : il rêvait

> « aux difficultés qu'il prévoyait à épouser un jour Cidalise : [...].
> « Peu s'en fallait, qu'intérieurement, et sans qu'il s'en aperçut, il ne souhaitât que sa princesse Cidalise se retrouvât pourvue de l'avantage [...] de s'être égarée dans des îles [...] désertes, de s'être vue enlevée hors de son lit, et à cheval, en pleine campagne, à la merci d'un homme [...] ; et il aurait été charmé, si, après avoir été séparé de sa princesse par une aventure aussi funeste [...] il pouvait avoir l'agrément romanesque de l'apercevoir sur un rocher, en se retournant... » [50] ;

il y aura tous ces récits que lui font d'autres « illustres aventuriers », sans oublier ce que lui-même vit...

> « Sans cette histoire, la perte de Cidalise eût sans doute affecté son âme d'un chagrin bien plus grand ; mais le plaisir secret que lui laissait l'espérance de retrouver Cidalise d'une manière aussi merveilleuse, [...] paraît les grands coups dont son cœur eût été frappé par les malheurs qui avaient enlevé cette princesse à son amour. » [51].

Pour être le roman de « la métaphysique du cœur », *La Vie de Marianne* n'en livre pas moins l'amour de Marianne et Valville aux jeux de ce bel hasard dont sont amoureux Pharsamon et ses semblables. Seulement séparations et réunions ont le plus souvent quitté cette allure d' « effets surprenants » pour se rapprocher de l'autre effet de sens de la surprise, celui des « *Surprises de l'Amour* » [1], d'installation insensible et trompeuse d'une situation qui ne se nomme qu'après coup. De l'un à l'autre usage, il y a toute la distance qui sépare un emploi romanesque d'un emploi a-romanesque de la surprise, le romanesque ironique des romans de jeunesse du nouveau romanesque de *La Vie de Marianne*.

Ainsi, cette chute qui fait entrer Marianne dans la vie de Valville ne reçoit son caractère de merveilleux hasard que d'un regard rétrospectif. Elle est vécue — et racontée — dans une succession d'instants qui, pris un à un, ne laissent rien présager du dessin final, tout au moins dispersent l'étonnement :

---

50. *Ph. p.* 554 et 668.
51. *Ph.* p. 670.

« Quand on vit, dit Sartre, il n'arrive rien. Les décors changent,
les gens entrent et sortent, voilà tout. »

Il est quelqu'un pourtant qui reçoit la situation en plein cœur :
la chance, d'un coup, « en se retournant » comme le rêve Pharsamon : c'est Valville à l'instant où il aperçoit la jeune fille qui l'avait
absorbé à l'église, renversée par son cocher, devant sa maison où il
faut qu'on la transporte ; témoin, ce plaisir secret que Marianne
décèle et qui se trahit par le refus qu'il s'impose :

> « Je ne vous dis point avec quel air d'inquiétude il s'y prit, ni
> combien il parut touché de mon accident. A travers le chagrin qu'il
> en marqua, je démêlai pourtant que le sort ne l'avait pas tant déso-
> bligé en m'arrêtant. Prenez bien garde à mademoiselle, disait à ceux
> qui ne tenaient ; [...] car dans ce moment ce ne fut point à moi à
> qui il parla. Il me sembla qu'il s'en abstenait... » [52].

Aussi, n'est-ce précisément pas à travers lui qu'est raconté l'épisode ; seulement, à travers lui, Marivaux récupère la donnée profondément romanesque de la situation. Encore ne se donne-t-elle
pas sous une couleur si franche.

Faut-il avec les yeux de Valville regarder cette situation comme romanesque ou seulement « touchante » ? On connaît encore
trop peu Valville pour savoir s'il faut prendre son désir de secourir
comme une simple forme superlative du désir masculin de protéger
ou y sentir la forme atténuée d'un émoi tout romanesque. Il n'est
aussi qu'une différence de degré, non de nature, entre la manière
dont se prennent d'amour les héros des *Effets* : Clarice, l'héroïne
chevalier qui « ne put voir couler le sang de Clorante sans frémir »,
Clorante, parce qu'elle avait « les yeux languissants », « l'air un peu
abattu » et qu'on lui devinait on ne sait quel secret tourment, Tur-
camène, le corsaire, à la vue du corps étendu sans connaissance
sur le rivage d'une belle noyée..., et puis Jacob qui fait connaissance
de Mlle Habert au moment où elle est prise de faiblesse sur le
Pont-Neuf, qui se trouve ensuite troublé par la jeune dame en requê-
te près d'un puissant, M. de Climal déclarant à Marianne :

> « Ce sont vos malheurs et mes vertus naturelles qui ont contribué
> au penchant que j'ai pour vous ; c'est pour avoir été généreux, pour
> vous avoir trop plaint que je vous aime » [53].

---

52. *V. M.* p. 65.
53. *V. M.* p. 119.

Valville devant Varthon évanouie :

> « Avec ce corps délacé, avec cette belle tête penchée, avec ces traits,
> dont on regrettait les grâces qui y étaient encore, quoiqu'on s'ima-
> ginât ne les y voir plus, avec ces beaux yeux fermés, je ne sache
> point d'objet plus intéressant qu'elle l'était, ni de situation plus
> propre à remuer le cœur que celle où elle se trouvait alors » [54],

situation semblable à celle de Marianne dans sa chute ! Idéale situation pour le jeu romanesque selon Marivaux : ou le romanesque
s'y laisse atténuer en touchant, ou il a toute sa force, mais atténue
alors la « surprise » de la future infidélité de Valville, en éclairant
sa sensibilité amoureuse !

> « Eh ! qu'est-ce donc que cet amour qu'il avait pour vous ? expli-
> quera Varthon. Quel nom donner, je vous prie, à celui qu'il a pour
> moi ? D'où lui est venue cette fantaisie de m'aimer dans de pareil-
> les circonstances ? Hélas ! je vais vous le dire : c'est qu'il m'a vue
> mourante. Cela a remué cette petite âme faible, [...], qui est le jouet
> de tout ce qu'elle voit d'un peu singulier. Si j'avais été en bonne
> santé, il n'aurait pas pris garde à moi ; c'est mon évanouissement
> qui en a fait un infidèle. Et vous qui êtes si aimable, si capable
> de faire des passions, peut-être avez-vous eu besoin d'être infortu-
> née, et d'être dangereusement tombée à sa porte, pour le fixer
> quelques mois » [55].

Que Valville dût fatalement s'enflammer à la vue d'une beauté
évanouie, il reste au hasard d'avoir romanesquement mené Varthon
à s'évanouir sous ses yeux... Mais la surprise en est encore fort gau-
chie, par les quelques pages qui précèdent et présentent un Valville plus gai, plus spirituel, plus galant, tous signes d'une dange-
reuse disposition au divertissement. Et puis, pour cette séparation-
là, pour cause d'inconstance, le hasard romanesque se laisse encore
aisément lire comme l'ordinaire et toute naturelle « instabilité des
choses humaines », selon le vœu de l'introduction à l'épisode :

> « J'ai ri de tout mon cœur, madame, de votre colère contre mon
> infidèle [...]
> c'est un homme fort ordinaire, madame ; tout est plein de gens
> qui lui ressemblent, et ce n'est que par pure méprise que vous êtes
> si indignée contre lui, par pure méprise.
> C'est qu'au lieu d'une histoire véritable, vous avez cru lire un ro-
> man. [...]

54. *V. M.* p. 350-351.
55. *V. M.* p. 378.

vous avez pris le change. Je vous récite ici des faits qui vont comme il plaît à l'instabilité des choses humaines, et non pas des aventures d'imagination qui vont comme on veut » 56.

Quant au romanesque irréductible des séparations pour cause d'enlèvement ou d'arrivée inopinée, Marivaux est le premier à le désigner comme criard. Mais le mettre en scène pour le dénoncer ne lui en a pas moins laissé l'occasion d'agir subrepticement : l'impression effacée n'est pas comme si elle n'avait jamais été. Ainsi voit-on Marivaux, par une bonne foi qui s'étonne elle-même de si grandes coïncidences, les souligner pour en ramener l'effet. Un mot suffit d'ailleurs, il suffit d'un « Et ce n'est pas tout... », et la surprise se trouve déjà attendue, d'un « devinez qui » avant une arrivée inopinée, pour que l'on sache qu'avec celui-là entre le hasard qui va tout changer. Lorsqu'au milieu de l'entretien galant avec Valville, Marianne est surprise par l'oncle de ce dernier en qui elle reconnaît... son protecteur qui l'aime, Marivaux écrit :

> « L'article sur lequel nous en étions allait sans doute donner matière à une longue conversation entre nous, quand on ouvrit avec grand bruit la porte de la salle, et que nous vîmes entrer une dame menée, devinez par qui ? par M. de Climal, qui... » 57.

Le même mot revient, fortement souligné, lorsqu'arrive chez les de Fare, chez qui Marianne est introduite comme fille de qualité, son ancienne logeuse !

> « A peine achevait-[on] de m'habiller, que j'entendis la voix de Melle de Fare qui approchait, et qui parlait à une autre personne qui était avec elle. Je crus que ce ne pouvait être que Valville, et je voulais aller au-devant d'elle ; elle ne m'en donna pas le temps, elle entra.
>
> Ah ! madame, devinez avec qui, devinez ! Voilà ce qu'on peut appeler un coup de foudre » 58.

La découverte de l'identité de Valville, qui compromet un temps l'amour des héros lorsque Marianne va apprendre qu'il est le fils de sa protectrice, est révélée dans un jeu sur ce « devinez qui » étiré aux dimensions de toute une scène. Mais le jeu de cache-cache avec la coïncidence qui tantôt se montre tantôt s'efface est pour Marianne non pour le lecteur, dont la grande affaire est dès lors

56. *V. M.* p. 375-376.
57. *V. M.* p. 83.
58. *V. M.* p. 262-263.

moins de s'en étonner que de suivre Marianne dans le suspense qu'elle vit.

> « Dire que cette petite fille dont on vous a parlé, et qu'il a rencontrée en revenant de la messe, l'ait dégoûté du mariage en question, je vous l'ai déjà dit, c'est ce qui ne m'entrera jamais dans l'esprit.
> En revenant de la messe, madame ? dis-je alors un peu étonnée à cause de la conformité que cette aventure avait avec la mienne ».

C'est à peine un soupçon qui se forme, c'est plutôt son « instinct » qui lui fait relever ce mot sans qu'elle sache encore bien pourquoi. Mais au fil des précisions le soupçon va vite prendre une confondante réalité :

> « et puis vous savez, quand elle fut partie, les mesures qu'il prit pour la connaître.
> Des mesures ! autre motif pour moi d'écouter. [...]
> Un jour de fête ! Ah ! Seigneur, quelle date ! est-ce que ce serait moi ? dis-je encore en moi-même toute tremblante, et n'osant plus faire de questions. [...]
> Il a pris des mesures, dites-vous : ses gens rapportent qu'il fit courir un laquais après le fiacre qui l'emmenait. (Ah ! que le cœur me battit ici ! ».

La correspondance alors brusquement s'estompe, mais ce n'est que pour un instant.

> « Et d'ailleurs, ce même laquais, que vous avez interrogé, vous a dit qu'il avait eu beau courir après, et qu'il l'avait perdu de vue.
> Bon ! tant mieux, pensais-je ici, ce n'est plus moi ; le laquais qui me suivit me vit descendre à ma porte.
> Ce garçon vous trompe, continua Mme Dorsin ; il est dans la confidence de son maître, dites-vous.
> Ahi ! ahi ! cela se pourrait bien ; c'est moi qui me le disais. »

Et ce n'est qu'après quatre pages de ce jeu qu'un dernier détail lève définitivement le doute :

> « Oh ! pour le coup, me voici comme dans mon cadre. » [59]

Mais le plus clair exemple de cette pratique romanesque propre à Marivaux est l'histoire de la Religieuse : véritable récital de situations romanesques, dit avec on sait quelle neutralité de ton [60] !

---

59. *V. M.* p. 174-175-176-177.
60. 2ᵉ partie p. 116 à 126.

Composée dix années après l'histoire-thème de l'Enfant Trouvé, elle
témoigne d'une réelle volonté d'imprégnation romanesque de l'œuvre,
et distingue d'ailleurs par là *La Vie de Marianne* de romans qui,
ayant commencé romanesquement l'intrigue, trouvent bientôt leur
dynamisme dans la seule psychologie.

Aussi, faire l'histoire d'une religieuse, sujet qui flatte d'emblée
le sens romanesque, n'aurait rien d'étonnant, si précisément l'histoire de Tervire n'était en rien une histoire de religieuse !... Elle
pouvait être celle de Mme Dorsin sans en changer un mot : l'entrée
au couvent et ses raisons sont parfaitement absentes du récit. Elles
faisaient au contraire le cœur même des œuvres « romanesques »
qui avaient jusque-là exploité ce sujet, que ce fût l'*Histoire d'une
Religieuse écrite par elle-même* de Mme de Tencin ou celle de Chasles dans l'*Histoire de M. de Terny et de Mlle de Bernay*[61]. Tout le
récit de Mme de Tencin mène ainsi au moment de la prise du voile,
comme un suaire et un voile nuptial à la fois, union posthume avec
l'amant qui s'est laissé tuer au combat, et culmine sur cette pro-
fession :

> « Tu meurs par moi [...] tu meurs, et je respire ! [...] Oui, ma vie
> sera une mort réelle, et j'aurai un tombeau comme toi. Les murs
> d'une maison sainte recevront un être qui ne fit jamais d'autre
> mal que de ne pas t'avoir avoué son amour »[62].

De ce moment tout dans le roman est l'agent ou le signe. Il n'est
jusqu'aux accidents du tout premier âge qui, chargés de valeur pro-
phétique, n'y soient rattachés :

> « Vous êtes la cause innocente de la mort de votre mère, lui dit
> son père à son dernier moment, et cette mort cause la mienne.
> [...] quand vous serez en âge, fuyez tout engagement : on n'en peut
> former aucun que la mort ne puisse détruire »[63].

Cet amour lui-même, ressemble à son destin, avec ses étranges
élans à rebours qui le font se murer, quand il croit se préparer des
saillies éclatantes, exulter dans des actes d'amour négatifs : rechercher ainsi la douceur d'aimer non du côté de l'amant mais dans les
vaines poursuites des autres :

> « Quelques chagrins que me dussent causer les poursuites de Don
> Pèdre [...] j'avoue cependant que je n'étais pas fâchée de voir les
> choses s'avancer jusqu'à un certain point : le sacrifice que je comp-

61. *Hist. d'une religieuse*, écrite en 1730 ; celle de Chasles en 1713.
62. *Hist. d'une religieuse*, Bibliothèque des Romans p. 157.
63. *Hist. d'une religieuse*, p. 137-138.

tais faire à Don Antonio en devait être plus complet. Cette idée
me séduisait au point de me faire supporter l'impertinence de Don
Pèdre, et de voir multiplier tranquillement des préparatifs
odieux » 64.

Chez Chasles, toute l'intrigue n'est que cette question : sera-t-elle
ou ne sera-t-elle pas religieuse ? Tout le suspense est de savoir ce
qui l'emportera des pouvoirs d'un père, de la volonté — ou de la
lassitude — de l'héroïne, ou de la détermination d'un amant, et son
sommet est dans la grande scène de la prononciation des vœux. « Peu
de temps avant celui des grands mots » 65, l'amant fait irruption
par un coup de force dans le couvent, défend ses droits et l'enlève
aux yeux de toute l'assemblée, les habits de la consécration deviennent pour elle habits « de noce ».

« Sitôt que nous [...] fûmes en sûreté, rapporte le héros, je me
retirai avec elle dans la chambre [...] ; et là les habits qu'elle avait
sur le corps, ne m'empêchèrent point d'en faire ma femme » 66.

Devant le conseil de famille qui s'oppose à son mariage, lui as-
signe le couvent, et où Valville soudain surgit, Marianne aussi se
livre à une démonstration publique d'amour, mais où ne passent ni
le frisson du scandale, ni les mouvements excessifs d'un cœur en
folie des créatures de Mme de Tencin. Nulle résistance au nom des
droits de l'amour, seulement de ses devoirs : la montée amoureuse
se dépasse dans un approfondissement sentimental dont les retombées sont d'extrêmes délicatesse de cœur :

« Voilà ma raison, monseigneur, dit-elle au ministre ; si je vous
avais promis de ne plus le voir, il aurait eu lieu de s'imaginer que
je ne me mettais guère en peine de lui, puisque je n'aurais pas
voulu endurer d'être persécutée pour l'amour de lui » 67.

Cela dit, elle accepte le couvent sans jouer les mortes vives qui
s'enferment pour porter le deuil de l'amour perdu, image même du
romanesque qui fait sourire Marivaux ; mais la sensibilité de Mme
de Tencin est moins encore romanesque que déjà romantique. Pourtant on ne meurt pas d'amour chez Marivaux ; hors de la ligne du
naturel, « le fanatisme de sentiment » 68 le choque : « [on] ne voit
passer par ces peines que ceux dont la nature a manqué le cœur ;

64. *Histoire d'une religieuse*, p. 148.
65. *Histoire de M. de Terny et de Mlle de Bernay*, dans *Les Illustres Française*, t. I, Les Textes Français, p. 164.
66. *Histoire de M. de Ternay et de Mlle de Bernay*, p. 168.
67. *V. M.* p. 336.
68. *Pensées sur différents sujets* : Sur la Pensée Sublime, p. 59.

[...] c'est, dit-il, un vice dans son ouvrage, que cet excès de sensibilité qu'elle y laisse » 69. Et l'on voit Marianne très simplement dé-
dramatiser sa retraite : sans Valville le monde est mort pour elle,
le couvent lui apparaît avec indifférence, elle a même cette attention que l'on n'ait pas souci d'elle :

> « M. de Climal, par sa piété, m'a laissé quelque chose pour vivre ;
> et ce qu'il y a suffit pour une fille qui [...], en vous quittant, quitte
> tout ce qui l'attachait, et tout ce qui pourrait l'attacher ; qui, après
> cela, ne se soucie plus de rien, ne regrette plus rien » 70.

Or le centrage original de cette histoire de Religieuse qui n'est
en rien l'histoire d'une religieuse, satisfait chez Marivaux le même
goût qui fait son climat romanesque si différent de celui de Chasles
ou de Mme de Tencin. Marivaux pouvait-il trouver un romanesque
plus discrètement insinuant que celui qui n'a aucune existence con-
crète dans le récit, qui se passe tout entier dans l'esprit du lecteur
qui se pique de curiosité pour une histoire du seul fait qu'on la dit
d'une religieuse. Curiosité spontanée pour celles dont un voile a
caché la vie antérieure, semblable à cette curiosité « qu'on est porté
d'avoir pour ceux dont un hasard a caché la naissance » 71 ? Intérêt
que jette sur ces vies l'ombre rétrospective de leur abandon, inconsciemment l'idée qu'elles y sont mortes, l'image de bouleverse-
ments, comme sur les aventures de l'Enfant Trouvé la perspective
de révélations merveilleuses ? On peut broder autour de l'état de
religieuse nombre de situations romanesques : celles de la religieuse
malgré elle ou par désespoir amoureux, cet état possède un attrait
naturel qui leur est antérieur. C'est ainsi que Marivaux, qui ne veut
rien forcer, le laisse agir, et tisse la vie de Tervire d'épisodes romanesques sans rapport avec son état, ce qui accentue d'autant plus la
curiosité. De plus il suspend ainsi son histoire là où il avait abandonné celle de Marianne : celle de la Religieuse s'interrompt avant
qu'elle ne songe au couvent, celle de l'Enfant trouvée avant qu'elle
ne découvre son nom, ce qui nierait une fois de plus l'idée d'aban-
dons arbitraires des deux récits. Aussi les épisodes « religieux » de
l'histoire de Tervire (les pressions qui s'exercent sur elle dans sa
jeunesse pour qu'elle soit religieuse, la rencontre avec une religieuse
malgré elle, qui brûle d'amour dans son couvent), qui restent sans
rapport aucun avec son état actuel de religieuse, apparaissent-ils
commes des concessions à l'attente du lecteur, un compromis qui
feint de remplir les promesses du titre sans manquer au romanesque naturel souhaité par Marivaux.

---

69. *L. Av.* p. 77.
70. *V. M.* p. 336.
71. *Les Effets* p. 97, 3ᵉ partie, p. 139-140.

VERS UN ROMANESQUE NOUVEAU

Et pourtant ce romanesque nouveau, qui conciliait parodies et sujet romanesque, qui expliquait le refus d'en jouer, c'est-à-dire, d'en jouer d'une certaine façon, de par son caractère même fait à nouveau lever le doute. Composer un *Don Quichotte* pour faire la parodie des allures « hyperboliques » du romanesque traditionnel, pour une affaire de mode, de goût, n'est-ce pas un peu trop... hyperbolique ? Est-ce même la vocation de ce genre d'ouvrage, toujours fait pour dénoncer un irréalisme, ce que n'est pas le défaut de naturel [72] ? Où est dès lors cette irréalisme que *Le Don Quichotte moderne* trouve à reprendre aux romans romanesques, auquel échappent *La Vie de Marianne* et son sujet et qui justifierait peut-être la présence d'un tel sujet pour une mise en œuvre si particulière ?

L'irréalisme des attitudes, extravagantes, l'idéalisme d'un certain rêve moral, apparaissent aussitôt hors de cause. Dès l'Avis au lecteur de son premier roman romanesque en diable, Marivaux prétend qu'il

> « a tâché de copier la nature et l'a prise pour règle. Il est vrai qu'avec elle on s'égare, dit-il ; eh! qu'importe, si ces égarements sont vrais ? » [73].

Les paroles ne reprendront pas non plus cet aspect ; *Le Télémaque Travesti* s'ouvre sur ces lignes :

> « Il arrive des choses [...] dans le monde [...] qui, quoique vraies, ont de la peine à se faire croire ; et ceux qui de la singularité d'un fait extravagant tirent des raisons d'impossibilité, ne connaissent apparemment pas les hommes » [74].

Sans paradoxe, *Le Don Quichotte Moderne*, parodie de roman romanesque, comporte de petites enclaves tout à fait romanesques, où rien ne manque, ni les « aventures de naissance » [75], comme le dit Marivaux, ni les « actions à demi-folles », mais « ce n'est pas de quoi je m'embarrasse », annonce Marivaux.

Nous sommes ainsi apparemment bien loin d'une parodie à la manière de Sorel, où la caricature d'une littérature démodée couvre le projet d'avènement d'un roman « réaliste » :

---

72. 3ᵉ partie, p. 150.
73. *Les Effets* : p. 3.
74. *T. T.* p. 721.
75. *Ph.* p. 501.

> « l'imitation négative du chevaleresque et du pastoral s'y charge
> en sous-main, écrit Jean-Pierre Faye, de l'imitation positive du
> picaresque » [76].

Il n'est rien de commun non plus avec *La Continuation de l'Histoire de l'Admirable Don Quichotte* de Chasles, où la parodie du
monde idyllique des romans se fait le moyen d'une critique morale
et sociale [m] :

> « O l'heureux temps, se lamente Don Quichotte, où les veuves et
> les enfants n'étaient point pillés [...]. Les gens à qui l'on confiait
> son bien de bonne foi, le rendaient de même [...] le commerce
> fleurissait [...]. On n'épuisait point le peuple pour fournir à la sub-
> sistance des gens de guerre » [77].

La folie de Pharsamon n'est pas davantage « l'aberration de
l'imagination » [78], à quoi Lesage réduit le donquichottisme. L'épisode
commun aux deux romans « de la rencontre que Don Quichotte
fait d'une demoiselle en allant à la chasse », devient dans *Les Nouvelles Aventures de Don Quichotte* :

> « une demoiselle qui parut tout à coup [...] les obligea [...] par
> son air et son habillement à lui donner toute leur attention. Elle
> était montée sur une blanche haquenée [...] avait un habit de
> damas blanc à fleurs d'or [...] lorsqu'elle fut auprès d'eux, elle ôta
> son voile, et leur fit voir le visage d'une femme de soixante ans
> [...]. Mais Don Quichotte ne laissa pas de la prendre pour une
> princesse dans sa minorité et qui avait été enlevée à ses parents
> par quelque déloyal chevalier, qui l'avait ensuite lâchement aban-
> donnée. Prévenu de cette imagination, il lui dit... » [79].

Le héros de Marivaux ne métamorphose pas la réalité, il la découpe seulement selon son rêve flottant d'amour romanesque : toute
forêt se réduit à un petit bois, tout bois à une femme, et toute femme alors rencontrée à ce décor :

> « Un jour qu'il avait suivi son oncle à la chasse [...] le ressouvenir
> d'un endroit touchant qu'il avait lu dans un roman, l'arrêta et lui
> fit mettre un pied à terre dans un petit bois ; là, il rappela dans
> sa mémoire un chevalier indifférent qui [...] avait aperçu une belle
> personne endormie [...]

---

76. *Le récit hunique*, p. 47 (et 31, 37, 41).
77. Cité par E. Showalter, article « Robert Chasles and Don Quixote » p. 1136
à 1144.
78. R. Laufer, *Lesage ou le métier de romancier*, Gallimard, p. 100.
79. *N. Av. D. Q.*, suite d'Avalléneda trad. par Lesage, Ledoux, p. 410.

Cette idée romanesque l'occupait, quand il entendit la voix d'une femme [...]
Le son de la voix de la personne qui parlait [...] la rencontre qu'il en faisait dans une forêt, tout cela mit notre jeune homme dans une agitation qui lui annonçait qu'enfin il ne serait plus indifférent » [80].

L'échec de Pharsamon n'est jamais, semble-t-il, de ne pas rencontrer dans la réalité ce qui le satisfait, mais d'achopper à tout instant sur ce qu'il a choisi d'en soustraire. C'est ce que rend sensible par exemple la lecture comparée de la scène du cheval désanglé et des armes importunes chez Scarron et Marivaux. Pharsamon y souffre d'un « mélange » monstrueux du burlesque au romanesque, tandis que Ragotin essuie la pleine déconfiture burlesque de son élan chevalesque.

« Il vola à son cheval sur les ailes de son amour, une grande épée à son costé et une carabine en bandoüillière [...]. Il se guinda [...] vaillamment sur l'étrier et porta la jambe droite de l'autre costé de la selle, mais les sangles qui estoient un peu lasches, nuisirent beaucoup au petit homme, car la selle tourna sur le cheval [...] la maudite carabine [...] s'estoit mise malheureusement entre ses jambes [...] traversoit la selle depuis le pommeau jusqu'à la croupière [...] où [il reposait] comme sur un pivot » [81].

C'est le point de départ pour Ragotin de toute une ruade de situations bouffonnes, tandis que l'on voit Pharsamon plongé dans la perplexité devant le contraste de ses aventures :

« Il faisait réflexion qu'il ne lui manquait rien pour être dans une pleine situation, je veux dire entièrement ressemblante à celle de ces fameux chevaliers, sa maîtresse l'aimait, elle était belle, et d'une naissance qu'il ne doutait point qui ne fût illustre. Elle était captive, premier article qui pouvait être une pépinière de situations ; il la cherchait, second article [...] cependant il fallait se battre contre des cuisiniers [...]. Il était obligé de se défendre avec une broche, espèce d'arme infâme, il faisait une lieu de chemin sans bride et presque sans harnais... »
« toutes ces choses burlesques le chagrinaient véritablement ; ces aventures ne marchaient pas d'un pas égal, il ne lui en arrivait point une dont il eût lieu d'être content, qui ne fût incontinent suivie de mille menus accidents, qui ne convenaient point à la noblesse du métier qu'il faisait » [82].

---

80. *Ph.* p. 396-397.
81. Scarron, *Le Roman Comique*, Pléiade, p. 641.
82. *Ph.* p. 520-521 et 520.

La déconvenue du « Don Quichotte moderne » n'est donc pas de n'avoir rien trouvé dans le monde réel de la réalité des romans, mais de retrouver avec elle, des petits riens qui la parasitent, « mille menus accidents » discordants, qui font que « ses aventures ne marchent pas d'un pas égal » : c'est cette absence d'une constante égalité qui fait sa désillusion, et son romanesque moins une idée utopique que de la poser comme seule et unique.

> « Pharsamon cherchait la raison du comique éternel qui se mêlait à ses aventures [...] il crut devoir penser

(non que le merveilleux romanesque fût impossible)

> que les plus illustres amants avaient été comme lui sujets à ces légers accidents, que c'était des choses presque inséparables de leur manière de vivre, et que si leur histoire n'en parlait point, c'est que ceux qui l'avaient écrite n'avaient cru devoir rapporter de la vie et des amours de ces grands hommes que ce qui avait rapport à la noblesse et au merveilleux » [83].

Apparaît ainsi chez Marivaux l'idée que cet irréalisme qu'on appelle romanesque vient moins d'un certain contenu que d'exigences formelles, qu'il est un problème moins éthique qu'esthétique. Croire à l'identité d'un fait dans le monde réel et dans le roman et que de l'un à l'autre on va de plain pied, passer de l'autre côté de la page comme à travers le miroir exacte de la réalité, est toute la folie du nouveau Don Quichotte. Un pas de plus dans la folie, et il va exiger de sa vie qu'elle se dispose selon l'ordre du roman avec progression dramatique et « happy end »... : c'est toute l'histoire du héros du *Télémaque Travesti*, qui entreprend de vivre à la lettre même son roman favori et jusque dans son langage faire de sa vie « un livre vivant » [84]. Dans la pratique du genre, la parodie burlesque de l'œuvre d'Homère dans cette mise en scène de folie romanesque n'appartient aussi qu'à Marivaux. Jamais non plus le Don Quichotte de Cervantès, si fou qu'il fût de beau langage, n'avait parlé (à quelques exclamations près) ailleurs que dans l'épisode où il imagine le futur récit de ses exploits, la langue écrite et précieuse des romans. Il la sait de littérature non de nature, alors que dans la confusion où il est des deux ordres, « le Don Quichotte moderne » la prend pour la langue naturelle des héros ; au point que Marivaux imagnie de faire tester à Cliton sa noble origine sur l'innéité en lui d'une tel langage :

83. *Ph.* p. 521.
84. *Ph.* p. 417 et *T. T.* p. 725.

« Qui sait si vous n'êtes pas madame, et si je ne suis pas seigneur ?
[...] entendez-vous comme je vous nomme naturellement « madame » [...] il faut bien qu'il y ait quelque chose là que nous n'en-
tendons pas. [...] mais pour autoriser auprès de nos maîtres le refus
que nous devons faire désormais de vivre leurs domestiques, éprou-
vons auparavant, pendant quelques jours, si notre langue ira toujours son train ; car il ne faut pas douter que si nous sommes ce
que nous nous imaginons être, nous ne prononcions toujours les
mêmes mots » [85].

Quand Don Quichotte dit « Seigneur » ou « Demoiselle » au ta-
vernier et aux prostituées, c'est parce qu'il voit un châtelain et des
demoiselles ; Cliton voit une demoiselle parce qu'il a dit « madame » : c'est le mot romanesque qui déclenche la folie romanesque,
c'est plus exactement la folie de ne pas le sentir comme de convention romanesque, c'est parce qu'il le sent de nature qu'il faut bien en
effet qu' « il y ait quelque chose » s'il lui est venu.

Avec Marivaux, Don Quichotte devient le héros de la confronta-
tion de la réalité non plus à l'idéal mais à l'art romanesque ; la
parodie devient « ironie » au sens lukacsien, puisqu'elle s'instaure
essentiellement sur la conscience de la nature purement formelle —
« romanesque », selon le vocabulaire de Marivaux — de la vocation
d' « unité » propre au roman. Marivaux s'est ainsi placé d'un coup
au cœur du problème romanesque : transposer dans une forme qui
a ses exigences une matière qui a ses nécessités en refusant le sacrifice de l'une à l'autre.

Le *Pharsamon* va ainsi d'une part récuser l'unification de la
réalité selon ce qui a « dignité romanesque » [86], au nom d'abord de
son arbitraire :

« Quand on conte quelque chose, il faut y mettre la paille et le
blé, et dire tout » [87].

C'est aussi bien, prendre ses distances envers le roman « réaliste » qu'envers le roman romanesque ; en allant trop loin dans la
réaction, Sorel manque son but de « totale considération » (« je
considère tout ce qui est au monde et je l'escry comme je le voy » [88]).
Dans l'*Histoire Comique de Francion*, tout à nouveau « marche d'un
pas égal », mais selon le prosaïque ; pour le moins, *La Vie de Marianne* choisit l'union, qui satisfait aussi, on l'a vu, un goût des mélan-

---

85. *Ph.* p. 546-547.
86. *V. M.* p. 80 relevé par J.-P. Faye p. 255 *Le récit hunique.*
87. *Ph.* p. 598.
88. Cité par J.-P. Faye *Le récit hunique,* p. 31.

ges, du haut romanesque et « d'aventures dont le caractère paraîtra
bas et trivial », ainsi que l'annonce Marivaux à propos de la querelle
du cocher et de la lingère. Puis il s'en prend à l'artifice d'une fin,
qui accompagne et accomplit le besoin d'unité ; on sait à quel point
pour Marivaux cette notion peut apparaître étrange à la réalité, la
mort même n'étant jamais une fin mais la vie inachevée [89]. C'est la
raison des fins caricaturales du *Pharsamon* et du *Télémaque Travesti*. Choisir le moyen fou d'une potion miraculeuse, quand les réflexions qu'on l'a vu faire pouvaient ramener raisonnablement Pharsamon à la raison ! La dérision est plus nette encore dans *Le Télémaque Travesti*, où l'un des personnages décide de « faire une fin »
à leurs aventures, c'est-à-dire d'achever à toute force sur l'apothéose
au-delà de laquelle il n'est plus de continuation imaginable ; de là
toute cette mise en scène pour imiter la révélation du dieu qui annonce la fin des aventures et ordonne le retour au foyer :

> (il guette un instant d'inattention chez Télémaque)
> « un souffle de vent vint alors qui emporta la chapeau de cet
> écolier. Pendant qu'il courait après, [...] Phocion défit vitement
> son justaucorps sous lequel il avait caché une veste de drap rouge
> [...] et tirant un petit bonnet de velours noir de sa poche [...], il
> parut tout d'un coup métamorphosé aux yeux de son neveu, [...].
> Pars, lui dit Phocion, ton père arrive en ce moment et embrasse sa
> femme, je te quitte ; mais quoique tu ne me voies pas, je serai
> toujours auprès de toi comme un lutin. En disant ces mots, il cou-
> rut d'un pied léger dans un bois et disparut ainsi des yeux de son
> neveu... » [90].

Mais le *Pharsamon* montre surtout la vanité de prétendre re-
tenir ce qui a le halo qui rend digne de figurer dans un roman, comme si tout n'était pas affaire de tournure. A tout instant la parodie
rend prosaïque dans la bouche du valet cela même qui était romanesque relaté par Pharsamon. Il n'est pas de matière privilégiée,
Marivaux a là-dessus des formules qui annonce celles de Proust ou
Flaubert.

> « Ce ne sont point les choses qui font le mal d'un récit [...]
> La manière de raconter est toujours l'unique cause du plaisir ou
> de l'ennui qu'un récit inspire [...]. Chaque chose dans la petitesse
> de son sujet est susceptible de beautés » [91].
> « La profondeur n'est pas inhérente à certains sujets » [92],

---

89. Première partie, p. 43.
90. *T. T.* p. 953.
91. *Le Temps Retrouvé* p. 898, Pléiade.
92. *Ph.* p. 602.

dit Proust, et Flaubert :

> « Ce que je voudrais faire, c'est un livre sur rien. »
> « J'aurai établi [...] qu'il n'y a pas en littérature de beaux sujets d'art [...] ; et qu'en conséquence l'on peut écrire n'importe quoi aussi bien que quoi que ce soit » [93].

Il reste que le *Pharsamon* ne saura donner l'image d'une œuvre romanesque échappant aux artifices qu'il dénonce. Il a, il se trouve, un statut qui lui permet de satisfaire miraculeusement respect de la réalité et de la vocation romanesque, sans avoir à trouver comment transcender la réalité tout en la reflétant : par-odie, son rôle est de mettre en par-allèle la réalité brute et l'élaboration romanesque rêvée par Pharsamon. Ce sera la solution de Gide dans *Les Faux-Monnayeurs* :

> « — Je voudrais tout y faire entrer, dans ce roman. Pas de coup de ciseaux pour arrêter, ici plutôt que là, sa substance.
> — Et tout cela stylisé ? [...]
> — Et ce n'est même pas cela que je veux faire. Ce que je veux, c'est présenter d'une part la réalité, présenter d'autre part cet effort pour la styliser, dont je vous parlais tout à l'heure.
> — [...]
> — [...] Pour obtenir cet effet, suivez-moi, j'invente un personnage de romancier, que je pose en figure centrale ; et le sujet du livre, si vous voulez, c'est précisément la lutte entre ce que lui offre la réalité et ce que, lui, prétend en faire » [94].

La Vie de Marianne sera le nouveau roman que dessinent en négatif les romans parodiques de jeunesse ; si étrangers qu'à première vue ils aient pu apparître, il ne cesse ainsi d'eux à elle continuité. Que les variations sans fin du récit brisent aisément l'unité arbitraire du roman traditionnel, elles ne vont pas moins se révéler l'instrument de la conciliation des exigences de vérité et d'art, étant peut-être moins un défi à la vocation romanesque qu'à sa mise en œuvre ordinaire.

Mais déjà à la quesion pourquoi ce « récit », « les variations » maintenant clairement répondent : elles font subir à l'histoire romanesque par excellence le traitement anti-romanesque par excellence, puisqu'elles la font éclater ! Comme pour mieux marquer ses distances d'avec l'ancien roman, c'est de lui que veut partir Marivaux.

---

93. Cité par Jean Rousset *Forme et Signification*, p. 111, Corti.
94. Gide, *Les Faux-Monnayeurs*, Le Livre de Poche, p. 232-233.

« Les anti-romans, il est vrai, écrit Sartre dans la préface du *Portrait d'un inconnu* de Nathalie Sarraute, conservent l'apparence et les contours du roman. [...] Mais c'est pour mieux décevoir : il s'agit de contester le roman par lui-même, de le détruire sous nos yeux dans le temps qu'on semble l'édifier, d'écrire le roman d'un roman qui ne se fait pas, qui ne peut pas se faire ; [...] le roman est en train de réfléchir sur lui-même » [95].

Et *La Vie de Marianne* va poursuivre la réflexion des parodies pour aller plus loin encore dans la conscience d'elle-même. Elles disaient : la réalité est modifiée du seul fait qu'il y ait roman, elle va dire : du seul fait qu'il y ait récrit. C'est toute la thèse du *Récit Hunique* de Jean-Pierre Faye et sa lecture de *La Vie de Marianne*.

On avait bien jusqu'ici relevé l'intérêt de Marivaux pour la parole, mais c'était comme reflet involontaire d'une conscience, moyen d'enregistrer l'évolution d'un personnage, si déterminants à ses yeux que tout un jeu dramatique s'y suspend, qu'un théâtre en est né qu'un mot propre désigne.

> « Qui dit [...] marivaudage pense à un dialogue [...]. Mais nul n'avait songé avant Marivaux, dit Frédéric Deloffre, à faire du dialogue un élément autonome, [...] principe de progression, de trouble ou de retard. »
> « Le mode obligatoire du progrès de l'action est » « un enchaînement des mots qui ne fait que traduire le cheminement inconscient des sentiments. »
> « Alors que chez d'autres écrivains, les paroles ne sont que des signes visibles de l'action dramatique, elles [...] sont chez Marivaux la matière [— et le moteur —] de l'action » [96].

Action dont l'enjeu n'est souvent lui-même... que de « faire dire ce qu'on ne veut pas dire » ! Ce qui est subi le plus souvent comme une difficulté moins à se taire qu'à parler, à meubler des silences plus loquaces que des paroles. Les deux seules scènes d'amour entre Marianne et Valville, d'amour naissant puis d'amour trahi, sont ainsi construites sur une variation du silence. De l'une à l'autre reveinnent les mêmes silences gênés, les mêmes paroles dérisoires mais avec un tout autre sens : là, pour couper court à un sentiment qui prend trop sur soi, ici pour en tenir lieu.

> « Je me taisais [...], et il n'y avait point de malice à mon silence ; [...] mon amour pour Valville m'ôtai[t] la force de parler, me liai[t] la langue.

---

95. *Portrait d'un inconnu*, Nathalie Sarraute, Préface de 1947, p. 7.
96. *Une préciosité nouvelle, Marivaux et le Marivaudage*, Colin, 1955, p. 498-499.

Ainsi il se passa un petit intervalle de temps sans que nous ouvrissions la bouche, Valville et moi.

A la fin, ce fut lui qui prit le premier son parti, bien moins pour répondre que pour prononcer quelques mots qui figurassent, qui tinssent lieu d'une réponse. Car il n'en avait point de déterminée, et ne savait ce qu'il allait dire, mais il fallait bien un peu remplir ce vide étonnant que faisait notre silence » 97.

De l'autre bout du roman revient le souvenir d'une « extase ancienne » 98.

« Je demeurai étourdie, muette et confuse ; ce qui était signe que j'étais charmée. [...]

[...] je ne sais quel attrait me donnait une inaction tendre et timide. A la fin pourtant, je prononçai quelques mots qui ne mettaient ordre à rien, de ces mots qui diminuent la confusion qu'on a de se taire, qui tiennent la place de quelque chose qu'on ne dit pas et qu'on devrait dire » 99.

Ici, banalités qui s'étonnent d'en dire plus qu'elles ne veulent (« ce qu'il y eut pourtant de particulier [...] c'est que je [...] parlai de l'air d'une personne qui sent qu'il y a bien autre chose sur le tapis que des excuses » 100), là, banalités qui s'affolent de leur propre vide, et sur lesquelles constamment retombe le silence (« ces petites pauses avaient quelque chose de singulier, nous ne les avions jamais connues dans nos entretiens passés ; et plus elles déconcertaient mon infidèle, plus elles devenaient fréquentes » 101). Il est notable que l' « intermittence du cœur » se traduise chez Valville par cette défaillance verbale, non comme elle l'eût fait chez Proust par l'impuissance à revivre les premières impressions ou à ressusciter le visage aimé ; c'est au niveau de la parole qu'il fait la première épreuve de la fuite de l'amour, dans une fuite des mots. Par là aussi il est vrai, l'épisode rejoint toute l'esthétique de cette fin de roman où avant la grande entrée en scène du récit de la Religieuse, Marivaux réduit « le récit » 102, multiplie les taches de silence et compose de plus en plus de morceaux muets, où jouent comme ici différentes tonalités de silence.

(Valville, infidèle, vient de quitter la salle à la proposition de mariage de Mme de Miran).

---

97. *V. M.* p. 409 ; exemples débutant avec la scène p. 396.
98. Verlaine, *Fêtes Galantes* : Colloque Sentimental.
99. *V. M.* p. 73.
100. *V. M.* p. 67.
101. *V. M.* p. 397.
102. 2ᵉ partie p. 109-110.

> « Mme de Miran était restée comme immobile. Mme Dorsin, morne
> et pensive, regardait à terre. Melle Varthon [...] ne songeait qu'à
> prendre une contenance qui ne l'accusât de rien ; de sorte que
> nous étions toutes, chacune à notre façon, hors d'état de parler [...]
> Ces deux dames [...] furent quelques instants sans rompre le silen-
> ce. Ma fille, me dit à la fin Mme de Miran [...], est-ce qu'il ne
> t'aime plus ?

Et à nouveau notation de silence

> ensuite on continua de se taire [...]

Puis c'est le retour au couvent :

> Jamais peut-être quatre personnes ensemble n'ont été plus sérieu-
> ses et plus taciturnes que nous le fûmes ; et quoique le trajet de
> chez ma mère au couvent fut assez long, à peine fut-il prononcé
> quatre mots pendant qu'il dura » [103].

Puis c'était, avait-on remarqué, non seulement l'état d'une âme,
mais encore toute la réalité d'un être qui se rendait chez Marivaux
manifeste par la parole. Milieu, type, caractère sans doute, comme
on le dit ici, mais aussi bien au-delà.

> « Marivaux [...] ne donn[e] pas de l'homme cette image pleine,
> intense, concrète que tracera (Stendhal excepté) le roman du XIXe
> siècle : [...] la description physique ou matérielle tien[t] peu de pla-
> ce dans *La Vie de Marianne* ». « Il s'intéresse surtout [...] au langa-
> ge, (à la parole plutôt) des individus » [104].

De fait, bien avant celui de Proust, le roman de Marivaux pratique la peinture d'un être par sa seule parole, dans une action qui
se fait dès lors événement purement verbal ; ce qui justifie nombre
d'épisodes parfaitement gratuits au regard de l'intrigue.

C'est cette scène de la querelle, où Marivaux, qui chaque fois
choisit le mode de parole approprié, représente Mme Dutour, femme à prétention, bourgeoise par sa boutique, peuple par son esprit.

> « Mme Dutour [...] ne put résister à cette dernière brutalité du co-
> cher : elle laissa là le rôle de femme respectable qu'elle jouait, et
> qui ne lui rapportait rien, se mit à sa commodité, en revint à la
> manière de quereller qui était à son usage, c'est-à-dire aux discours
> d'une commère de comptoir subalterne ; elle ne s'y épargna pas.

---

103. *V. M.* p. 411-412-413-414.
104. Article « Roman », *Encyclopaedia Universalis*, par M. Zéraffa.

Quand l'amour propre, chez les personnes comme elle, n'est qu'à demi fâché, il peut encore avoir soin de sa gloire, [...] ; mais dès qu'il est poussé à bout, il ne s'amuse plus à ces fadeurs-là, [...] il n'y a plus que le plaisir d'être bien grossier et de se déshonorer tout à son aise qui le satisfasse » 105.

Ou bien il la représente dans une de ces « parleries » où elle devance les créatures de Nathalie Sarraute, où de détails inutiles en détails superflus l'emporte sa parole. Ainsi au lieu d'une simple excuse à M. de Climal qu'elle a fait attendre, elle l'assaille d'un détail des causes du contretemps, toutes plus concrètement matérielles les unes que les autres, avec une volubilité qui témoigne de l'inconscience de son indélicatesse et de la plus heureuse facilité à se mouvoir dans ce monde-là.

> « Tenez, Marianne et moi nous étions encore à table, il n'y a que nous deux ici. Jeannot [...] est avec sa tante, qui doit le mener tantôt à la foire ; car il faut toujours que cet enfant soit fourré chez elle, surtout les fêtes. Madelon [...] est à la noce d'un cousin qu'elle a, et je lui ai dit : Va-t'en, cela n'arrive pas tous les jours, et en voilà pour longtemps. D'une autre côté, Toinon est allée voir sa mère, qui ne la voit pas souvent, la pauvre femme ; elle demeure si loin ! c'est au foubourg Saint-Marceau ; imaginez-vous s'il y a à trotter ! et tant mieux, j'en suis bien aise, moi : cela fait que la fille ne sort guère [...], [...] » 106,

et ainsi pendant toute une page. On en retire le sentiment que le détail concret, « le petit fait vrai », comme dira le siècle suivant, se lie dans l'esprit de Marivaux à un certain parler populaire : c'est autour d'une parole que devra selon lui se recréer une atmosphère, et tout « l'air » de la boutique, que ne supporte pas Marianne, est là dans la « parlerie » de Mme Dutour. Marivaux ne fera de peinture de ce monde, où évolue quelque temps Marianne, qu'à travers l'évocation des propos des gens de boutique ; ils constituent aussi les seuls incidents dramatiques de tout ce moment du récit : colères, larmes pour un mot maladroit,

> « un peu cru pour un amour-propre aussi douillet que le mien, dit Marianne ; mais Mme Dutour n'en savait pas davantage, ses expressions allaient comme son esprit, qui allait comme il plaisait à son peu de malice et de finesse » 107,

---

105. *V. M.* p. 93-94.
106. *V. M.* p. 105-106.
107. *V. M.* p. 43.

sentiment d'être déplacée, qui renvoie au grand thème dramatique :

> « Je sentais, dans la franchise de cette femme-là quelque chose de
> grossier qui me rebutait.
> Je n'avais pourtant encore vécu qu'avec mon curé et sa sœur, et
> ce n'était pas des gens du monde [...] ; mais [...] leurs discours
> étaient unis et sensés ; d'honnêtes gens vivants médiocrement pou-
> vaient parler comme ils parlaient [...], au lieu qu'avec ces gens-ci,
> je n'étais pas contente, je leur trouvais un jargon, un ton brusque
> qui blessait ma délicatesse. Je me disais déjà que dans le monde,
> il fallait bien qu'il y eût quelque chose qui valait mieux que cela
> [...] j'étais triste d'être privée de ce mieux que je ne connaissais
> pas [...]. Où est-ce que j'avais pris mes délicatesses ? Etaient-elles
> dans mon sang ? » [108].

Comment ne pas songer à Cliton s'en remettant au langage de
vérifier son sentiment de noble naissance ? Le langage en vient à
occuper tout l'espace dramatique, lieu où tout se réfléchit et où tout
se joue. De la même façon qu'il avait présenté Mme Dutour, l'unique
fois où il met en scène celle qui a élevé Marianne, c'est encore pour
une grande manifestation verbale : un long « Avis » moral de mère
à sa fille, générateur lui-même en variations contrastées des discours à Marianne de Mme Dutour et de M. de Climal sur l'art de se
conduire [109]. De même ne fait-il jamais intervenir autrement qu'en
parole le Père Saint-Vincent, qui ne sait d'autre action.

> « Il fut, dit Marianne qui vient de perdre sa mère adoptive, extrê-
> mement sensible à mon malheur, et au peu de souci que j'avais
> de moi [...] ; il me parla là-dessus d'une manière très touchante,
> me fit envisager les dangers que je courais [...].
> Son discours fit son effet [...]. Où irai-je, lui disais-je [...]. A qui
> demanderai-je du secours ? Qui est-ce qui [...] ?
> Ce bon religieux ne savait que me répondre ; je crus même voir à
> la fin que je lui étais à charge [...] ces bonnes gens, quand ils vous
> ont parlé, qu'ils vous ont exhorté, ils ont fait pour vous tout ce
> qu'ils peuvent faire » [110].

Cela lui fait un parler où les « que faire ? », « que me demandez-
vous ? », « quel service faut-il que je vous rende ? », s'entremêlent
sans heurt des propositions contraires :

> « Que me demandez-vous à présent ? Il est inutile de vous adresser
> à moi davantage, très inutile : quel service voulez-vous que je vous
> rende ? J'ai fait ce que j'ai pu... » [111].

---

108. *V. M.* p. 32-33.
109. Discours de la sœur du curé : pp. 19-20 ; de Mme Dutour : pp. 46-47-48 ;
de M. de Climal : pp. 110-111-112-113.
110. *V. M.* pp. 24-25.
111. *V. M.* p. 138.

et l'on ne peut décider lesquelles sont formules oratoires. La parole lui permet de ne rien trancher. En elle tout a place. Et le pli est tel qu'on le voit dans la scène des allégations de Marianne contre son protecteur, parler encore comme s'il protestait, quand déjà, à son attitude, s'aperçoit le doute sur l'innocence de M. de Climal :

> « Ah ! juste ciel, comme elle s'emporte ! Que dit-elle là ? Qui a jamais rien ouï de pareil ? cria-t-il en baissant la tête, mais sans m'interrompre. Et je continuai » [112].

« Ce que les hommes pensent [et ne savent peut-être pas qu'ils pensent] perce toujours à travers ce qu'ils disent » [113], lit-on dans *Le Voyageur dans le Nouveau Monde* ou *Monde Vrai*, qui est une exploration du langage par-delà le discours, là où se rencontrent paroles et gestes pour former cette « langue à part, qu'il faut entendre ». Jamais tout cela qui passe à la faveur d'une parole sans dessein d'être dit, jamais l'art de faire parler les paroles n'avait été si loin étendu qu'avec Marivaux. Le discours de ses personnages porte sur lui non seulement le reflet d'une individualité (caractère, milieu...), mais l'ombre encore que fait autour d'eux le contexte.

La lettre de politesse qu'adresse Marianne à Mme Dutour pour l'avertir qu'on va venir prendre des renseignements à son sujet,

> « La personne qui vous rendra cette lettre, madame, ne va chez vous que pour s'informer de moi ; vous aurez la bonté de lui dire naïvement et dans la pure vérité ce que vous en savez [...]. Je ne vous saurais aucun gré de tromper les gens en ma faveur : ainsi ne faites point de difficulté de parler suivant votre conscience, sans vous soucier ce qui me sera avantageux ou non. Je suis, madame... » [114],

tournerait-elle ainsi (sans être ainsi volontairement tournée) en manifestation d'innocence et de bonne foi, si elle n'était rédigée en présence de la prieure et de celle qui veut devenir sa bienfaitrice.

Déchiffreur passionné de ces communications clandestines, tel est Marivaux, non ce « spectateur » qu'on se plaît à faire de lui, non un regard, une écoute. Que les motifs du regard, du miroir, du spectacle soient partout présents dans l'œuvre, ils n'y existent en vérité qu'au sens moral d'activité réflexive. Ses indiscrets ne sont jamais des voyeurs ; ni Asmodée, ni Amanzéï, c'est le narrateur des *Lettres contenant une Aventure* qui, dissimulé près d'un pavillon de parc,

---

112. *V. M.* p. 142.
113. *C. Ph.* p.397.
114. *V. M.* p. 155.

surprend les confidences de deux femmes, c'est Jacob, espionnant sa maîtresse à travers la cloison d'un petit réduit d'où, dit-il, « j'entendais si bien que c'était presque voir... » [115].

Or ce contemplateur du langage découvre, au-delà des surimpressions transparentes dont se couvre un discours, là où les réalités rencontrent les mots qui les désignent, le paradoxe d'un langage lourd d'images exactes de ce qu'ils n' a pas dessein de dire, mais où sans fin, au gré de l'expression, se forme et se déforme ce qu'il veut dire.

Il n'est pas étonnant que le langage ait à ce titre attiré Marivaux, constamment tourné vers ce qui se prête à variation infinie ; mais cette conscience en lui de la modification de la chose racontée avait avant Jean-Pierre Faye encore été peu remarquée.

Passant par le roman, remarquait Marivaux, le discontinu se fait totalité [116], passant par la parole, remarque-t-il, la totalité se fait discontinue, l'immédiat et le simultané de mot en mot successif et progressif.

> « L'état de l'âme, dans un instant indivisible, fut représenté par une foule de termes [...] qui distribuèrent une impression totale en parties. »
> « L'esprit ne va pas à pas comptés comme l'expression [...]. Ah ! Monsieur, combien notre entendement est modifié par les signes, et que la parole la plus vive est encore une froide copie de ce qui s'y passe ! » [117],

écrit Diderot dans la *Lettre sur les Sourds et Muets* qui, avant Condillac, Destutt de Tracy..., donne la formulation de ce que depuis un temps déjà Marivaux vivait en romancier et qui occupe encore le roman d'aujourd'hui.

> « Traduire la multiplicité temporelle dans la progression linéaire du langage, voilà le problème du roman moderne » [118].

Lorsqu'il faut « déployer dans la conscience du lecteur, à la manière d'un film au ralenti » [119] et en termes expresses, ce « sentiment non déployé, [cette] vue trouble de l'âme » [120] que Marivaux exalte (car il n'a pas même alors le recours du mot « intuition »), ou bien toute scène un peu vive et riche d'actions, que fait alors Marivaux ?

115. *P. P.* p. 242 (scène pp. 231-232).
116. 3ᵉ partie 163-164-165.
117. Diderot, *Lettres sur les Sourds et Muets*, éd. 1751, p. 121 et 123.
118. Mendilow cité par Zéraffa, Thèse-lettres Paris 1968, p. 87.
119. Nathalie Sarraute, *L'ère du Soupçon*, Gallimard 1956, p. 9.
120. *Pensées sur différents sujets*, Marivaux, p. 71.

Un simple aveu parfois d'inexactitude, qui invite le lecteur à réajuster le temps du récit sur le temps réel :

> « Ceci, au reste, se passa plus vite que je ne puis le raconter » [121].
> « Au reste, tout ce qui me vint alors dans l'esprit là-dessus, quoique long à dire, n'est qu'un instant à être pensé » [122].

C'est ce pouvoir de retardement qu'inconsciemment Marianne utilise lorsque, dans un mouvement de récapitulation, elle se fait à elle-même le récit d'une situation, qui recule la prise de conscience ou la décision déplaisante que son instinct depuis un temps déjà lui souffle :

> « Je voyais qu'il était sûr qu'il m'aimait, [...] et qu'en prenant ce qu'il me donnait, moi je rendais ses espérances assez bien fondées. Je consultais donc en moi-même [...] ; et à présent que j'y pense, je crois que je ne consultais que pour perdre du temps [...]. Par là je reculais une rupture avec M. de Climal, et je gardais ce qu'il me donnait » [123].

Il reste que ce décalage temporel amène à l'intérieur du récit une disproportion irréaliste, dans leur déploiement respectif, entre la grosse action dramatique et les mouvements-éclairs de l'âme ; c'est leur grossissement relatif et nécessaire qu'on a appelé « myopie » chez Marivaux, de Crébillon à Sainte-Beuve. Il en va de même du gros plan créé par l'expression sur des mouvements vécus dans un lointain où ils restent inexprimés, et pour lesquels il faut à nouveau signaler :

> « et tout ce que je vous dis là, je ne l'aurais point exprimé ; mais je le sentais » [124].

C'est la source depuis Voltaire de tous les reproches de complaisance « métaphysique », face à une action trop réduite ; de la deuxième partie de *La Vie de Marianne*, Desfontaines écrit par exemple :

> « Marianne va à l'église, elle y attire les regards, elle se blesse le pied en sortant, on la panse, elle est conduite chez elle, ce sont tous les faits du livre ».
> « Si la brochure était « purgée de ses moralités », il n'en resterait pas si pages » [125].

---

121. *V. M.* p. 264.
122. *V. M.* p. 72.
123. *V. M.* p. 39.
124. *V. M.* p. 40.
125. *V. M.* Préface de Fr. Deloffre, p. LXVIII.

Encore eût-il été autrement décontenancé si, hors les « faits »,
tout le reste : l'action du dedans, n'avait pas été tourné en forme
de « moralités », si au lieu d'un récit mené sur le double plan de
l'action et de la réflexion [126], faits extérieurs et intérieurs s'étaient
suivis dans l'ordre naturel de leur apparition, formant l'équivalent
d'un tableau sans perspective ! Un peu comme le font les décora-
teurs du temps, dans ce travail de dissimulation et d'utilisation des
inévitables endroits de passage ou d'articulation où vient toujours
se porter la rocaille, Marivaux imagine de faire jouer l'analyse nécessaire et naturelle de la parole comme une analyse volontaire,
dans une mise en scène de dédoublement entre une Marianne jeune
des aventures et une Marianne âgée de la narration et des réflexions :
faire comme si l'on réfléchissait, comme si l'on parlait... A peine y
a-t-il d'ailleurs à forcer le rôle tant la transition est insensible de
l'anaylse propre au langage, à la réflexion. Ainsi, Marianne qui rapporte ce qui se passa en son esprit, lorsque le soupçon d'un Climal
amoureux la défit sur le champ de sa timidité, doit corriger l'allure
trop « réfléchie » qu'en donne l'exposé :

> « je crus, raconte-t-elle, que, s'il était vrai qu'il m'aimât, il n'y avait
> plus tant de façons à faire avec lui, et que c'était lui qui était dans
> l'embarras, et non pas moi. Ce raisonnement coula de source, au
> reste il paraît fin, et ne l'est pas ; il n'y a rien de si simple, on ne
> s'aperçoit pas seulement qu'on le fait » [127].

Qu'à partir de là la réflexion s'élargisse parfois en franc commentaire moral, il reste que « la structure de double registre » [126]
de La Vie de Marianne s'est instaurée sur une expérience profonde
de la nature même du langage. Elle est la matérialisation des con-
tingences du parler : la marque de la parole sur le roman, non encore cette mise en scène de la parole par le roman que va tenter
La Vie de Marianne ; l'œuvre ne fait ici que se mettre en scène comme parole, refaire ce qu'a toujours fait avant elle le roman : se faire
« récit de récit », comme l'a mis à jour Jean-Pierre Faye.

Mais quoique tente le roman, il ne le peut qu'avec cette parole
dont la contradiction n'est finalement dépassée par Marivaux que
dans une esthétique de la suggestion, qui lui fait produire l'idée
qu'elle ne peut reproduire.

> « C'est comme si l'âme, dans l'impuissance d'exprimer une modifi-
> cation qui n'a point de nom, en fixait une de la même espèce que

---

126. « Double registre » selon l'expression de Jean Rousset, *Forme et Signification*, Corti 1962, p. 45 (p. 51 à 54).
    127. *V. M.* p. 37.

la sienne, mais inférieure à la sienne en vivacité, et l'exprimait de façon que l'image de cette moindre modification pût exciter, dans les autres, une idée plus ou moins fidèle de la véritable modification qu'elle ne peut produire ».
« Si la pensée ou le sentiment trop vif passe toute expression, [...] ce sera [...] l'exposition nette de cette même pensée dans un degré de sens propre à la fixer, et à faire entrevoir en même temps toute son étendue non exprimable de vivacité » [128].

Ce sont ces « Pensée » *Sur la Clarté du Discours* que mettra en œuvre *La Vie de Marianne*, et qu'on retrouve ainsi exprimées 57 ans plus tard par Diderot :

« Le sentiment est difficile sur l'expression ; il la cherche et cependant, ou il balbutie, ou il produit d'impatience un éclair de génie [...] cet éclair n'est pas la chose qu'il sent ; mais on l'aperçoit à la lueur » [129].

Et Diderot sera le seul dans le siècle à justifier Marivaux [130] d'une préciosité qu'il analyse comme l'effet de l'éternelle « disette de mots » qu'offre une langue à l'artiste :

« toute langue en général étant pauvre de mots propres pour les écrivains qui ont l'imagination vive [...] les situations qu'ils inventent, les nuances délicates qu'ils aperçoivent [...] les écartent à tout moment des façons de parler ordinaires, et leur font adopter des tours de phrases »,

tout un art de l'image et de la suggestion qui, selon le *Discours Sur la Clarté*, plus qu'à la disette de mots, supplée à cette mise en mots qui dénature, sinon détruit totalement les réalités qui ne supportent pas l'analyse. A l'instant de faire le portrait de Mme de Miran, Marianne évoque ces « objets de sentiment si compliqués et d'une netteté si délicate qu'ils se brouillent dès que [la] réflexion s'en mêle » [131]. Il en est de ces idées développées comme de ces objets qu'à trop « approcher » on n'a pas « rendus plus nets », mais seulement « plus grossiers » [132]. De là dans *La Vie de Marianne* ce mélange d'images et d'imprécisions calculées, qui en appellent à la compréhension intuitive du lecteur. On parle de plaisir « fait comme » un danger, pour évoquer la première émotion amoureuse ; « il y a quelque

---

128. *Pensées sur Différents Sujets*, 1719, *Sur la Clarté du Discours*, p. 52.
129. Diderot, *Pensées détachées sur la Peinture, la Sculpture et la Poésie pour servir de suite aux Salons* (1776-1777), Œuvres Esthétiques, Garnier, p. 755.
130. *Lettre sur les Aveugles*, Œuvres Philosophiques, Garnier, p. 111.
131. *V. M.* p. 166.
132. *Sur la Clarté du Discours*, p. 54.

chose, dit-on, qui la menace, qui l'étourdit et qui prend déjà sur
elle » ; c'est « je ne sais quel attrait qui... » ; « jugez, demande-t-on
au lecteur à propos d'un portrait,

> tout ce que cela supposait d'aimable dans cette maîtresse, et de
> tout ce qu'il fallait qu'elle fût pour enchanter, pour apprivoiser
> jusque-là, comment dirai-je, pour jeter dans de pareilles illusions
> cette espèce de créatures dont... » 133,

et à tout moment se rencontrent ces tournures 134.

Mais il reste qu'un récit n'est pas seulement cette réalité articulée qui n'est déjà plus la réalité, il est au-delà de la phrase un système de phrases, qui tend à son tour à jouer pour lui-même. Certaines variations du récit viennent ainsi non directement de motifs
psychologiques, mais du récit lui-même qui a aussi de ses exigences
— qu'on appelle, pour les reprendre à son compte, sens du récit.
C'est lui qui dans le récit de Marianne à Varthon fait omettre les
détails d'identité, que ne saurait appeler le mouvement d'un récit
tout en « dignité romanesque ». Responsable au départ de ce ton,
Marianne a été bientôt prise par une parole qui se dévide selon sa
propre finalité et l'entraîne à des exclusions qu'elle n'a pas déci-
dées et qui seront lourdes de conséquences 135.

Parler n'est pas plus inoffensif pour celui qui dit, que neutre
à l'égard de ce qui est dit. Cette pose que Marianne s'accuse d'avoir
insensiblement prise dans son récit (« Mon récit devint intéressant,
je le fiis, de la meilleure fois du monde [...] Je ne mentis rien [...]
mais je peignis dans le grand »), est en vérité de tout récit, et commence au premier mot, déjà toute dans « je lui fis l'histoire de...
(mon arrivée à Paris) » 139 : expression naturelle et empathique à
la fois, tant une emphase est naturellement inscrite dans l'acte de
raconter.

Du seul fait déjà d'être dite, une chose sort de la neutralité où
elle baigne, en reçoit comme un surcroît de réalité : on valorise du
seul fait que l'on dit, voudrait-on dire le plus simplement du monde.
Et Marivaux le sait bien qui dès *Le Télémaque Travesti* écrivait :

> « tel est l'homme, qu'un fait extravagant et réel qui se passe sous
> ses yeux le divertit souvent moins [que le même raconté]. L'Avare
> à la comédie lui paraît plus ridicule que l'avare dans le monde, et
> les défauts de mœurs qu'on lui représente par une jeu, lui sont
> plus sensibles que les défauts réels » 136.

---

133. *V. M.* p. 229.
134. 1ʳᵉ partie p. 41.
135. 2ᵉ partie p. 105.
136. *T. T.* p. 722.
139. Déjà cité p. 76, 2ᵉ partie.

L'on se souvient aussi des réactions toutes différentes à l'infidélité de Valville, selon qu'il s'agit de la religieuse, témoin de l'abandon de Marianne :

> « Voyons, me dit cette amie, de quoi vous désespérez-vous ? de
> l'accident du monde le plus fréquent... » [137].

ou de la lectrice du récit de Marianne :

> « J'ai ri de tout mon cœur, madame, de votre colère contre mon
> infidèle [...]. Vous avez oublié que c'était ma vie que je vous ra-
> contais : voilà ce qui a fait que Valville vous a tant déplu » [138].

Et puis il en va aussi du récit comme d'un miroir : s'y regarde-
t-on sans pose, on s'y voit jamais que quelqu'un-qui-se-voit-dans-un-
miroir, le plus scrupuleux récit ne reflète jamais qu'une... « histoire » : une suite articulée de faits découpés dans la masse infinie des
faits, un récit déjà, et le mot histoire le dit qui désigne « à la fois
une action réelle et le récit de cette action » [140] et avoue cette pose
antérieure ou inhérente à la relation.

C'est cette réalité qu'à son tour le récit découpe et articule, et
par les seuls rapports qu'ainsi il instaure, il la remanie du tout au
tout et sans fin s'il le veut, sans jamais pourtant « mentir » sur les
faits. Toute l'étude des variations du récit de la seconde partie l'a
montré.

Parce qu'il est ainsi par nature mise en rapports, le récit devient
pour Marivaux un lieu privilégié de la variabilité. Ces choses que
son regard, on l'a vu, ne saisit jamais qu'en rapport avec l'extérieur,
déterminées par lui, il a senti qu'il suffisait de les dire pour qu'elles
soient prises de l'intérieur par ce jeu de rapports qui les voue à la
variation et décide d'elles. Elles sont ce que la parole les fait être.
Il n'est jusqu'au sentiment qui ne se transforme avec le mot (« [di-
tes-vous :] Les autres ont un avantage qui me manque, et ne vous
dites point : j'ai une affliction de plus qu'eux » [141]). Toute réalité
s'évanouit à ses yeux dans le pur arbitraire d'un langage : *La Vie
de Marianne* est la démonstration du caractère purement verbal de
la réalité, comme l'œuvre de Proust sera celle de son « caractère
purement mental ». La littérature jusqu'à Proust, Breton même, a
plus souvent en effet montré l'œuvre de la personnalité ou du « dé-

---

137. *V. M.* p. 381.
138. *V. M.* p. 375.
140. J.-P. Faye, *Théorie du Récit*, Hermann 1972, p. 24.
141. *V. M.* p. 429.

sir » fondamental de l'être, dans la désorganisation et recomposition de la réalité, non celle du seul acte de raconter.

> « Toute cette harmonie factice que la femme a imposée à ses traits et dont [...] elle surveille la persistance dans la glace, écrit Proust, le coup d'œil du grand peintre la détruit en une seconde, et à sa place il fait un regroupement des traits de la femme, de manière à donner satisfaction à un certain idéal féminin et pictural qu'il porte en lui, [...] à établir les rapports qui seuls l'intéressent » [142].

Ainsi agit le récit, qui fait avec l'histoire de Marianne ce que fait avec son visage la femme laide du *Spectateur Français* :

> « Quand [cette] femme se regarde dans son miroir, son nez reste fait comme il est ; mais [...] c'est tout son visage à la fois [...] qu'elle regarde, et non pas ce nez infortuné qu'elle esquive, en l'enveloppant dans une vue générale ; et de cette façon [...], il y aurait bien du malheur si, tout laid qu'il est, il ne devient piquant, à la faveur des services que lui rendent les autres traits qu'on lui associe [...]. Mais ces autres traits seront peut-être difformes. Qu'importe ? plusieurs difformités [...] maniées et travaillées par une femme qui leur cherche un joli point de vue, en dépit qu'ils en aient, prennent une bonne contenance [...]. Et c'est avec ce visage de la composition de sa vanité qu'une femme laide ose lutter avec un beau visage de la composition de la nature. Et qui le croirait ? quelques fois, cela lui réussit » [143].

Ainsi de tout récit, un rapport modifié, un élément déplacé, et tout change, « et qui le croirait, quelques fois » avec lui la tournure des événements. C'est en ce double sens de production d'actions par le récit, de création de l'action racontée, modification jamais neutre d'effet, que Jean-Pierre Faye écrit dans *Théorie du Récit* :

> « l'histoire ne se fait qu'en se racontant » [144],

et que Marivaux a pensé *La Vie de Marianne*. Ce sont ces pouvoirs du récit qu'il a symbolisés et utilisés dramatiquement à travers une vie dont l'histoire n'avance que par des récits.

A peine Marianne est-elle orpheline, qu'ils commencent de diriger son existence. C'est au récit des officiers qui « fit tant de pitié » [145] à la sœur du curé, qu'elle dut d'être recueillie par eux et de recevoir non l'éducation d'une paysanne, comme l'enfant trouvée

---

142. Proust, *A l'Ombre des Jeunes Filles en Fleurs*, Pléiade, p. 861.
143. *Sp. Fr.* p. 12.
144. *Théorie du Récit*, Hermann, p. 9.
145. *V. M.* p. 12.

des *Effets* ou du *Pharsamon* [146], mais d'une fille « de très bonne famille » [147], d'où lui viendra cet air de politesse qui engagera chacun à bien penser de sa naissance. Encore ne purent-ils la garder qu'à l'aide des largesses « attirées » par une version toute romanesque de son histoire qui fit la folie des dames du lieu :

> « On se prenait pour moi d'un goût romanesque [...] c'était à qui d'entre elles me ferait le présent le plus joli, me donnerait l'habit le plus galant [...], mes parents [...] étaient des étrangers [...] de la première condition de leur pays ; [...] il courait là-dessus un petit raisonnement que chacune d'elles avait grossi de sa pensée et qu'ensuite elles croyaient comme si elles ne l'avaient pas fait elles-mêmes » [148].

Maniée paus tard par Marianne, son histoire se découvre d'autres pouvoirs que le second récit expose et que le laconisme adroit du billet à Valville met en œuvre : la séduction amoureuse. Puis il suffit à Marianne d'un récit dépouillé de tout prestige afin d'éloigner d'elle Valville, pour que par là elle le mérite et entre dans le monde. Or à l'origine même de cet épisode n'est rien d'autre... qu'un silence de Marianne dans le récit à Mme de Miran, dont la protection qu'elle reçoit alors ne lui vient, à bien noter, qu'à travers une chaîne de récits (pour garant de son récit, Marianne demande à Mme Dutour de ... «dire naïvement et dans la pure vérité [...] ce qui a rapport à [...] histoire » [149] ; et l'on pouvait avoir là le récit de Mme Dutour, et de ce récit la version qu'en rapporte la tourière : « vous ne sauriez croire, commence-t-elle, tout ce qu'on m'en vient de conter » [150]. Cette rencontre de Valville, qu'a omis Marianne devant la prieure et Mme de Miran, diffère la révélation de la parenté qui unit son amant à sa bienfaitrice, et la rend plus dramatique à l'instant où Marianne a retrouvé cet amant et une mère. Elle donne lieu à la scène pathétique où Marianne se reconnaît à travers le récit anonyme de l'épisode que lui fait Mme de Miran, et où elle va répéter en partie le grand récit de séparation, qui doit reprendre notamment cette scène et le récit de Mme de Miran :

> « j'arriverai [...] quelques instants après lui, pour te laisser le temps de lui dire [...] que dans nos entretiens [...] je t'ai dit que [...] depuis qu'il avait vu une jeune personne qu'on avait portée chez moi, et dont tu ajouteras que je t'ai conté l'histoire... » [151].

---

146. *Effets* p. 97 ; *Ph.* p. 466.
147. *V. M.* p. 13 et 14.
148. *V. M.* p. 13-14.
149. *V. M.* p. 155.
150. *V. M.* p. 156.
151. *V. M.* p. 189.

De la même façon, l'épisode suivant, celui de la séquestration, vient « de la seule rencontre avec la lingère Dutour, du scandale qu'elle produit en racontant, séance tenante, comment Marianne était logée chez elle, et de sa surprise en constatant le changement de son état (« Contez-moi donc d'où cela vient »). Et surtout par l'indiscrétion d'une femme de chambre qui va ébruiter cette affaire : « Le mal était fait, elle vait déjà parlé » [152]. Pour conjurer le mal, pour gagner Mme de Fare :

> « je lui conterai toute ton histoire, dit Mme de Miran ; elle est curieuse, elle aime qu'on lui fasse des confidences ; je la mettrai dans la nôtre, et elle m'en sera si obligée, qu'elle sera la première à me louer de ce que je fais pour toi, et qu'elle pensera de ta naissance pour le moins aussi avantageusement que moi » [153].

Valville, qui s'est déjà ouvert à Mlle de Fare de l'histoire de Marianne, commente :

> « Mme de Fare devait [...] ne pas s'en rapporter à une femme de chambre, qui a pu [...] ajouter à ce qu'elle a entendu, et qui elle-même n'a raconté ce qu'elle a su que d'après une autre femme [...], il s'agit ici de faits qui méritent bien qu'on s'en assure [...] ; d'autant plus qu'il peut y entrer une infinité de circonstances qui changent considérablement les choses » [154].

Ce sera finalement le récit en forme de plaidoyer de Mme de Miran devant le conseil de famille qui sauvera Marianne. Mais son histoire qui a maintenant « éclaté » [155], dont les « articles ont été sus de tout le monde », « revient » sur elle ; c'est tantôt pour la frapper, quand cette histoire se fait scandale et sert de prétexte à l'inconstance de Valville : « vous ne sauriez croire tout ce qu'on lui a dit là-dessus » [155], rapporte Varthon, et Marianne doit ici « endurer le récit de [ses] misères » ; tantôt c'est au contraire pour lui amener un prétendant, l'officier qui met sa fortune et son nom à ses pieds :

> « Monsieur, lui dis-je, savez-vous mon histoire ?
> Oui, mademoiselle, reprit-il, je la sais, voilà pourquoi vous me voyez ici ; c'est elle qui m'a appris que vous valez mieux que tout ce que je connais dans le monde, c'est elle qui m'attache à vous » [156].

---

152. J.-P. Faye, *Le Récit Hunique*, p. 256.
153. *V. M.* p. 285.
154. *V. M.* p. 277.
155. *V. M.* p. 391.
156. *V. M.* p. 421.

Jusqu'au bout les versions contradictoires subsistent ; rien ne vient jamais confirmer ou infirmer les origines supposées de Marianne, on reste toujours à l'intérieur de récits, symbole de l'impossible restitution de la réalité. A travers son activité de narrateur, Marivaux refait l'expérience même du siècle : ce constat de recomposition de la réalité par sa relation, le philosophe le fait de la conscience en général, de la relation scientifique en particulier. *La Vie de Marianne* est une *Critique de la Raison Narrative*, pour reprendre le sous-titre de *Théorie du récit* de Jean-Pierre Faye. *La Vie de Marianne* en est vouée au romanesque et au mystère : la transmission directe qui eût fait assister le lecteur au meurtre des mystérieux parents, de l'extraction desquels il se fût alors fait une idée, est impensable : elle présente les faits comme s'ils n'étaient pas racontés et l'acte de réciter n'est pas neutre. Pour la même raison, Marivaux ne donnera pas le récit des témoins oculaires, le premier récit des événements n'étant de ce point de vue pas plus que le quantième ; et le récit qui ouvre le roman est celui de la narratrice, qui le rapporte « comme elle l'a appris de ceux qui l'ont élevée », qui le lui racontaient comme ils l'avaient appris des officiers. Dans quelle mesure un tel récit, qui est tous ces récits à la fois, qui prétend en ramener les variantes avant d'éclater lui-même en une série de variations, n'ouvre-t-il pas le roman sur l'emblème de ce rêve impossible d'un récit conté par une voix plurielle que la musique seule possède ? Et chaque variation, qui se croit toujours reprise de précédents récits, recommence un peu l'illusion, et constitue en fait une nouvelle version porteuse d'effets et de récits futurs qui viendront s'enrichir de ces effets. Il y a précisément dans cette voration constante par le récit qui recrée l'action passée, déclenche de nouvelles actions qui deviennent à leur tour objet de récit, dans ce fait que toute action repasse par le récit, toujours le même rappel au lecteur : il tend à ne voir « dans des aventures que les aventures mêmes » [157], pourquoi ne pas lui rappeler la présence et le rôle actif du récit sur les faits qu'il rapporte. L'évacuation du récit est parfaitement idéaliste, irréaliste, donquichottesque : oublier le récit et son jeu est une folie semblable à celle de Pharsamon qui oublie le roman et sa convention, et c'est d'autant plus dommage qu'on peut le voir jouer dramatiquement : Marivaux a créé à travers les variations du récit et leurs conséquences, un romanesque nouveau où l'acte de raconter lui-même devient romanesque. L'histoire à suivre n'est plus seulement celle qui est racontée mais encore celle qui lui arrive quand les récits la prennent en parole.

---

157. *V. M.* p. 5.

Là est l'étonnante modernité du roman. Radiguet avait souhaité un roman où « la psychologie fût romanesque ». Le roman américain avait pratiqué la variation de récit, mais, que ce fût *Le Bruit et la Fureur* de Faulkner, *Le Quattuor d'Alexandrie* de Durell ou *Le Pêcheur justifié* de Hogg, il aboutissait à des versions tout à fait différentes par des modifications de contenu, non de la seule manière de raconter. Ou même il avait avec Borges pratiqué la variation de récit sans changer autre chose d'un texte que son cadre ou sa signature : « parcourir l'*Odyssée* comme si elle était postérieure à l'*Enéide* », « attribuer l'*imitation de Jésus-Christ* à Louis-Ferdinand Céline ou à James Joyce » ou imaginer le *Don Quichotte* de Cervantès écrit par un contemporain, idée qui eût d'autant plus séduit Marivaux qu'elle repose sur l'inépuisable ambiguïté du langage et déplace l'histoire vers l'écriture : « Cette technique peuple d'aventures les livres les plus paisibles »[158] :

« Comparer le Don Quichotte de Ménard

[c'est-à-dire celui de Cervantès dont on a changé le nom]

à celui de Cervantès est une révélation. Celui-ci, par exemple, écrivit (Don Quichotte, première partie, chapitre IX) :
...la vérité, dont la mère est l'histoire, émule du temps, dépôt des actions, témoin du passé, exemple et connaissance du présent, avertissement de l'avenir.
Rédigée au XVIᵉ siècle, rédigée par le « génie ignorant » Cervantès, cette énumération est un pur éloge rhétorique de l'histoire, Ménard écrit en revanche :
...la vérité, dont la mère est l'histoire, émule du temps, dépôt des actions, témoin du passé, exemple et connaissance du présent, avertissement de l'avenir.
L'histoire, « mère » de la vérité ; l'idée est stupéfiante. Ménard, contemporain de William James, ne définit pas l'histoire comme une recherche de la réalité mais comme son origine. La vérité historique, pour lui, n'est pas ce qui s'est passé ; c'est ce que nous pensons qui s'est passé »[159].

Déjà avec le Nouveau Roman, avec « sa prise de conscience des pouvoirs générateurs de l'écriture et du langage dans toute la création romanesque [...], le travail de la parole de plus en plus affirmé [...] se constituant comme le principe même du récit »[160], se re-

158. Jorge Luis Borges, *Fictions*, « Pierre Ménard, Auteur du Quichotte » p. 77, Gallimard.
159. Jorge-Luis Borges, *Fictions*, Gallimard 1957, p. 75-76.
160. *Encyclopaedia Universalis*, article Nouveau Roman de R. Jean.

trouvaient les idées de *La Vie de Marianne*, mais leur mise en œuvre singulière ne trouve sa postérité qu'avec la nouvelle avant-garde du roman : *Analogues* en 1964 de Jean-Pierre Faye, *Passacaille* en 1969 de Robert Pinget, *A Cappella* en 1972 d'Anne Rolland-Jacquet, ..., où l'on voit radicalisées les initiatives de *La Vie de Marianne*. L'indifférence à la fiction est consommée, le report d'intérêt est signifié dès le titre qui donne pour sujet aux romans, à travers la variation, le récit. Chaque fois, comme dans *La Vie de Marianne*, l'œuvre est travaillée musicalement autour d'une intrigue qui est un mystère, prétexte ou produit de la variation sans doute, mais aussi qui le reste par désaffection.

Abandonnée sans dénouement dans *La Vie de Marianne*, l'intrigue n'existe plus que par bribes dans *A Cappella*, à tout instant suspendue, trouée de silences, dont elle ne sort que pour le toujours même récit du même meurtre (ou suicide ? ou rêve de meurtre ou de suicide ?), tantôt d'elle par lui, puis de lui par elle, qui la laisse plus illisible encore et nous convie à entendre l'œuvre comme un chœur « a cappella », « sans accompagnement » [161], celui bien sûr du Sens. Seule donnée indéfiniment répétée, autour de laquelle s'organise *Passacaille* : quelque chose comme une forme morte dans une cours. Rien de plus. Le livre prend-il tournure de « roman policier », et c'est le cadavre du maître des lieux ; s'écrit-il comme un « drame paysan », c'est la charogne d'une vache ; qu' « il donne dans le fantastique : pratiques d'envoûtement... spectres et sorts » [162], et la forme étendue devient épouvantail à moineaux décroché par le vent ; qu'il tourne à l' « histoire de mœurs » scabreuse, et elle réapparaît en « cadavre mutilé »,... Pas de réalité préexistante au récit ; pas de thème saisissable à nu ; ce n'est plus l'interprétation du sujet qui varie avec le récit, c'est le sujet lui-même qui est créé par lui. C'est l'idée même de Marivaux d'une réalité qui ne soit que ce que le récit la fait être, c'est son rêve esthétique de variation pure, n'ayant d'autre thème que son changement, la fuite insaisissable du sujet sous la multiplicité de ses formes, qui sont approchées au plus près par *Passacaille*, grâce à une liberté envers l'intrigue que ne pouvait prendre *La Vie de Marianne*. Il était ainsi impensable qu'aucun semblant d'intrigue ne rejoignît entre elles les variations du récit, comme le fait le roman de Jean-Pierre Faye, où seul subsiste un pur « contrepoint » [163] de récits, c'est-à-dire le projet de rapporter entre eux des rapports entre mêmes éléments : « Analogie :

---

161. En exergue au roman : « « A cappella : se dit de la musique chorale sans accompagnement » Dict. Larousse », éd. de Minuit, p. 7.
162. Note de l'éditeur en jaquette, *Passacaille*, éd. de Minuit.
163. *Analogues*, Seuil, p. 15.

rapport de rapport » [164]. Cette série de « saisies successives et par-
tielles de réalités » s'élabore elle-même dans les jours laissés à la
croisée de trois précédents romans, à partir de ces « relations déjà
présentes... mais masquées par les omissions de toute prise de
vue » [165]. A travers ce réseau de rapports,

> « la chose écrite, comme le dit Raymond Jean, prend une valeur
> totalement indépendante de la suite d'idées ou d'actions qu'elle
> exprime, elle a la qualité d'un matériau brut, concret, comparable
> à ceux que l'on manipule dans la musique dite précisément « con-
> crète ». Elle entre dans la composition à la façon de la matière
> picturale ou de la matière sonore » [166].

En chacun de ces romans comme en *La Vie de Marianne*, à des
degrés divers, « ce qui arrive » en somme, comme disent les Struc-
turalistes, « c'est le langage tout seul, l'aventure du langage, dont la
venue ne cesse jamais d'être fêtée » [167], ce qui fait d'eux ces « romans rapsodiques » [168], ainsi décrits par Roland Barthes :

> « Peu étudiée des grammairiens du récit [...], il existe une struc-
> ture rapsodique de la narration [...]. Raconter ici, ne consiste pas
> à faire mûrir une histoire puis à la dénouer, selon un modèle impli-
> citement organique (naître, vivre, mourir) [...], mais à juxtaposer
> purement et simplement des morceaux itératifs et mobiles : le
> continu n'est alors qu'une suite d'apièçements, un tissu baroque de
> haillons. [...] Cette construction [...] constitue un scandale du sens :
> le roman rapsodique [...] n'a pas de sens, rien ne l'oblige à pro-
> gresser, mûrir, se terminer » [168].

C'était déjà le type même de *La Voiture Embourbée*, titre qui
est, si l'on veut, le symbole d'un roman qui ne mène nulle part et
que la Préface présente non comme un ouvrage « suivi » mais
comme « des fragments dans toutes sortes de tournures » [169], un
« mélange bizarre de différents goûts [qui] lui donne totalement
un air extraordinaire » [170]. [171]. Que cette composition en « patch-
work » satisfasse en Marivaux le goût de la « bigarure » et du varié
qu'on lui connaît, elle n'en est pas moins liée en effet à une cons-

---

164. *Analogues*, Seuil, p. 15.
165. *Analogues*, p. 11 et jaquette ; les trois précédents récits dont *Analogues*
est la reprise sont : *Entre les rues*, *La Cassure*, et *Battement*.
166. À propos d'*Analogues*, article du *Monde*, cité dans *Le Récit Hunique* (en
jaquette).
167. R. Barthes, *Communications* 1966, Seuil, p. 27.
168. R. Barthes, *Sade Fourier Loyola*, Seuil 1971, p. 143-144.
169. *C. Ph.* p. 335.
170. *V. E.* p. 313.
171. Cf. 1re partie p. 37.

cience aiguë du fait romanesque. Ce n'est pas hasard si ces morceaux disparates sont une suite de... récits, si le roman sous-titre *Le Roman Impromptu*, fait l'histoire... d'une histoire, entreprise, modifiée, abandonnée selon les aléas d'un voyage, la personnalité et le nombre fortuits de ses récitants, et qui irait ainsi sans fin, « comme il plaît à l'instabilité des choses humaines » [172], à la manière des aventures marivaudiennes, si elle ne cessait faute de récitants. C'est pour le moins l'arbitraire des limites et de la tournure du récit romanesque qui est mis en cause à travers une telle structure, sinon encore celui de ses mises en rapport sous lesquelles varient sans fin les choses exprimées. La conscience littéraire rejoint bien sûr les goûts esthétiques dans la même variation fondamentale des choses, le récit perpétuant cette variation à quoi Marivaux voit toute chose soumise. C'est précisément cette inscription profonde dans une vision singulière du monde qui non seulement distingue Marivaux dans son expérience littéraire de ceux qui la partagent, mais surtout fait de sa mise en œuvre dans *La Vie de Marianne* un chef-d'œuvre.

Cette unité-là n'eût pourtant pas été suffisante, si Marivaux n'avait paradoxalement senti le roman comme le temps de voir transcender, tout en la reflétant, son expérience du récit comme de toute réalité, qui porte en vérité moins un défi à la vocation romanesque qu'à sa mise en œuvre ordinaire.

La Vie de Marianne possède un « sens », mais qui ne l'oblige pas à « progresser, mûrir, se terminer », un terme, mais qui n'est pas la révélation de la dernière page, une « superstructure » qui est une figure infinie, mais non fermée, close. C'est aux « Mémoires » que semble ainsi mener le roman comme à ce but « imperturbable » que se donne « tout roman classique français » [173]. Dramatiquement déjà, les mémoires représentent le terme de l'ascension sociale ; ainsi en est-il du *Paysan Parvenu* qui place successivement dans les mains du petit paysan : les brides du conducteur de vin, les livres du précepteur, l'épée du gentilhomme, la plume enfin du mémorialiste. Mais surtout, il faut constater combien il est satisfaisant intellectuellement qu'un roman ayant pour sujet les variations du récit soit lui-même dans son existence une ultime variation : ces mémoires qu'entreprend Marianne âgée sont l'ultime relation de son histoire. Cette présentation sous forme de mémoires n'est plus ici seulement mise en forme du sujet mais semble poursuivre le sujet ; c'est une extension inattendue du sujet qui trouve à réintégrer l'acte même de narration. C'est dans cette mesure même où le ro-

---

172. *V. M.* p. 376 — 1re partie p. 44.
173. Camus, *L'intelligence et l'échafaud*, Récits et Nouvelles, Pléiade, p. 1896.

man est une de ces variations qu'il rapporte, qu'il constitue, relativement à elles, une sorte de dimension verticale, comme une équation à l'intérieur de laquelle pourraient venir à l'infini prendre place toute les formes particulières de récit. Et tout est restitué : le divers, le sans fin : la réalité, et le besoin de « dépassement » romanesque, tout est accompli, sa conception du récit et la vocation romanesque, le désir de vérité et le « frisson du parfait ». Roman rapsodique et roman classique se réconcilient dans la nature fuguée de l'œuvre marivaudienne.

Qu'il y ait « échec final » dans *La Vie de Marianne*, il existe au niveau de la réflexion littéraire non de l'œuvre, il est pour le penseur non pour l'artiste ,et l'œuvre n'en est pas moins chef-d'œuvre : l'inachèvement ne s'y fait pas sentir autrement qu'en certaines formes musicales. Il en va ici comme des fameux « échecs » rimbaldien, hugolien, surréaliste... : Hugo conçoit que le poème ne peut qu'être « métaphore de l'origine et non connaissance de l'origine », Rimbaud (et les Surréalistes peut-être) que la vision n'est que projection de soi-même, non réalité objective, Marivaux s'aperçoit qu' « énoncer signifie produire »[174].

Hors « la variation du récit », il n'est pour Marivaux que l'arbitraire de la relation unique, or *Le Paysan Parvenu* y consent, non sans le laisser oublier toutefois : des fragments d'épisodes sont souvent au cours du roman repris sous forme de récits. Démarche semblable, de l'un à l'autre roman, à celle du savant-philosophe qu'à travers Diderot puis Kant on voit accepter dans un dernier temps l'arbitraire de son propre moyen de rapporter la réalité : la loi et sa relativité ? En vérité, Marivaux lui a trouvé d'être artistiquement « opérationnelle », selon le mot des savants, c'est-à-dire d'aller dans le sens de ce qui importe souverainement au plaisir du roman : retrouver cette tournure unique et propre à l'auteur, « sa singularité », comme dit Marivaux. Elle est, dit-il, en des formules aussi explicites que celles de Proust, non « point dans les choses dites », mais dans « le tour d'imagination qu'elles lui donnent » ; « et c'est de [cela], ajoute-t-il, que je voudrais que [les auteurs] nous rendissent compte »[175].

> « Je crois, pour moi, qu'à l'exception de quelques génies supérieurs, qui n'ont pu être maîtrisés, [...] la plupart des auteurs nous ont moins laissé leur propre façon d'imaginer que la pure imitation de certain goût d'esprit que quelques critiques de leurs amis avaient

---

174. Mallarmé, cité par J.-P. Faye, *Théorie du Récit*, p. 13.
175. *Sp. Fr.* p. 115.

décidés le meilleur. Ainsi, [l'esprit de l'auteur] ne va point son
pas. »

« Qu'il abandonne cet esprit à son geste naturel. »

[Il faut] « rester dans la singularité d'esprit qui nous est échue »,
« ne se mouler sur personne quant à la forme de ses idées, mais
au contraire se ressembler fidèlement à soi-même, et ne point se
départir ni du tour ni du caractère d'idées pour qui la nature nous
a donné vocation » [176].

Lorsqu'ainsi Marianne, en toute spontanéité, va répétant de récit
en récit « je ne sais qui je suis », plus elle dit qu'elle ne sait, plus
elle dit qui elle est : l'enfant sans nom se nomme dans cet acte même. Qui sait si dans le romanesque sujet choisi par Marivaux ne
vient pas aussi s'inscrire le symbole de ce rapport profond de l'œuvre et de l'écrivain ?

---

176. *Sp. Fr.* p. 145, 148, 149.

NOTES

a — p. 18. Voici, suggestifs, les titres des chapitres :
Livre II, chap. XXIV : Qui ne sera peut-être pas entendu de tout le monde.
Livre II, chap. XXV : Comme le précédent.
Livre III, chap. I : Qui ne dément pas les deux autres.
Livre III, chap. II : Qui fera bâiller plus d'un lecteur.
Livre III, chap. IV : Conversation intéressante de Moustatache et de la Princesse.

b — p. 25. « Cœur » : au sens où Léo Spitzer le remarque très souvent employé dans *La Vie de Marianne*, de : « dignité, fierté », et non de lieu du sentiment (p. 370, *Etudes de style*, « A propos de *La Vie de Marianne*, Gallimard, 1970).

c — p. 31. Henri Lagrave dans *Marivaux et sa Fortune Littéraire* (Ducros, 1970) a dressé le catalogue de tous ces jugements qui font de Marivaux l'homme des « exquises nuances » ou des « débauches métaphysiques ».

d — p. 32. Toute l'étude d'Alexandre Koyré sur l'évolution de la pensée scientifique et philosophique aux XVIe et XVIIe siècles : *Du Monde Clos à l'Univers Infini* (P.U.F. 1962 - Baltimore, J. Hopkins, University Press, 1957) est consacrée à l'introduction et à la mise en circulation de cette idée d' « infini » et de « création perpétuelle » dans la représentation de l'univers, véritable révolution spirituelle, ayant eu entre autres conséquences la découverte par l'homme moderne de sa subjectivité essentielle, ce qui fera l'essentielle matière de la réflexion du VXIIIe siècle, comme le montre Ernst Cassirer dans *La Philosophie des Lumières* (Fayard, 1932).

e — p. 33. Marivaux est familier de ce type de réaction, que le théâtre exploite dans le domaine amoureux, et qui fait la matière de quelques anecdotes de *L'Indigent Philosophe* (où l'on voit par exemple comme « Dire du mal de quelqu'un n'est le plus souvent qu'une manière de se plaindre de son indifférence pour nous. » p. 322).

f — p. 51. Marivaux d'ailleurs n'a jamais attendu autre chose du hasard que cette révélation de lui-même : quand il dit ne pas vouloir « créer, [mais] seulement surprendre en [lui] les pensées que le hasard [lui] fait », c'est pour ne pas brider, fausser, figer le tour d'esprit qui lui est propre. *(Sp. Fr.,* p. 113).

g — p. 110. Février 1727 : un privilège est demandé pour *La Vie de
Marianne ;*
Novembre 1735 : parution de la troisième partie. La suite
du roman paraît de mars 1736 à mars 1742.

h — p. 115. C'est aussi par ce terme de « gaieté » que d'Alembert carac-
térise *Le Paysan Parvenu* : « *Le Paysan Parvenu* a aussi ses
partisans par le but moral que l'auteur s'y propose, et par
une sorte de gaieté qu'il a tâché d'y répondre » (*Eloge de
Marivaux*, Théâtre complet, t. II, p. 1015).

i — p. 115. C'est selon cette morale de « gaieté » que Beaumarchais lui-
même entend vivre : « Vous qui m'avez connu, vous qui
m'avez suivi sans cesse, ô mes amis ! dites si vous avez jamais vu autre chose en moi qu'un homme constamment gai »
(*Mémoires*, 1773-1774).

j — p. 122. — Le premier roman romanesque de Marivaux, *Les Aventures
de... ou Les Effets Surprenants de la Sympathie,* suit en
tout point cette grande tradition romanesque. Le récit commence aussitôt par la préparation au départ du héros : « Clorante (c'est le nom de mon héros) vivait depuis son enfance
dans un château éloigné du commerce des villes. Il était
d'une naissance élevée. [...] Ce dernier n'avait encore que
sept ans, quand son père, laissant son épouse à la campa-
gne dans un château où ils demeuraient ordinairement, partit pour revoir Londres, trompé par des amis perfides qui
lui écrivaient que ses affaires étaient accomodées « pp. 12-13).
Et, dix pages plus loin : « Un jour qu'il regardait le portrait
de son père qu'il portait sur lui, sa douleur le réveilla : Que
fais-je ici, dit-il, à languir dans un honteux repos ? Allons à
Londres le venger, ses ennemis y sont encore : doit-on laisser les perfides impunis ? Depuis ce moment, il prit la résolution de partir, et prépara tout pour son voyage : il confia
le soin de ses affaires à celui qui avait accompagné son père,
et partit seul. Il était en chemin depuis deux jours, quand,
traversant un bois, il se vit tout à coup attaqué par trois
hommes... » (p. 24).

Ainsi commence un récit qui fait semblant d'entreprendre
l'histoire d'une recherche, celle des assassins du père, et
qui va en fait constamment travailler à la retarder d' « Aventures » et d'une dizaine d'histoires incidentes. C'est la technique même du roman policier telle qu'on la définit aujour-
d'hui :

« ...La feinte même d'une enquête constitue le roman. L'auteur écrit le simulacre d'une chasse ou d'une poursuite en
réalité freinée dans le récit par le récit, contrée par le texte...
Le lecteur est poussé volontairement sur de fausses pistes ;
le savoir, la vérité reculent à l'infini du livre » (Charles Gri-
vel, *Entretiens sur la paralittérature*, 1970).

k — p. 138. Fin janvier 1734 : seconde partie de *La Vie de Marianne ;*
Février 1734 : quatrième feuille du *Cabinet du Philosophe ;*
Milieu avril 1734 : première partie du *Paysan Parvenu.*

l — p. 151. C'est le sens qu'il a aussi dans la bouche de Marianne refusant d'épouser Valville par une dissimulation qui prenne
en défaut Mme de Miran :
« [Je] ne veux pas l'avoir par une surprise qui vous serait
préjudiciable » (p. 283),
ou dans celle de Mme de Miran, à propos du ministre que
sa famille a gagné à sa cause, dit-elle, par un rapport défor-
mé des faits :
« Je viens, monsieur, vous demander raison de la hardiesse
qu'on a eue à mon égard, et de la surprise qu'on a faite à
vous-même » (p. 330).

m — p. 160. L'ouvrage est perdu, mais l'extrait figure dans la correspondance, étudiée par E. Showalter.

BIBLIOGRAPHIE
concernant *La Vie de Marianne* elle-même

XVIIIᵉ SIECLE

1734 — CREBILLON. — *L'Ecumoire ou Tanzaï et Nédarné*, éd. Lefevre, Bruxelles 1884, p. 130 à 176.

1736 — PREVOST. — *Le Pour et le Contre*, tome IX, p. 273-274.

1749 — DIDEROT. — *Les Bijoux indiscrets*, éd. Garnier Flammarion 1968, p. 257.

1749 — *Lettre sur les Aveugles*, éd. Garnier Œuvres philosophiques, 1964, p. 111.

1765 — GRIMM. — *Correspondance Littéraire*, 1ᵉʳ mai 1765, tome VI, p. 275-276.

1769 — LESBROS DE LA VERSANE. — *L'Esprit de Marivaux ou Analectes de ses ouvrages*, Paris, p. 6 à 17.

1785 — D'ALEMBERT. — *Eloge de Marivaux*, Œuvres, éd. Belin 1821, tome III, p. 577 à 601.

1800 — SADE. — *Idée sur les romans*, dans *Les Crimes de l'Amour*, Œuvres complètes, Cercle du Livre Précieux, 1964, t. X, pp. 10-11.

XIXᵉ SIECLE

1834 — STENDHAL. — *Correspondances*, tome II, p. 644 Pléiade (Lettres du 4 mai et du 8 novembre).

1854 — SAINTE-BEUVE. — *Causerie du Lundi*, Paris, Garnier, tome IX.

1882 — LARROUMET G. — *Marivaux, sa vie et ses œuvres*, Hachette.

1897 — DESCHAMPS G. — *Marivaux*, Hachette.

XXᵉ SIECLE

1931 — TRAHARD P. — *Les maîtres de la sensibilité française au XVIIIᵉ siècle (1716-1789)*, Boivin.

1941 — SAMIESON R.K. — *Marivaux, a study in sensibility*, New York King's Crown Press, rééd. New York, Octagon, 1969.

1943 — LUTHI K. — *Les Femmes dans l'œuvre de Marivaux*, Bienne, éd. du Chandelier.

1946 — ARLAND M. — « Marivaux romancier », dans *Echanges*, p.137- 57.

1947 — REBOUL P. — « Aspects dramatiques et romanesques du génie de Marivaux ». *L'Information littéraire*, nov.-déc.
— ROY Cl. — Lire Marivaux, « *Cahiers du Rhône* », La Baconnière.

1950 — ALAIN. — « Marivaux et Musset », *Mercure de France*, avril.
— ARLAND M. — *Marivaux*, N.R.F.
— DEDEYAN Ch. — « Les débuts de Marivaux romancier », *l'Information Littéraire* n⁰ 5.

1952 — POULET G. — *Etudes sur le temps humain*, II. *La Distance intérieure*, Plon, p. 1-34.

1953 — SPITZER L. — « A propos de *La Vie de Marianne* ; Lettre à G. Poulet », *Romanic Review*, vol. XLIV, avril, p. 102 à 126 ; rééd. en 1970 dans *Etudes de Style*, N.R.F.

1954 — DELOFFRE F. — « Aspects inconnus de l'œuvre de Marivaux », *Revue des Sciences Humaines*, fasc. 73-74.
— GAZAGNE P. — *Marivaux par lui-même*, Seuil.

1955 — DELOFFRE F. — *Une préciosité nouvelle. Marivaux et le Marivaudage*, Colin (thèse) ; rééd. 1967.
— MEISTER A. — *Zur Entwicklung Marivaux's* (thèse) Francke Verlag, Bern.

1957 — ROUSSET J. — « Marivaux et la structure du double registre » *Studi Francesi*, I, n⁰ 1, p. 58 à 68 ; rééd. en 1962. dans *Forme et Signification*, Corti.

1958 — FABRE J. — « Marivaux » dans *Histoire des Littératures*, t. III, Encyclopédie de la Pléiade, Gallimard, p. 677 à 695.
— AURY D. — « L'amour de Marianne », *Lecture pour tous*, p. 89-97.

1959 — DELOFFRE F. — « De Marianne à Jacob : les deux sexes du roman chez Marivaux », *Information Littéraire* n⁰ 5.

1960 — FABRE J. — « Marivaux » dans *Dictionnaire des Lettres Françaises. Le XVIII⁰.*, Arthène Fayard, p. 167-188.
— DURRY M.J. — *A propos de Marivaux*, SEDES.
— GOLDEN O. — *Trends toward realism in Marivaux's Le Paysan parvenu* (thèse). Dissertation abstracts, vol. XXI, n⁰ 8, février.

1961 — REVUE. — *L'Esprit Créateur*, vol. I, n⁰ 4, Winter, Minneapolis.

1962 — DORT B. — « A la recherche de l'amour et de la vérité : esquisse d'un système marivaudien ». *Les Temples Modernes*, XVII, janv.-mars, p. 1058-1087.
— MATUCCI M. — *L'Opera narrativa di Marivaux*, Naples.

1963 — MAY G. — *Le dilemne du roman au XVIIIe siècle. Etude sur les rapports du roman et de la critique, 1715-1761*, P.U.F.

1964 — ROSSAT-MIGNOT S. — « Les Femmes chez Marivaux », *Europe*, nov.-déc.

1965 — MYLNE V. — *The 18 th century French Novel. Technique of Illusion*, Manchester University Press, p. 104-112.
— PARRISH J. — « Illusion et réalité dans les romans de Marivaux », *Modern Language Notes*, mai LXXX, p. 301-306.
— SEAILLES M. — « Les déguisements de l'amour et le mystère de la naissance dans le théâtre et le roman de Marivaux », *Revue des Sciences Humaines*, fasc. 120, oct.-déc., p. 479-491.

1966 — INCE W. — « L'unité du double registre chez Marivaux » dans *Chemins Actuels de la Critique*, chap. 6, 10-18 (1968).
— PROUST J. — « Le jeu du hasard et du temps dans *Le Paysan Parvenu* », *Europäische Aufklärung*, München.

1967 — COULET. — *Histoire du roman jusqu'à la révolution*, U, Colin.
— ROUSSET J. — « L'emploi de la première personne chez Chasles et Marivaux », *Cahiers de l'Association Internationale des Etudes Françaises*, n° 19, p. 101-114.
— FAYE J.P. — *Le Récit Hunique*, Seuil, chap. XXIX (p. 255-257).

1968 — KEMPF R. — *Sur le corps romanesque*, « Le Paysan de Marivaux », Seuil, p. 31-45.
— GILOT M. — « Les jeux de la conscience et du temps dans l'œuvre de Marivaux », *Revue des Sciences Humaines*, j.-sept., p. 369-389.
— LINGOIS A. — « La place du *Paysan Parvenu* dans les romans de Marivaux et dans les romans du XVIIIe siècle », *Humanisme Contemporain*, III.
— LARSON J. — « La vie de Marianne Pajot : a real source of Marivaux's Heroïne », *M.L.R.* n° 4.

1969 — BROOKS P. — *The novel of worldiness : Crébillon, Marivaux, Laclos, Stendhal*, Princeton University Press ; « Marianne in the world », p. 94-145.
— BONHOTE N. — « Aperçus sur une analyse sociologique de l'œuvre de Marivaux », *Revue de l'Institut de Locwlogi* n° 3, p. 441-448.
— SCHAAD H. — *Le thème de l'être et du paraître dans l'œuvre de Marivaux*, Zurich, Juris-Verlag (thèse).

1970 — GILOT M. — « Remarques sur la composition du *Paysan Parvenu* », *Dix-huitième siècle*, n° 2, p. 181-196.
— TRAPNELL W.H. — « Marivaux's unfinisched naratives », *French Studies*, p. 237-253.
— LAGRAVE H. — *Marivaux et sa fortune littéraire*, Ducros.

— STACKELBERG. — « *Le Télémaque Travesti* et la naissance du réalisme dans le roman ». *Colloque du Centre Aixois*, fév. 1968, A. Colin.

— RIGAULT Cl. — *Pharsamon* (thèse inédite).

— SGARD J. — « Marivaux » dans *Histoire de La Littérature Française*, t. II., A. Colin, p. 546-549 et 557-560.

1971 — LAUNAY et MAILHOS. — *Introduction à la vie littéraire du XVIIIᵉ siècle*, Bordas, p. 146-151.

1973 — LEVY M. — « Marivaux et Musset, de Marianne à Margot », *Revue Sciences Humaines*, avril-juin, p. 229-238.

— COULET H. — « Marivaux romancier : essai sur l'esprit et le cœur dans les romans de Marivaux », *Information Littéraire*, juillet, p. 103-109 (présentation de thèse à paraître).

— COULET et GILOT. — *Marivaux. Un humanisme expérimental*, Larousse. *Cahiers de l'Association Internationale des Etudes Françaises*.

Ouvrages généraux concernant *La Vie de Marianne*

1932 — CASSIRER E. — *La Philosophie des Lumières*, Fayard.

1962 — KOYRE A. — *Du Monde Clos à l'Univers Infini*, P.U.F. — (Baltimore, J. Hopkins, University Press, 1957).

1966 — FOUCAULT M. — *Les Mots et les Choses*, Gallimard.

1971 — FERRARI J. — *Kant*, « Philosophes de tous les Temps », Seghers.

1949 — KIMBALL F. — *Le Style Louis XV*, Picard.

1956 — *Le XVIIIᵉ siècle française*, Collection Connaissance des Arts, Hachette.

1958 — VERLET P. — *L'Art du meuble à Paris au XVIIIᵉ siècle*, P.U.F.

1971 — CHAUNU P. — *La Civilisation de l'Europe des Lumières*, Collection Les Grandes Civilisations, Arthaud.

1966 — HOUILLON H. — « La Femme en France au XVIIᵉ et XVIIIᵉ siècle », t. III, *Histoire Mondiale de la Femme*, Nouvelle Librairie de France.

1965 — *Actes du Colloque d'Aix-en-Provence*, décembre 1963 (concernant le Roman Noir et consacré à « L'Abbé Prévost »), Publication des Annales de la Faculté d'Aix.

1967 — FAYE J.-P. — *Le Récit Hunique*, Seuil.

1971 — *Europe* « Roman et Lumières au XVIIIᵉ siècle », août-septembre.

1971 — BARTHES R. — *Sade, Fourier, Loyola*, Seuil.

1972 — ROBERT M. — *Roman des Origines et Origines du Roman*, Grasset.

1972 — FAYE J.-P. — *Théorie du Récit*, Hermann, Paris.

INDEX DES NOMS

TABLE DES MATIERES

III

POURQUOI CE SUJET TRES ROMANESQUE ?
L'EXPERIENCE LITTERAIRE DE MARIVAUX

Achevé d'imprimer par
Les Presses du Palais-Royal
65, rue Sainte-Anne, Paris
3ᵉ trimestre 1978
dépôt légal 5 329

Groupement économique France-Gutenberg